中学物理教师发展丛书

初中物理科学方法教育

邢红军　主编

中国科学技术出版社
·北　京·

图书在版编目（CIP）数据

初中物理科学方法教育／邢红军主编. — 北京：中国科学技术出版社，2015. 8
（中学物理教师发展丛书）
ISBN 978 – 7 – 5046 – 6970 – 4

Ⅰ. ①初… Ⅱ. ①邢… Ⅲ. ①中学物理课 – 教学研究 – 初中
Ⅳ. ①G633. 72

中国版本图书馆 CIP 数据核字（2015）第 186951 号

选题策划 王晓义
责任编辑 王晓义
封面设计 孙雪骊
责任校对 刘洪岩
责任印制 张建农

出　　版 中国科学技术出版社
发　　行 科学普及出版社发行部
地　　址 北京市海淀区中关村南大街 16 号
邮　　邮 100081
发行电话 010 – 62103130
传　　真 010 – 62179148
投稿电话 010 – 62176522
网　　址 http://www. cspbooks. com. cn

开　　本 720mm × 1000mm　1/16
字　　数 300 千字
印　　张 15
印　　数 1—3000 册
版　　次 2015 年 8 月第 1 版
印　　次 2015 年 8 月第 1 次印刷
印　　刷 北京金信诺印刷有限公司

书　　书 ISBN 978 – 7 – 5046 – 6970 – 4/G · 691
定　　价 38. 00 元

序

物理科学方法教育是物理教育研究中一个历久弥新的研究课题，一般认为包括三部分内容：一是物理科学方法教育的价值，即为什么要进行科学方法教育的问题；二是物理科学方法教育的内容，即科学方法教什么的问题；三是物理科学方法教育的方式，即科学方法如何教的问题。

对于第一个问题，通常人们认为，科学方法是能力的核心，是对能力起决定性作用的因素。因此，科学方法中心论就应运而生。第二个问题是物理科学方法教育的核心问题。因为如果不解决科学方法的教育内容，科学方法教育就成为无米之炊。而解决这个问题的前提，是对科学方法进行正确分类。我们通过把科学方法分为物理方法与思维方法，从而解决了科学方法的分类问题。这一分类不仅与心理学中的强认知方法与弱认知方法分类相一致，而且符合科学方法性质的逻辑。因为物理方法是客观的，可以通过传授使学生掌握，而思维方法是主观的，是大脑的功能，需要通过训练才能使学生掌握。当解决了科学方法的分类问题后，就可以把《物理课程标准》中的科学方法显化，从而确定科学方法的教育内容。第三个问题是科学方法的教育方式，目前看来还有大量的工作要做。这是因为科学方法的教育方式与科学知识的教育方式具有不同的特点，而且由于物理方法与思维方法始终是交织在一起的，这就决定了科学方法的教育方式并不是一个简单的问题。

本书尝试对物理科学方法教育的若干问题进行回答，包括三部分内容。

第一编是我们在物理科学方法教育研究中发表在《教育研究》《课程·教材·教法》《教育科学研究》《物理教师》等权威核心期刊或核心期刊上的系列论文，它浓缩了我们物理科学方法教育研究的精华，代表了我们物理科学方法教育研究的水平。当然，我们的研究是否到位，是否恰当，还有待于广大物理教育工作者评判。

第二编是笔者指导的硕士研究生撰写的三篇硕士论文，论文很好地解决了初中物理科学方法教育内容匮乏的问题。事实上，这一问题实乃物理科学方法教育的核心问题。因为不解决科学方法的教育内容问题，物理科学方法教育就成为“无源之水”“无米之炊”。遗憾的是，到目前为止，《九年级义务教育初中物理课程标准》包括初中物理教科书仍然没有解决好这个问题，这可能与人们对于科学方法教育内容的认识有关。我们的研究显示，物理教学中的科学方法教育内容是完全可以显化的。对于物理科学方法教育内容进入《九年义务教育初中物理课程标准》和初中物理教科书的形式，一开始可以允许不那么全面，甚至可以不是那么完整，但不能像目前这样几乎没有，这是我们在物理科学方法教育内容研究中的一个重要观点。

第三编介绍了笔者主持的北京市教委人文社会科学研究课题“义务教育物理科学方法教育内容显化的理论与实践研究”，包括项目申请书的撰写、结题报告的撰写，供广大物理教育工作者今后申报相关物理教育科学研究课题参考。在笔者的研究经历中，笔者感觉项目申请书是较为不易撰写的，因为它的撰写基本上是“戴着镣铐跳舞”。这是因为，项目申请书的撰写通常要求在规定的字数内写完规定的内容，并且在写作的过程中，既不能太白话，又不能太深奥。所以，撰写的分寸感要拿捏得非常到位。如此，就使项目申请书的撰写非常困难。

第三编还介绍了我们的物理科学方法教育研究获得第四届北京市基础教育教学成果奖的情况。书中展示了教学成果奖申请书的撰写，这同样是为物理教育工作者申请相关教育教学成果奖报告书的撰写提供一个范例。当然，它也从一个角度反映了我们的物理科学方法教育研究全貌。此外，在教学成果奖申请书的撰写中，对于执笔者的文笔有着很高的要求。笔者虽然自认为文笔不错，并曾得到过笔者的博士生导师林崇德先生的夸奖。但坦率地说，即便如此，在教学成果奖申请书的撰写中，笔者仍倾尽全力而不敢稍有懈怠。本书介绍了我们的教学成果奖申请书，算是抛砖引玉，希望广大物理教育工作者多提宝贵意见。

参与《初中物理科学方法教育》一书编写的作者有北京中医药大学陈清梅副教授、中国教育科学研究院李正福博士、首都师范大学教育学院胡扬洋博士生、西南大学科学教育中心乔通博士生、中央工艺美术学院附属中学付洪艳老师、北京景山学校陈晓霞老师、北京师范大学良乡附属中学熊小青老师、首都师范大学物理系硕士研究生刘烁。

是为序。

邢红军

2015 年 3 月于首都师范大学物理系

目 录

第一章　初中物理科学方法教育理论研究

第一节　初中物理概念建立中科学方法的显化研究

一、研究现状

物理概念是物理学最重要的基础，是物理知识教学的重要内容。在物理教学中，使学生正确、牢固地形成物理概念，具有非常重要的意义。

《中学物理教学概论》提出重点物理概念的教学要求中包含“明确建立概念的事实依据和研究方法”①。之所以要在物理概念教学中明确研究方法（科学方法），是因为科学方法作为物理认识活动的中介，是连接物理现象与物理知识的纽带。在物理概念教学中则表现为科学方法是连接物理现象与物理概念的纽带，详见物理学知能结构图 1－1②所示。

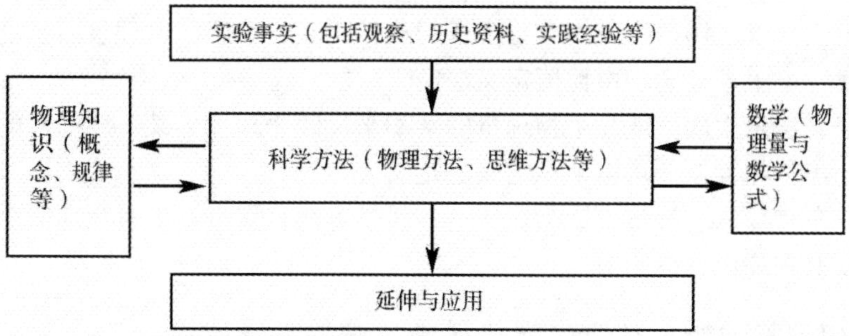

图 1－1　物理学知能结构

物理概念的获得过程为：物理现象→科学方法→物理概念。按照此路径，学生只有掌握了科学方法，才能更快捷地获取物理概念，深刻地理解物理概念。因此，必须在物理概念教学中显化建立概念的科学方法。

---

① 阎金铎，田世昆．中学物理教学概论［M］．北京：高等教育出版社，2003．97—98．

② 邢红军，陈清梅．论中学物理教学中的科学方法教育［J］．中国教育学刊，2005，(8)：33—36．

二、初中物理概念建立中重要科学方法教育内容的确定

在初中物理概念教学中显化科学方法，必须明确科学方法的内容。《中学物理教学概论》提出建立物理概念常用的方法有：①分析概括一类事物共同本质特征（本质属性）；②把物质、运动的某种属性隔离出来，得到表征物质或运动的某种性质的物理量，如密度、速度比热容等；③用理想化方法进行科学抽象。[①] 该书提出的建立物理概念的科学方法不够清晰。表现在两方面：第一，提出的科学方法只有思维方法，没有物理方法。如上文中的①其实是分析和概括的思维方法，③其实是抽象的思维方法。第二，提出的科学方法较模糊。如②不能明确指出具体的思维方法。新近研究提出了初中物理涉及的主要科学方法及其出现的频次（表1－1）：[②]

表1－1　初中物理涉及的主要科学方法及其出现的频次

科学方法	次数	科学方法	次数
直接定义法	30	实验归纳法	14
比值定义法	11	乘积定义法	5
控制变量法	5	等效法	2
演绎推理法	3	理想化方法	2

分析表1－1可知，初中物理中建立概念的重要科学方法有直接定义法、比值定义法和乘积定义法。在初中物理概念教学中，应着重显化这些科学方法。

初中物理中一些基本物理概念（如长度、时间、质量等共25个）是用直接定义法定义的。一般，利用直接定义法建立的物理概念是形成一般物理概念的前提和基础。

比值定义法是运用两个或多个物理量的比值定义一个新的物理量。密度、速度、压强、功率、电阻等概念均由比值定义法定义。

乘积定义法是用两个或几个物理量的乘积来反映物理世界某一新属性的物理量。功、电功、焦耳热等概念均由乘积定义法定义。

教师应在物理概念教学中恰当显化这些科学方法，促进学生对物理概念的理解，提高学生获取物理概念的能力。

三、初中物理概念教学中显化科学方法的教学建议

1. 明确直接定义法的分类，根据分类确定物理概念教学中科学方法的重点

一般认为，直接定义法分为操作定义法和人为规定法。

操作定义法：当我们给一个物理量规定了一套测量程序，并给它规定一种标准

① 阎金铎，田世昆. 中学物理教学概论［M］. 北京：高等教育出版社，2003：97—98.

② 付洪艳，邢红军. 初中物理科学方法教育教学研究［J］. 大学物理（教育专刊），2010（2）：62—63.

单位，我们就说定义了该物理量。利用操作定义法定义的物理概念有长度、时间、质量、温度等。利用操作定义法定义的物理概念教学中，应强调让学生熟练地掌握单位换算，掌握仪器的正确使用方法和测量的具体操作方法。

人为规定法：在经验事实或观察实验的基础上，人们根据需要确定概念的方法。这种确定要符合实际，要能自洽于某一理论体系，同时要尽量简单，在可能的情况下，还要照顾人们的习惯。利用人为规定法定义的物理概念有弹力、摩擦力、电荷、机械运动等。利用人为规定法定义的物理概念教学中，应多利用演示实验和学生积累的生活经验丰富学生对物理概念的感性认识，从众多司空见惯的事物和熟悉的经验中抽象概括出正确的物理概念。

2. 显化比值定义法的本质　按比值定义法的逻辑组织安排教学进程

通常，人们在研究物理问题时，会遇见这样的情况：某两个或几个量在一定条件下成正比，其比值是一个常量，这个常量正好反应了事物的某种属性，因此，就用这个比值可以定义出描写事物本质属性的一类概念。这种观点忽视了比值定义法运用中的关键问题即比值定义法的本质——为什么要用两个（或几个）物理量的相比定义一个新的物理量。在不明确这个关键问题的情况下，引导学生直接求比值，这样的物理教学缺乏其内在逻辑性。因此，必须在利用比值定义法建立的物理概念教学中，揭示这个关键性问题，并且按照比值定义法的逻辑，组织安排教学进程。

比值定义法的本质就是比较，而比较的关键是选取相同的标准。利用两个或几个物理量相比，就是在选取相同标准，使比较的结果有意义。例如，密度可设计为：首先，类比生活中的例子，提出并强调比较要选取相同的标准。其次，引导学生探究不同质量的同一物质，选取相同的标准（体积）时会如何。引导学生得出结论，然后运用比值定义法定义密度的概念。最后，让学生练习测量不同物质的密度，比较各种物质密度的大小，深化学生理解密度的内涵与外延。

3. 显化乘积定义法的内涵，促进学生对物理概念的理解

功是物理学最重要的物理概念，功概念的形成是一个逐步深化的过程。鉴于初中生知识储备有限，初中物理没有也不可能给出功的确切定义（功是能量转换的量度）。只能通过乘积定义法利用功的计算式定义功——在物理学中，把力和在力的方向上移动的距离的乘积叫做功。因此，教师应在初中功概念教学中，显化乘积定义法的本质，促进学生对功概念的理解。

乘积定义法的本质是累积，累积要求相乘的两个或几个因素缺一不可，否则累积量为零。如，功就是力在力方向移动距离上的累积，两者缺一不可，否则没有做功。因此，在功概念教学中必须强调物理学中的做功，必须满足两个必要条件：一是作用在物体上的力，二是物体在力的方向上通过一段距离。只有满足这两个条件，我们才说力对物体做功。

第二节 初中物理规律建立中物理方法的显化研究

一、研究现状

在物理规律教学中实施物理方法教育已成为当前物理教育工作者的共识，但是在初中物理规律教学中有哪些物理方法，怎样教物理方法还有很多不太清楚的地方。

《初中物理教学通论》中关于物理规律建立过程中的物理方法有如下几种：

（1）由日常经验或实验结果进行直接归纳得出结论；

（2）先从实验结果或从实例的分析中得出定性的结论，再进一步通过实验寻求严格的定量关系，得出定量化的结论；

（3）引导学生在观察实验或分析推理的基础上进行猜想，然后通过实验来验证、修正自己的猜想，得出结论；

（4）在通过实验研究几个物理量的关系时，先分别固定几个物理量而研究其中两个量间的关系，然后加以综合，得出这几个物理量的关系；

（5）在日常经验和观察实验的基础上，运用想象和推理的办法得出结论；

（6）运用已知知识和教学进行推理、讨论，得出结论，即理论分析法。

书中对物理方法教育内容的总结是比较系统的，但是对物理方法的表述不够清晰。如上述第（4）条其实就是控制变量法；第（5）条的其实就是理想实验法。这就导致物理方法教育内容不明确，有碍于物理方法教育的实施。

依据物理学知能结构①（图 1－1），物理方法是物理现象和物理规律之间的桥梁，学生只有掌握了物理方法才能顺利地理解物理规律。这一路径可以表示为：物理现象→物理方法→物理知识。有鉴于此，必须明确初中物理规律教学中物理方法的教育内容。

二、初中物理规律教学中物理方法教育内容

目前物理规律教学中物理方法教育的一个主要问题是，物理方法教育内容没有理清，因此需要明确物理规律教学中的物理方法的内容。新近的研究表明，初中物理规律教学中的物理方法主要有如下几种②（表 1－2）。

表 1－2 初中物理规律教学中的物理方法与出现次数

物理方法	次　数	物理方法	次　数
控制变量法	5	实验归纳法	14

① 邢红军，陈清梅. 论中学物理教学中的科学方法教育［J］. 中国教育学刊，2005（8）：33—36.

② 付洪艳，邢红军. 初中物理科学方法教育教学研究［J］. 大学物理（教育专刊），2010（2）：62—63.

续表

物理方法	次　数	物理方法	次　数
演绎推理法	3	等效法	2
理想化方法	2		

上述研究明确了物理规律教学中的物理方法教育内容，且统计了各种物理方法在课标中出现的次数，为初中物理规律中的物理方法教学提供了依据。同时也存在着缺憾，表中的物理方法是散乱堆砌的，没有形成物理方法体系，有碍教师形成清晰的教学思路。因此，构建一个适合物理教学的物理方法体系，会使教师在教学时更加心中有数。依据相关研究①，我们构建了一个物理规律教学中的物理方法体系（表1－3）。

表1－3　基本物理方法与辅助物理方法

基本物理方法	实验归纳法、演绎推理法
辅助物理方法	假说法、控制变量法、理想化方法（理想实验法、理想模型法）、微元法、图像法、实验验证法、等效法、转换法、放大法，等等

这个体系由两部分组成：基本物理方法和辅助物理方法。在物理规律教学过程中，先以实验归纳法或演绎推理法作为基本物理方法，奠定一节课的整体脉络，然后根据各个物理规律教学的具体情况，用假说法、控制变量法等辅助物理方法进一步完善教学认识过程。这样，我们就得到了一个明确且比较系统的物理方法体系，为实施物理方法教育提供了比较清晰的思路。

三、初中物理规律教学中实施物理方法显性教育的教学策略

1. 实验归纳法的显性教学策略

实验归纳法是以实验为基础，通过归纳逻辑获得物理规律的一种物理方法。它贯穿整个初中物理规律教学，因此在不同的教学阶段，应当随着学生对方法掌握程度的加深采取不同的教学策略。相关研究表明，学生对物理方法的掌握大致分为3个阶段：规则习得阶段、变式迁移阶段、策略运用与迁移阶段。针对不同阶段，教师需要采取不同的策略。以人教版教材为例，在光的折射这节，由于学生刚刚接触物理，头脑中缺乏同化物理方法的相关图式，学生对物理方法的掌握处于规则习得阶段，因此实验归纳法的显性教学要求学生必须亲自动手做实验感受物理方法，在学生有了切身感受之后及时显化这种方法，讲明归纳逻辑的内涵，实验的特点，等等。随着学生对实验归纳法接触次数的增多和对实验归纳法理解的逐步加深，教学

① 浙江省教育学会中学物理教学分会. 高中物理方法教育研究［J］. 杭州：浙江教育出版社，1995：1—4.

进入变式迁移阶段，比如，对欧姆定律这节，此时教师可以将之前用到的实验归纳法的实例进行总结，加深学生对方法的理解，然后引导学生运用实验归纳得出欧姆定律。到了策略运用与迁移阶段，比如九年级的杠杆平衡原理部分，教师只需稍加点拨，学生即可独立运用实验归纳法探索物理规律。

2. 演绎推理法的显性教学策略

演绎推理法是指用数学推导或三段论推理得出物理知识的物理方法。由于演绎推理法在初中物理规律获得中出现次数很少，因此不宜做过高要求，只需学生达到掌握物理方法的第一个阶段即可。又考虑到演绎推理法在学生的学习和生活中无意识地经常用到。因此，教师应先引导学生独立推导物理规律，在物理规律得出之后，教师讲解演绎推理的相关逻辑知识，并类比日常生活实例，显化这种方法。需要注意的是，用演绎推理法得出结论之后必须要用实验验证。这不仅体现了物理学作为经验科学的特征，而且体现了演绎推理法的效益。它使学生看到枯燥乏味的逻辑推理竟能够得出如此有趣的结论，从而有助于激发学生学习物理方法的兴趣。例如，初中物理液体内部压强部分的教学中用到了演绎推理法，教师可以引导学生独立推导出液体压强公式，之后讲解这个过程中用到的逻辑方法，最后用实验验证结论。

3. 辅助物理方法的显性教学策略

辅助物理方法对于学生来说几乎都是全新的，如果在规律获得过程中过多讲授这些方法，则会使总的教学思路不够清晰。因此，辅助物理方法显性教育的关键在于要整体进行教学设计，对于学生新接触的物理方法，需要有过渡准备，教师应该在之前的一节或几节课做好铺垫。教师可以设置相关的物理方法习题或实验，对学生进行渗透式训练，使学生初步掌握物理方法。这样在讲授新课的时候就能够做到水到渠成，既使学生顺利地理解了物理方法，又不影响整个教学思路的清晰完整。例如，人教版八年级《物理》的曲面镜与透镜部分都用到了微元法。在讲授这两章之前可以在第一章声学部分渗透这种方法，比如可以以天坛回音壁传声为例，使学生理解微元法。这样在讲到后续知识时，学生就可以利用微元法顺利地获取物理知识。

总之，在物理规律教学中，教师需要综合考虑各个物理方法的特点、地位以及学生的掌握程度，灵活运用各种策略进行物理方法显性教育，使学生顺利地掌握物理方法，获取物理知识，提高物理能力。

第三节 初中物理知识获得过程中科学方法的显化研究

一、问题的提出

当今世界，科学技术的发展突飞猛进，知识总量在以爆炸式的速度急剧增长，知识更新越来越快。因此，在学校短短的几年时间里不可能指望学生学习完有关的知识，重要的是让学生学会进一步掌握知识的方法。

我国的物理课程标准明确指出："过程与方法目标""知识与技能目标""情感态度与价值目标"是课程改革的3个主要目标。然而，在新课程实施中，科学方法教育效果与《初中物理课程标准》要求却存在较大差异。在实际的物理教学中，与知识教育相比较，科学方法教育还存在着不少薄弱环节。初中物理教师对于教授哪些物理知识非常清楚，而对于教授哪些科学方法，几乎没有一个教师能完整地回答出来。在我国传统教育中，知识和技能教学是做得最出色的。由于长期以来只重知识与技能的传授而忽视了能力的培养和方法的掌握，这种追求短期教育成效做法的弊端在大学及其以后的教育中就暴露出来了。有人对中国的中学生在国际奥林匹克竞赛上收获颇丰，而今却仍无人"染指"诺贝尔奖这一现象作了剖析，认为中国传统的教育重在传承而不在发扬，学生的创造能力没了，很少有人去问"为什么"和"怎么做"了。这不能不引起我们的深思。或许我们也能从中吸取更多的教训、获得宝贵的经验。

二、对教学现状的实践研究

1. 初中物理教学中科学方法教育研究情况

为了了解我国初中物理科学方法教育的现状，笔者曾就教师对科学方法教育内容的重视程度、教师已具有的科学方法知识、科学方法教学策略等问题展开调查。

本次调查结果比较准确地反映了目前初中物理教学中教师对于科学方法教育的实施情况。比如问到"你个人在物理教学中，科学方法教育实施的情况"时，只有4%的教师认为好，而84%的教师认为一般，12%的教师认为较差。当问到"你的学生对科学方法内容掌握的情况"时，认为好的没有，50%的教师认为一般，50%的教师认为较差。这些情况表明，中学物理教学中科学方法教育的现状是不容乐观的。

为了更全面地了解现状，问卷中还设计了测试教师掌握具体科学方法的题目。例如"得出牛顿第一定律所运用的主要科学方法是……"选择"理想实验方法"的正确率只有62%。我们知道牛顿第一定律既是初中物理的基础内容，又是重点教学内容，作为教师居然不能准确地回答出这些内容所涉及的主要科学方法。这表明，在教学上处理这部分内容时，教师无疑是只重视知识的讲解，而忽略了科学方法的教育。

调查显示，初中物理教师在认识上相当重视科学方法的教育，并且已意识到科学方法的学习对学生科学素养的养成和终身学习能力的提高意义重大，在日常物理教学中，他们也能采用一定的教学策略加强科学方法教育。但研究结果也显示，初中物理教师进行科学方法教育的能力有待提高。

2. 物理教育类期刊中科学方法教育研究论文发表情况

期刊是人们表达、交流研究成果的重要途径，物理教学中科学方法教育情况如何，会在物理教育杂志中有所体现。《物理教师》（苏）、《中学物理教学参考》（陕）、《物理通报》（冀）、《物理教学探讨》（渝）是我国物理教学类的 4 种具有代表性的期刊，本书以这 4 种期刊为研究载体，对我国初中物理科学方法教育研究的情况进行分析。

表 1－4 是对这 4 种期刊 1995—2008 年含以科学方法为研究对象的文章统计。可以发现，研究科学方法的文章占历年发表的文章比例很小，几乎不超过 1%。表 1－4 中数据从某种程度上反映了当前中学物理教育中科学方法教育研究不够深入的现状，这与科学方法在学生科学素养养成中所起的作用是不相称的。

表 1－4　1995—2008 年 4 种期刊中以科学方法为研究对象的文章统计

年份	物理教师	中学物理教学参考	物理通报	物理教学探讨
1995—2000	5	3	1	0
2000—2009	8	0	8	4
合计	13	3	9	4

三、科学方法教育的内容

物理教学中加强科学方法教育的问题，如同物理教学中的其他基本问题一样，总是随着人们认识的深入而逐步发展的。物理学发展的历史表明，人们重视科学方法，正是由于科学方法所具有的独特、而不可替代的重要作用。与之相伴随，科学方法的教育也越来越为物理教育工作者所重视。

科学方法都是由科学知识所引出，不能割裂开科学方法和科学知识。即按照与物理知识相对应的原则，选取科学方法教育内容。按照这个原则，依据初中《全日制义务教育物理课程标准》（以下简称《物理课程标准》），以模块为单元，随着物理知识体系的展开，把其中隐藏的主要科学方法明朗化、显性化，进而提出科学方法教育的内容。然后，再对各种方法的出现进行频度分析，这样就使科学方法教育与物理知识教育密切联系起来，使物理教育工作者在科学方法教育中有据可依，同时也使科学方法教育的内容在一定程度上达到相对统一。

“对应”原则的基本思想是：由物理知识合乎逻辑地引导出相应的科学方法，即从物理知识→ 科学方法。下面，首先对科学方法内容的选取作一些说明：在物理概念和物理规律得出的过程中，思维过程如分析、综合、比较、分类、抽象与概括等贯穿整个物理知识得出始终，这些方法就不再一一列出。

按照“对应”的思想，我们把义务教育初中《物理课程标准》中所涉及的主要科学方法加以统计，表5－1 中的第一列是初中《物理课程标准》中物理课所应完成的教学内容（物理知识）。第二列式与之“对应”的科学方法。对教学内容和所涉及的科学方法加以统计，我们把应用比较广泛的科学方法加以归纳，结果表明，应用次数较多的科学方法有8 种，如表1－5。

表1－5　初中《物理课程标准》中的科学方法

科学方法	次数	科学方法	次数
直接定义法	30	实验归纳法	14
比值定义法	11	乘积定义法	5
控制变量法	5	等效法	2
演绎推理法	3	理想化方法	2

表1－5 中的这些方法都是一些主要的科学方法。显然，在物理教学过程中应该着重加强这些科学方法的教育。

通过对初中物理教学中科学方法教学内容的研究及分析，在义务教育阶段的物理教材中的出现较多的科学方法是直接定义法、实验归纳法、比值定义法。下面依次来进行分析。

在初中物理教材中出现最多的科学方法是直接定义法，有30 次，像压力、摩擦、大气压强都是直接定义的。可见，在初中阶段物理概念和物理规律大多数都是直接定义的，初中生刚刚接触物理学科，大量的物理概念都是刚刚接触的，这些物理概念是人们在生产生活中慢慢积累的。规定的名词，慢慢地流传下来而被大家所接受的。符合学生的年龄及认知思维特点。

再就是实验归纳法，共出现了14 次，像光的反射定律、平面镜成像、杠杆的平衡条件等都运用了实验归纳的科学方法。在初中阶段实验归纳法比较多，这也符合初中阶段的学生的思维水平以及物理学的特点。物理学是以实验为基础的学科，几乎每一个知识点都是从观察、实验开始。在实验的基础上归纳物理规律、物理概念是每个学生在初中阶段要学会的基本技能以及在此基础上需要培养的基本能力。初中生学习物理的兴趣主要是直接兴趣，因此，他们对实验大多数呈现较强烈的直接兴趣；初中生还具有强烈的操作欲望，尽管他们的操作动作还很不协调。所以，在初中阶段大量的实验归纳法的运用是符合初中学生的心理认知特点的。

比值定义法出现了11 次，也是出现频度比较多的科学方法，初中阶段的重要的概念有很多用到了比值定义法，比如密度、速度、压强，等等。可见，比值定义法是一个非常重要的需要学生掌握的方法。比值定义法前面已经做了详细的阐述。在这里就不再赘述。

在初中物理中出现频度较少，但是在高中物理教学中却出现较多的科学方法为演绎推理法、等效法、控制变量法，出现的频度分别是 3 次、2 次、4 次。初中学生的物理思维基本上还处在具体运算阶段和前运算阶段，这就导致他们的思维往往具有片面、肤浅和动摇的特征。所以，在初中阶段演绎推理法、等效法、控制变量法的运用比较少。

四、教学建议

1.《物理课程标准》应把科学方法作为教学内容

《物理课程标准》是编写中学物理教材的指导性文件。在制订中，除了要考虑物理知识以外，还应当把科学方法作为中学物理教学的内容之一。这既是物理教学规律的必然要求，也是物理教学目的与教学内容相互对应的逻辑体现。

笔者依据《物理课程标准》，把其中隐藏的主要科学方法明朗化、显性化，从而提出科学方法教育的主要内容并给出了频数。此外，从科学方法教育的层次性来考虑，思维方法同样是科学方法教育的重要内容，包括分析、综合、抽象、概括等。这样就使科学方法与物理知识密切联系起来，使物理教育工作者在科学方法教育中有据可依，同时也使科学方法教育的内容在一定程度上达到相对统一。

因此，科学方法在教材中应该统筹规划，教学中应对科学方法逻辑结构和不同科学方法之间的逻辑关系进行探索，结合学生的认知特点、心理特点和不同学科的特点，在教材研制中对科学方法合理编排。

2. 在初中物理教学中应对出现频次比较多的科学方法重点教学

在初中物理教学中出现频次比较多的科学方法，像实验归纳法、比值定义法，要重点教学。初中生的观察能力和动手能力迅速增强，但是抽象能力还没有充分发展，所以在初中阶段应着重进行观察实验科学方法的学习。再就是初中学生刚刚接触物理，大量的物理概念都是直接定义得出的。像质量、力的定义等这些最最基本的物理概念都是直接定义而来的。对于像贯穿整个初中物理的始末的重要的概念——速度、密度、压强、功率等物理学的基础概念，都要运用比值定义法。

但是，科学方法的学习比物理知识更困难，它不是经过一两次教学就能让学生理解和掌握的。因此，在教学中，对这些重要的出现频次比较多的科学方法，在教学过程中要明确地、有计划地教学。教师循序渐进讲解，逐步深化，随着同一科学方法的多次出现，多次讲解，学生才能领会、运用。

比如“等效法”。学生在学习串、并联电路时，知道在串联电路中，总电阻等于各部分电阻的阻值之和。这里所谓的总电阻就是与原来的电阻等效的阻值。学生在这个地方学习了“等效法”对它在“二力合成”这一部分时有潜移默化的影响，通过教师的分析、引导，学生很快就能明白在这个知识点的学习中也是用到了“等效”的方法。所以说科学方法的教育是一个有计划的、长期的、逐步深入的过程。

3．对在初中物理教学中出现频次比较少的科学方法要加强教学

中学生的思维方式由形象思维型逐步向抽象思维型过渡，进行科学方法内容的学习要充分考虑到学生的这一思维特点。既不能落后于学生的思维水平，也不能操之过急，揠苗助长。应在现有的思维能力的基础上适当地提高要求，符合维果斯基的“最近发展区”理论。因此，教学必须了解学生的思维特征，使科学方法内容的学习有一定的层次。

初中生的观察能力和动手能力迅速增强，但是抽象思维能力还未充分发展。因此，对抽象思维能力的要求比较高的科学方法，比如“演绎推理法”“理想化方法”，只能以潜移默化的方式渗透学习，在教师的指导下接受分析、比较、概括等思维方法的训练。并且注意在物理知识的教学过程中，适时地、恰当地、多次地引出获取知识所采用的科学方法的程序、方式，以此来认识和理解科学探索的过程，应通过对这些方法反复的体验与训练，最终让学生深刻理解，达到运用自如的程度。

4．按照科学方法的逻辑来设计教学的程序

目前的物理教学，往往是从传授知识的角度来设计教学的程序。这样做虽然也能使学生从中学到一些科学方法，但学生对科学方法的理解往往是表面的、肤浅的，并且是零星的、不连续的，收效甚微。

由于科学方法并不直接由学科的知识内容来表达，而是有它自己独特的表达方式，它往往隐藏在知识的背后，支配着知识的获取和应用。所以使科学方法既不易学习，又不易掌握。如果按照科学方法所展示的路子去组织教材，安排教学进程，即把方法教育作为教学活动的核心，则情况就大不一样。这样来进行教学，把科学方法体现在知识的认知过程中，按照学生的认知模式进行教学，使学生清楚地了解到教学的过程，进而引导学生去经历这一过程，从而使学生真正领略到科学方法和物理知识的内涵，并得到能力的提高。

第四节　初中物理知识应用过程中科学方法的显化研究

一、问题的提出

伴随着中学物理新课程改革的深入进行，科学方法教育也在逐步走向深入，其

中科学方法教育内容的研究进展尤为突出。在充分认识科学方法教育内容研究取得可喜进展的情况下，还应清醒地认识到，由于科学方法教育内容与科学方法分类密切相关，因此，科学方法分类研究的不足，就往往导致科学方法教育内容研究存在缺憾。

依据邢红军关于科学方法的分类：科学方法可以分为两部分，物理方法和思维方法。而物理方法又可以分为获得知识的物理方法和应用知识的物理方法（图1－2）。

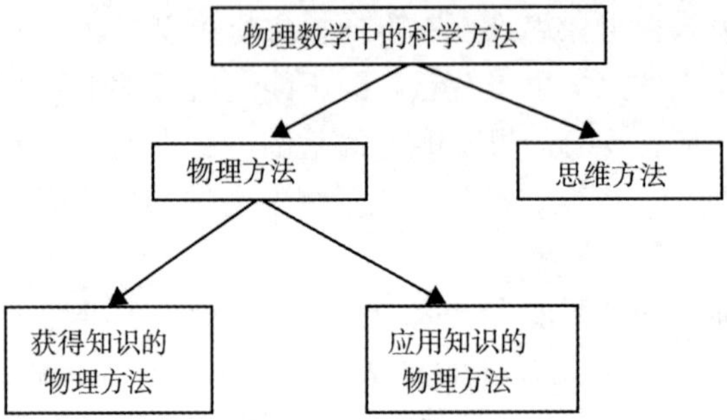

图1－2　物理科学方法分类

目前的研究主要集中在获得知识的物理方法，应用知识的物理方法却很少涉及。已有的研究表明，初中物理教学中获得知识的物理方法主要包括8种物理方法（表1－6）。①

表1－6　初中物理教学中获得知识的物理方法

物理方法	次数	物理方法	次数
直接定义法	30	实验归纳法	14
比值定义法	11	乘积定义法	5
控制变量法	5	等效法	2
演绎推理法	3	理想化方法	2

通过以上研究，初步明确了获得知识的物理方法的教育内容，为实施获得知识的物理方法教育提供了依据。为了给应用知识的物理方法教育提供依据，探明应用知识的物理方法的教育内容就很有必要。鉴于此，下面就初中物理教学中应用知识的物理方法教育内容进行研究。

二、初中应用知识的物理方法教育内容的研究

物理知识的客观性决定了获得知识的物理方法教育内容的确定性。因此，确立获得知识的物理方法教育内容需要用到对应方法。而问题情境的多样性决定了应用知识的物理方法教育内容的不确定性。因此，除用到对应方法以外，还需要用到归

① 付洪艳，邢红军．初中物理科学方法教育教学研究［J］．大学物理（教育专刊），2010（2）：62—63.

纳的方法。依据对应方法，并通过对目前初中物理习题解答中对应的物理方法内容进行归纳，我们发现物理知识和物理方法之间的对应还是存在一定的规律性。由于篇幅所限，下面仅列出初中《物理课程标准》中“机械运动和力”部分应用物理知识的方法（表1－7）。

表1－7　“机械运动和力”部分应用物理知识的方法

课标中的知识点	应用物理知识的物理方法
（24）能用速度描述物体的运动。能用速度公式进行简单计算	图像法、整体法、隔离法、演绎推理法
（25）通过常见事例或实验，了解重力、弹力和摩擦力。认识力的作用效果。能用示意图描述力。会测量力的大小。知道二力平衡条件。了解物体运动状态变化的原因	理想模型法、假设法、图示法、控制变量法、整体法、隔离法、等效法、演绎推理法
（26）通过实验探究，理解物体的惯性。能表述牛顿第一定律	理想模型法、隔离法、演绎推理法
（27）通过实验探究，学会使用简单机械改变力的大小和方向	理想模型法、极端值法、整体法、隔离法、转换法、演绎推理法
（28）通过实验探究，学习压强的概念。能用压强公式进行简单计算。知道增大和减小压强的方法。了解测量大气压强的方法	理想模型法、比例法、控制变量法、图像法、等效法、假设法、整体法、隔离法、演绎推理法
（29）通过实验探究，认识浮力。知道物体浮沉的条件。经历探究浮力大小的过程。知道阿基米德原理	等效法、整体法、隔离法、假设法、极端值法、演绎推理法

下面对表1－7中出现的部分物理方法进行界定。

理想模型法：指根据研究的内容和问题在一定条件下对研究客体进行抽象，抓住事物的本质特征，建立起一个易于研究的、能反映研究客体本质规律的理想客体。

假设法：指有些题目提供的物理信息不够完整，这时可以通过假设添加一些条件，然后经过推理，对不可能的情况进行归谬，从而明确物理过程，进而帮助解题。

隔离法：常用隔离法的情况有两种：其一是为了寻求系统中某一个物体的各相关物理量的关系，将某个物体从系统中隔离出来；其二是为了寻求全运动过程中的某一个运动过程中相关物理量的关系，将某个运动过程隔离出来。

图像法：是指利用坐标系中绘出的两个相关物理量之间的关系的函数图线或其他图像，从中得到相关信息，顺利解决问题的方法。

图示法：也叫作图法，是为了使要解决的问题更加直观，画出示意图以方便问题解决。如我们经常对借助做物体受力示意图，来分析物体的受力和运动情况。

转换法：是指对于一些看不见、摸不着的现象或不易直接求解和测量的物理量，用一些非常直观的现象去认识或用易于求解和测量的物理量间接求解和测量。我们常用转换法观测发声物体的振动。

最后，我们得到应用物理知识的物理方法并对它们在课标中出现的次数进行了统计，见表1－8。

表1－8 应用物理知识的物理方法及其在课标中出现次数

物理方法	次　数	物理方法	次　数
演绎推理法	30	假设法	7
隔离法	14	等效法	7
理想模型法	13	转换法	6
比例法	9	图示法	5
整体法	8	极值法	3
控制变量法	8	对称法	3
图像法	8	类比推理法	2

三、初中物理教学中实施应用物理知识的物理方法教学建议

1. 要重视应用物理知识的物理方法显性教育

对于知识应用过程中物理方法教学，应该将物理方法转化为外显的可操作的程序，在解题过程中具体说明何时何处用哪些物理方法，帮助学生更好地学习物理方法。

在教学过程中，物理方法刚开始是以陈述性知识保存在学生头脑中的，经过一定量练习，这些物理方法就转化为程序性知识保存在学生头脑中，随着多次练习，这些物理方法就逐渐地内化到学生的头脑中，成为学生的心智技能或认知策略。当学生再次面临一定的情境，在没有任何提示的情况下，能主动选择并正确地使用认知策略。这时学生已经掌握了物理方法，也就达到了“教是为了不教”的目的。

在此，笔者特别强调物理方法的显性教育方式。物理方法的学习属于心智技能或认知策略的学习。心智技能培养是借助语言来实现的，所以教师如果不能将物理方法显化，就不能使学生真正的掌握物理方法。从教学论的角度看，显性教育唤起了学生学习物理方法的意识，有利于学生把掌握物理方法作为明确的学习目标，这就使学习目标与教学目标达成一致，从而促使学生主动学习物理方法。反之，如果实施物理方法隐性教育，就容易淡化学生学习物理方法的意识，不利于学生掌握物理方法。

2. 在习题教学中实施物理方法显性教育

根据认知策略学习的相关理论，应用知识的物理方法的学习需要经过如下3个

阶段：规则习得阶段；变式练习阶段；策略的运用和迁移阶段。[①] 在不同阶段，教师应该采取不同的教学策略促进学生学习物理方法。

在规则习得阶段，学生是以陈述性知识的形式习得物理方法的，教师要引导学生通过比较几种不同方法的优劣来促使学生对物理方法进行反思，并使学生感受到用物理方法解题的效益。例如，在整体法教学中，教师可以先让学生尝试用两种以上方法做，然后引导学生对解题过程中用到的整体法和隔离法进行比较，反思自己的解题方法，最后体会运用整体法解题的效益。

在变式迁移阶段，教师要制定一套外显的可操作技术，讲明物理方法的运用条件，给学生多次变式练习的机会，促使陈述性知识转化为程序性知识。

在习题教学中实施教物理方法显性教育，应该与习题解答的全过程紧密结合。根据物理学知能结构，习题的解答过程大致可以分为四步：理解题意，明确物理过程——知识定向——运用物理方法——列式运算求解。解题的前两步对于物理方法的教学似乎没有直接作用，但是对于学生正确理解运用物理方法的条件是很有帮助的。物理方法就是在我们直接应用物理知识解题出现困难时，根据具体情境选取的。在这个阶段的教学中，教师要讲清楚何时遇到何种情况时用何种物理方法。

在策略运用和迁移阶段，教师除了给学生提供多次变式练习的机会，更要注重判断物理方法运用情境的训练，促使学生达到反省认知的水平，从而使学生真正掌握物理方法。

例如，运用整体法解题的情境是，当习题中出现多个研究对象，用隔离法造成解题过程复杂时，可以考虑用整体法。教师要提供多种运用整体法的习题，对学生判断整体法运用情境进行专门训练，促使学生在面临同样情境时能够在没有任何提示的情况下，主动选择用整体法解题。

3. 在原始物理问题教学中实施物理方法显性教育

原始物理问题是指自然界及社会生产、生活中客观存在的，能够反映物理概念、规律而且没有被加工的物理问题。原始物理问题不呈现物理量，在解决原始物理问题的过程中，学生运用理想模型，自己独立设出未知物理量，然后进行解决。这样，与习题教学相比，原始物理问题教学中的物理方法教育内容就多了一个理想模型法。

根据上述分析，笔者认为解决原始物理问题需要经过6个步骤：理解题意，明确物理过程——知识定向——建立理想模型——设出相关物理量——运用物理方法——列式运算求解。需要说明的是，建立理想模型这一步就是理想模型法的运用，为了突出解答原始物理问题与习题的差异，笔者把它单独列出。下面举例说明在原始物理问题教学中如何实施物理方法显性教育。原始问题：计算人做一次俯卧撑所做的功（假设重心在身体的中心）。

---

① 陈刚．自然学科学习与教学设计［M］．上海：上海教育出版社，2005：159—179．

第一步，理解题意，明确物理过程。首先受力分析，在这个过程中人的躯干受到重力、手臂肌肉的举力和地面的支持力，躯干围绕脚尖做转动。

第二步，知识定向。由于物体受力的作用点不同，又考虑物体发生转动，因此考虑到用杠杆平衡原理。

第三步，建立理想模型。从上一步可知，这是一个转动问题（说明运用物理方法的条件），忽略物体形状不均匀的部分以及运动过程中力矩的不平衡，可以建立杠杆平衡的理想模型，如图1－3。

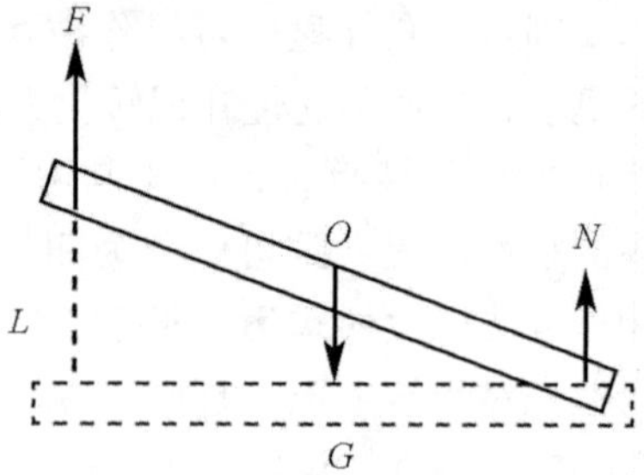

图1－3　杠杆平衡模型

第四步，设出相关物理量。设人受重力为 G，臂力为 F，臂长为 L。

第五步，运用物理方法。要求人臂力 F 做功，需要知道力 F 的大小和在 F 方向上运动的距离 L（演绎推理法），但因为臂力 F 很难直接测量（说明运用物理方法的条件），可以考虑用转换法，根据杠杆平衡原理可以把 F 转换成 G，从而间接求出 F。

第六步，列式运算求解。由杠杆平衡原理有 $FL = GL/2$，得出 $F = G/2$。由功的定义式 $W = FS$ 有 $W = FL = GL/2$，取 $G = 500\text{N}$、$L = 0.6\text{m}$，带入前式，得 $W = 150\text{J}$。所以，做一次俯卧撑所做的功为150J。

以上初步确立了初中物理教学中应用物理知识的物理方法教育内容，探索了应用物理知识的物理方法的教育方式。这不仅为在初中物理教学中实施应用物理知识的物理方法教育提供了依据，也给物理科学方法教育的相关研究以有益的启示。

第五节　初中物理科学方法教育方式的显化研究

新一轮中学物理课程改革提出了三维课程目标：“知识与技能”“过程与方法”“情感态度与价值观”，新的课程目标虽然改变了传统教育只注重“知识”的课程理念，但科学方法教育的效果仍差强人意。笔者认为原因在于：科学方法教育长期存在隐性教育方式，使学生较难有意识地接受科学方法教育。因此，开展科学方法教育方式的深入研究，对科学方法教育的深入发展就显得尤为重要。

1. 初中物理科学方法教育方式分析

目前，物理教学中科学方法教育方式主要有两种：隐性教育方式和显性教育方式。

所谓隐性教育方式，就是在教学中不点明科学方法的名称，不对科学方法进行解释，而是隐蔽地发挥科学方法的指导作用，使学生潜移默化地受到科学方法的熏陶。

所谓显性教育方式，就是在教学中进行科学方法教育时，明确指出科学方法的名称，传授方法的知识，揭示方法的形式、操作过程，说明原理。教师公开宣称进行科学方法的教育，学生处于有意识地接收科学方法知识的状态。①

目前，在科学方法教育研究中，普遍认为科学方法教育应该采用显隐结合方式。理由是，显性教育要以隐性教育为基础，通过隐性教育让学生对科学方法有一个感性认识，然后进行显性教育，以获得对科学方法的理性认识。

笔者认为，关于科学方法教育方式“显隐结合”“先隐后显”的观点存在一定的问题。这种观点没有对“显隐结合”“先隐后显”的合理性做出令人信服的理论阐述，也没有在教学实践中得到充分的证实。因此，科学方法教育方式的“显”“隐”之争，需要从理论上进行深入思考和论证，以期对科学方法教育实践提供理论支持。

2. 初中物理科学方法显化教育的理论阐释

（1）科学方法隐性教育的弊端

隐性教育是行为主体在某种环境中，有意或无意地获取非预期的某种经验的过程。其特征主要表现为教育过程的随意性、教育结果的非预测性、教育途径的开放性、教育内容方式的隐含性和教育主体的自主性。② 基于隐性教育的特点，下面对科学方法隐性教育方式进行评析。

首先，科学方法隐性教育过程具有随意性。在隐性教育中，教育的一方或者双方处于无意识的状态。无意识的一方，对隐含的、内潜的科学方法往往是缺乏目的性、计划性的操作。因此，科学方法隐性教育对学生的影响通常都是在“非目的性”“无计划”的自发情况下发挥作用的。所以，对于思维水平较低的初中生，很难感受到教学过程中“无目的”“无计划”施加的科学方法的作用。

其次，科学方法隐性教育结果具有非预测性。在隐性教育中，由于缺少一方或双方的意识性，使其结果难以预料。可能与预期的教育的目的相一致，也可能部分甚至完全与预期的相反。由于科学方法隐性教育方式的隐蔽性，学生不一定能注意

---

① 浙江省教育学会中学物理教学分会、高中物理方法教育研究［M］. 杭州：浙江教育出版社，1995：3.

② 沈嘉祺. 论隐性教育［J］. 教育探究，2002（1）：54—56.

隐藏的科学方法，即使学生隐约感觉到其中蕴含的科学方法，但对科学方法的理解大多是片面的，带有很浓的主观色彩，很难真正领略到科学方法的重要性。

最后，科学方法隐性教育具有自主性。由于隐性教育的信息隐蔽，没有明确的要求，学生对科学方法的学习具有自主选择性，对于学什么科学方法，怎么学，学生可以自行决定。现实情况下，由于“中考”的指挥棒作用，学生尽可能地投入更多的时间学习巩固知识。因此，在教师不显化科学方法的情况下，很少有学生会自发地感受到科学方法的妙处，更体会不到科学方法对学习物理知识，解决实际问题的实际用途。学生就不能获得对科学方法的感性认识。

总之，由于科学方法隐性教育方式的特点，导致教师对教授哪些知识非常清楚，但对于教授哪些科学方法并不清楚。在实际教学中，教师很少考虑科学方法因素，学生也很难意识到其中存在的科学方法。这样，就使课程目标中的“过程与方法”维度虚化。因此，科学方法教育，应该采取显性教育方式，摒弃目前科学方法教育“显隐结合”、“先隐后显”的观点。

（2）科学方法显性教育方式的理论依据

首先，科学方法是人们在认识世界和改造客观世界的实践活动中总结出来的正确的思维方式和行为方式。作为一种基本的研究途径、方法，它与物理学的概念、规律等一些知识是相互平行的，包含在物理学的范畴之中。与知识不同的是，科学方法涉及的不是物质世界本身，而是人们认识物质世界的途径与方式，是高度抽象的。① 因此，科学方法并不直接由物理知识内容来表达，而是有它自己独特的表达方式。由于科学方法具有隐蔽性的特点，以致中学《物理课程标准》和各个版本的中学物理教材中基本没有科学方法的内容。鉴于此，科学方法显性教育方式的提出就显得尤为重要和紧迫。教师在进行科学方法教育时，应把“隐藏”在物理知识背后的科学方法挖掘出来，向学生揭示科学方法，帮助学生借助科学方法获取知识和应用知识。

其次，掌握科学方法是培养学生物理能力的重要途径。能力和方法是密切联系的。一般来说，人们完成某方面任务能力的强弱，是与掌握方法的自觉程度与熟练程度密切相关的。② 物理课程强调学生“应用物理知识解决实际问题的能力”。这种能力表现在“物理知识→科学方法→延伸与应用”的过程中。因此，在物理教学中，教师应当对学生进行科学方法的讲解和训练，使学生在解决实际问题时，能迅速检索各种各样的方法而无须对照过去，在处理前一个步骤时就能在大脑中预感下一个步骤。从这个层面上讲，对学生进行科学方法显化教育是必要的。

最后，从教育心理学的角度分析，科学方法属于认知策略。在进行科学方法教

① 陈清梅，邢红军，李正福．论物理课程改革背景下的科学方法教育［J］．课程·教材·教法．2009（8）：53—56．

② 张民生．中学物理教育学［M］．上海：上海教育出版社，1999：140．

育时应采用显性方式。认知策略是个体对自己内在过程的调控，很难从外部直接观察到，但是它仍然可以在个体的认知行为中得到反映。根据认知策略学习的过程，在进行科学方法教育时，教师需要将隐蔽的科学方法转化为一套可操作的程序，让学生学习。然后提供多种科学方法的使用情境，让学生练习使用科学方法。这样，通过提供不同的情境和问题，让学生正确选择适合的科学方法，解决实际问题。科学方法的显化为科学方法教育提供了一套可操作的步骤，也给学生提供了一条学习和使用科学方法的道路。学生在使用科学方法时，就可以感受到科学方法对于学习和理解物理知识、运用物理知识的重要作用，这反过来增强了学生学习科学方法的兴趣和效果。

3. 初中物理教学中科学方法显化的途径

(1) 明确科学方法的分类是显化科学方法的关键

根据科学方法的层次性，笔者将科学方法分为思维方法和物理方法。而物理方法又可分为知识获得过程中的方法和知识运用中的方法。思维方法只在思维层面上提供了方法的基本思路，这类科学方法需要训练才能使学生掌握。而物理方法在操作层面提出了具体步骤，因此可以将物理方法显化，通过传授使学生掌握。因此，在初中物理教学中，应当显化物理方法。

由于科学方法往往隐藏在物理知识背后，支配着物理知识的获取。因此，每一个物理概念、规律的得出都离不开科学方法的参与。这样，科学方法与物理知识之间就存在着一种“对应”关系。按照“对应”原则，可以把初中《物理课程标准》中获得知识的科学方法和运用知识的科学方法找出来，这是初中物理科学方法显化教育的前提。

(2) 通过两种途径显化科学方法

初中物理教学显化科学方法的途径有两条：在物理知识教学中显化科学方法，在问题和习题教学中显化科学方法。

在初中物理教学中，通过显化科学方法促进知识教学，要改变传统教学重视知识，轻视方法的教学理念。应把方法视为比知识更重要的东西，视为知识的内核与脉络，按照科学方法展示的路子组织、安排教学进程。因而知识教学的流程可以表示为“物理现象→科学方法→获得物理知识”。这样的教学，充分而合理地体现了科学知识的认知过程，经历了这一过程，学生可以真正领略到科学方法和物理知识的内涵，能力得到提高。例如，初中欧姆定律的教学进程可设计为，首先，用控制变量法进行实验：保持电阻值不变，得出电流值与电压值成正比关系；保持电压值不变，得出电流值与电阻值成反比。然后，根据比例法得出欧姆定律的表达式：$I=R/U$。这样，通过科学方法的参与，合乎逻辑地引出物理知识，使学生容易理解和掌握。

教师要创设问题情境，让学生运用科学方法解决实际物理问题。因此，学生应用物理知识解决实际问题的过程可表示为：物理知识→科学方法→应用物理知识。在此过程中，教师给予适当的反馈和点拨，最终使学生能够灵活运用科学方法解决习题和实际问题。例如，在学习了光的直线传播以后，问学生如何利用一个杆子，估测教学楼的高度。这里只要用模型法和图像法就能够很容易的得出结果。把杆、楼、影子和光都抽象成直线段，这样，过杆顶照射下来的光线、杆影、杆组成的三角形与过楼顶段照射下来的光线、楼影、楼组成的三角形相似，就能求出楼高。因此，物理知识只有结合科学方法才具有生命力，学生只有通过科学方法才能掌握知识、应用知识。

（3）显化科学方法的内涵，使学生真正掌握科学方法

教师在进行科学方法显性教育时，必须显化科学方法的内涵，把科学方法的本质揭示出来，使学生真正理解科学方法，从而在学习时自觉使用科学方法。例如，用比值定义法定义概念时，学生知道用两个或几个物理量的比值来定义得出一个物理量，但对于为什么要用比值定义法来定义概念却很少有学生提出来。因此，教师在进行科学方法教育时，不仅要指出比值定义法的概念，更要点出比值定义法的内涵。所谓比值定义法，就是用两个或多个物理量的比值来定义物理概念，在这里，比较的关键是选取相同的标准。因为只有选取相同的标准，才能使比较的结果有意义。因此，比值定义法采用两个或者多个物理量相比，就是在比较时选取相同标准的一个基本手段。① 因此，显化科学方法的内涵，是学生理解科学方法，从而真正掌握和应用科学方法的基础。

① 邢红军，陈清梅．论中学物理教学中的科学方法教育［J］．中国教育学刊，2005（8）：33—36．

第二章　物理科学方法教育理论研究

第一节　科学教育的科学方法中心理论

一、科学知识中心论

我国的科学教育，长期以来一直存在着鲜为注意的重大缺陷——只重视科学知识教育而忽视科学方法教育。笔者认为产生这种现象的根本原因在于，科学教育一直禁锢于“知识中心”的教育理念，对于科学知识与科学方法的关系、科学方法的教育功能等科学教育中的重大理论问题缺乏深入的思考，导致科学教育长期处于低水平而踟蹰不前。因此，在基础教育课程改革的深化阶段，认真探讨科学教育中存在的问题，切实加强科学方法教育的深入研究，就显得尤为紧迫和重要。

当然，目前科学教育中存在的问题，并不在于根本没有进行科学方法教育，问题在于：第一，不清楚科学方法在科学教育中所具有的特殊意义，甚至可以说是独特的、不可取代的意义，而仅仅将科学方法作为知识教学的引入条件或附庸；第二，科学方法与科学知识常有脱节现象，就是说，科学知识本来应当运用科学方法合乎逻辑的推导出来，然而，学生并未能感受到这种逻辑力量；第三，不重视科学方法的巩固，一旦进入概念、规律教学，尤其是进入解题，科学方法往往就被置之不顾了；第四，科学方法的运用非常薄弱，如何帮助学生运用科学方法解决实际问题也未得到深入研究。

其实，早在20世纪30年代，科学学的创始人贝尔纳就一针见血地指出了科学教育的“先天不足”。贝尔纳认为“科学教育的目的有二：提供已经从自然界获得的系统知识基础，并且有效地传授过去和将来用来探索和检验这种知识的方法。”贝尔纳指出，不幸的是，科学教育“正在后一个方面失败地得最为明显。”① 科学教育长期以来没有完善地实现传授给学生科学思维的方法和培养他们创造能力的目的，而且由于这两个目的是相互关联的，结果也就无法使学生“充分了解现有科学知识

---

① J·D·贝尔纳. 科学的社会功能［M］. 陈体芳，译. 北京：商务印书馆，1982：340.

的全貌。”①

新近出版的国际著名期刊 *Science*，刊登了鲍雷（Baolei）教授等人所做的中美两国学生物理概念理解和一般科学推理能力的研究成果。他们采用 FCI、BEMA 和 LCTSR 等国际广泛使用的测验工具，对 4 所美国大学和 3 所中国大学科学与工程专业的大一新生进行了测试。中美两国大学生对力学、电路学知识的理解，科学推理能力的对比及其测试得分分别见图 2－1、图 2－2、图 2－3、表 2－1。②

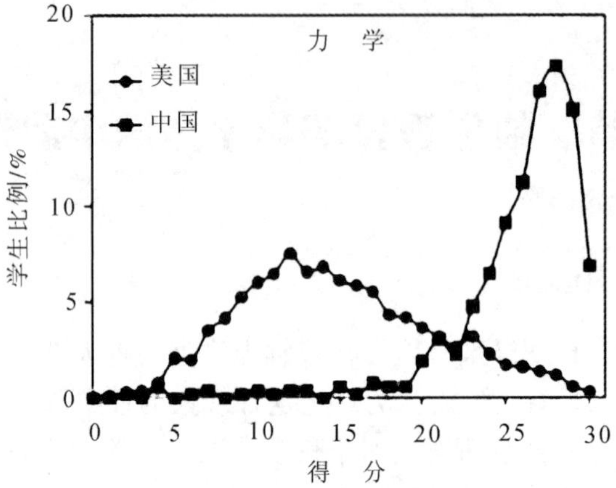

图 2－1　中美两国大学生对力学知识理解的对比

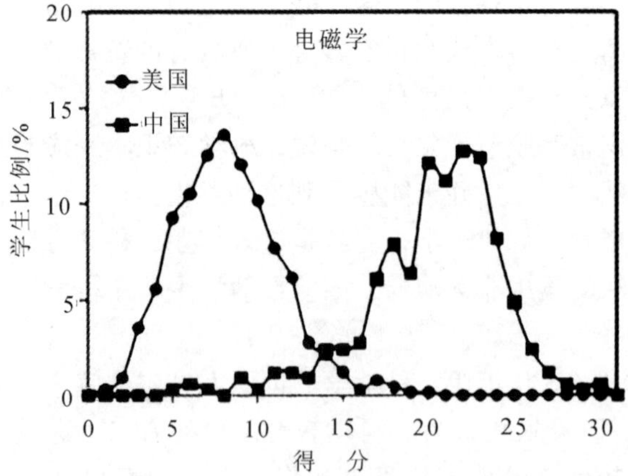

图 2－2　中美两国大学生对电磁学知识理解的对比

① J·D·贝尔纳．科学的社会功能［M］．陈体芳，译．北京：商务印书馆，1982：340.

② Lei Bao，Tianfan Cai，Kathy Koenig，et al. *Learning and Seientific Reasoning*［J］．Science，2009：323，586—587.

图 2－1 为 FCI（力学知识理解测验）的结果，显示美国学生的力学知识成绩在中等分数段分布较广，由于中国学生在 8—12 年级 5 年时间完成了近乎相同的广泛物理课程，这种教育背景导致了中国学生力学知识成绩的狭窄分布，成绩在分数段的 90% 附近达到峰顶。图 2－2 为 BEMA（电磁学知识理解测验）的结果，显示美国学生的电磁学成绩围绕着稍高于分数段的 20% 分布，而中国学生的成绩围绕着分数段的 70% 分布。

FCI 和 BEMA 的测试结果显示，初高中多样、缜密的物理课程直接影响了中国学生物理知识的学习，使中国学生在这些测验中表现出相当高的水平，而美国学生的成绩则远低于中国学生。

表 2－1　测验分数

TEST SCORES/%			
Test	China	USA (n)	Effecf size
FCI	85.9 ± 13.9 (523)	49.3 ± 19.3 (2681)	1.98
BEMA	65.6 ± 12.8 (331)	26.6 ± 10.0 (650)	3.53
LCTSR	74.7 ± 15.8 (370)	74.2 ± 18.0 (1061)	0.03

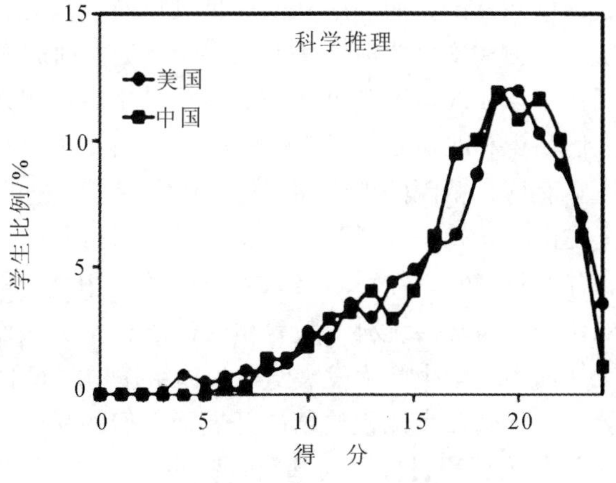

图 2－3　中美两国大学生科学推理能力比较

LCTSR（一般科学推理能力测试）则显示出完全不同的结果（图 2－3）。中美学生成绩分布几乎相同。表 2－1 为测试结果的分析，统计显示，中美学生在 FCI 和 BEMA 测验上的差异达到了显著性水平，而在 LCTSR 测验上几乎没有差异。对测验结果的解释是，美国和中国的中小学知识教育之间的巨大差别并没有导致学生推理能力的不同。这一结果说明，目前中国的科学教育和评价原则上往往对官能回忆的强调胜过了对科学推理的深入理解。

一般认为，我国学生比西方学生多花费 2—3 倍的时间做练习，掌握了良好的“基本知识和基本技能”（简称双基）。但是，我国学生的科学素养却明显与所花费的时间不成比例。Baolei 教授等人的研究提醒我们，在科学学习中，学生除了掌握知识，还需要掌握知识以外的东西。

怎样看待我国学生知识掌握水平远远超过美国学生，而科学推理水平却与美国学生完全相同的事实？也许，爱因斯坦的话可以为我们指点迷津。他说：“学校始终应当把发展独立思考和独立判断的一般能力放在首位，而不应当把取得专门知识放在首位。如果一个人掌握了他的学科的基础，并且学会了独立思考和独立工作，就必定会找到自己的道路，而且比起那种其主要训练在于获得细节知识的人来，他会更好地适应进步和变化。”① 显然，在爱因斯坦看来，独立思考和判断能力应当放在学校教育的首位，而知识教育则只能放在次要位置。

LCTSR 测验包括比例推理、归纳和演绎推理、控制变量、概率推理、相关推理、假设评估等项目。这种测验不属于科学知识测验而是科学思维能力测验，它包含了强认知方法（strong cognitive methods）和弱认知方法（weak cognitive methods）的测验。强认知方法是特定专业领域的独特认知方法，往往与专业知识紧密结合，不容易区分。弱认知方法是可以被运用到各种问题解决过程中的一般策略和方法，与一般智力因素有着更为密切的联系。LCTSR 测验中的比例推理、控制变量、概率推理和相关推理属于强认知方法，而归纳和演绎推理以及假设评估等项目则属于弱认知方法。因此，LCTSR 测验实际上是一种有关科学方法方面的测验。

科学方法是人们在认识和改造客观世界的实践活动中总结出来的正确的思维方式和行为方式，是人们认识和改造自然的有效工具。在科学发展史上，作出创造性贡献的科学家，除了具有博大精深的理论知识外，还掌握了先进的科学方法。

科学课程整体上是由科学知识和科学方法组成的，通过科学方法揭示科学知识的获得和应用过程，并对科学知识在科学技术发展中的作用进行解读，有利于学生了解人类对自然界的认识，扭转传统科学教育由于缺乏科学方法而展现给学生被歪曲的科学世界图像，从而实现学生智力发展与知识体系建构之间的平行和同步。

近年来，随着新一轮基础教育课程改革的开展，人们的科学教育理念发生了变化，把“过程与方法”作为课程目标写入基础教育课程标准，体现了从知识本位向重视科学方法转变的科学教育思想。然而，遗憾的是，重视科学方法的教育思想并未深入下去而是止步于理念层面不再前行。这表现在：基础教育各个学科课程目标中虽然都有“过程与方法”维度，但课程标准中却只有科学知识却没有相应的科学方法，这就使科学方法教育成为“无本之木，无源之水”。也就是说，我国科学教

---

① A·爱因斯坦．爱因斯坦文集［M］．许良英，李保恒，赵中立，译．北京：商务印书馆，1977：284.

育重视科学方法的观念只在表面上实现了转变，但在本质上依然没有发生改变。

二、科学方法的认识功能

在我国，由于受凯洛夫教育学的影响，多年来在教学中比较偏重知识传授而忽视学生的发展。近年来，不少教育工作者在教学中努力体现“传授知识立足于发展能力，寓能力培养于传授知识之中”，在促进学生能力发展方面积累了不少宝贵的经验。但由于对科学方法的重要性认识不够，理论上一直不能突破知识中心的禁锢，教学效果仍然难尽人意。

科学方法与科学知识虽然在本质上是统一的，但严格说来，两者又有不同的特点。科学方法与科学知识不同，它所涉及的不是物质世界本身，而是人类认识物质世界的途径与方式，是高度抽象的。科学方法也不直接由科学知识来表达，而是有它自己独特的表达方式，它往往隐藏在知识的背后，支配着知识的获取和应用。因此，它就具有科学知识所不具有的独特认识功能。

1. 导源功能

科学方法的导源功能是指科学方法作为独立存在的理论体系，对科学理论的形成起开源作用。这即是说，科学研究方法一旦形成就会对科学理论的发展起着决定性的作用。未被发现的科学理论犹如地下矿藏，而科学方法就是探矿的钻机。

杨振宁教授在对爱因斯坦的研究中发现，在狭义相对论建立以前，物理学的发展是由实验到方程、规律乃至整个理论体系，如经典力学、电磁学、热力学等都是遵循这样的发展途径，这是实验归纳的科学方法。在狭义相对论建立以后，这个过程被倒转过来，物理学家们首先是建立方程、理论框架，然后再回到实验，由实验来验证理论的真伪。如狭义相对论、广义相对论、量子力学、粒子物理学等都是这样，这是实验验证的科学方法。这个倒转意味着物理学研究方法的巨大进步，也标志着人类对自然的探索进入了一个新的更深入的层次。可以说，正是爱因斯坦率先采用的实验验证法改变了20世纪物理学的面貌，同时也生动地说明，科学方法对于物理学的发展起到了导源作用。

2. 突破功能

科学方法具有突破功能。科学发展的历史表明，科学中任何重大的进展和突破，都是在正确的方法论指导下，使用科学方法突破的。物理学发展史上著名的黑体辐射公式的得出很好地说明了科学方法的突破作用。

19世纪，人们由实验得出了平衡时辐射能量按波长分布的曲线。许多人企图用经典物理学来证明这种能量分布规律，推导与实验结果符合的能量分布公式，但都未成功。这个问题在当时甚至被称为物理学的“紫外灾难”。普朗克在1900年通过假设引入了量子概念，并使用内插法得出了与实验结果符合得很好的经验公式。普朗克的工作是近代物理学的一个里程碑，其重大突破的关键之处在于，他成功地运用了两个科学方法——假设法与内插法。

3. 中介功能

科学方法作为科学认识活动的中介物，是连接知识和现实的纽带，在科学理论的发展中起了桥梁作用。客观现实中的规律只有通过科学方法的参与，才有可能上升为知识形态，才能把科学认识中的概念、判断、推理与经验事实组织起来，形成逻辑严密的认识体系，进而揭示自然界的事实和知识之间内在的、必然的本质联系。可以说，科学方法是感性认识通向理性认识的桥梁。比如，人类对光的本质的认识和光学理论的产生，就是在光学实验的基础上经过长达两三百年光的波动模型与粒子模型的不断竞争、修正、丰富而逐步完善建立起来的。

4. 建构功能

科学方法是科学知识的脉络，它具有把科学知识联系起来并形成结构的功能。这是因为，科学方法作为基本的研究途径、方式和方法，与自然科学的概念、规律等一些知识的东西是相平行的，包含在自然科学的范畴之中，而且它是一种比概念、定理、定律、公式这类知识更稳定和更广泛的东西，它纵横交错、贯穿于整个知识领域之中，把不同的知识相互联系起来。如果把科学比喻为一条珍珠项链，科学知识是珍珠，那么科学方法就是连接珍珠的细线。缺少了细线的珍珠项链就不能称之为项链，而是变成了一捧散珠。“牵一发而动全身”，这很好地说明了科学方法的建构功能。

科学的本质是什么？物理学大师、诺贝尔奖获得者费恩曼教授有着独树一帜的见解，对于科学是什么这样一个命题，费恩曼直截了当地说：“科学是一种方法，它教导人们：一些事物是如何被了解的，不了解的还有些什么，对于了解的，现在又了解到什么程度（因为任何事物都没有被绝对了解），如何对待疑问和不确定性，依据的法则是什么，如何思考问题并作出判断，如何区别真理与欺骗，真理与虚饰……在对科学的学习中，你学会通过试验和误差来处理问题，养成一种独创精神和自由探索精神，这比科学本身的价值更巨大。还要学会问自己：‘有没有更好的办法来做？’”① 为什么费恩曼不认为科学是一种知识而认为是一种方法？这是因为，在费恩曼看来，科学的核心或者说全部就是科学方法。换句话说，科学方法比科学知识更重要。

我国目前的科学教育完全没有把科学方法置于特别重要的位置，这表现在课程标准、教科书、课堂教学等方面。这就使我们的学生虽然掌握了某一学科的许多知

① 约翰·格里宾，玛丽·格里宾. 迷人的科学风采——费恩曼传［M］. 江向东，译，上海：上海科技教育出版社，1999：156.

识，却不懂得该门学科的科学方法及其价值，这种现象甚至在大学里也同样存在。

前不久，来自我国台湾的（新竹）清华大学教授程曜，在期末考试时向学生提了一个问题："什么是科学方法，物理学和你就读的学科方法有何不同?"令程曜吃惊的是，"竟然有一个生物系的学生回答，物理有很多要背，生物也有很多要背，非常不容易同时记住。"程曜教授感叹："我宁可相信他在和我开玩笑，不然我如何自处，到底是怎么教的。"①与程曜教授一样，我们每位教师不妨自问：自己所教学科的独特科学方法是什么？有哪些？恐怕大多数人未必回答上来。这种情况就很有可能导致我们的学生虽然学习了一门学科，但却没有掌握这门学科独特的科学方法。因此，这样的科学教育充其量只能说是学生学过了这门学科，而不是掌握了这门学科。

众所周知，许多学生经过多年苦读，学习了大量科学概念、规律，做了许多习题，却不能有效地提高科学素养。他们的科学学习如同开了中药铺子，科学知识都被分散放在药柜上不同的小匣子里，由于缺少科学方法而不能形成一个有机的整体。这导致他们在面临科学问题时不能迅速判断，稍一动笔就错误百出。在理解科学问题的机制方面也是除了简单的分析外，不能准确表达自己的思想，不能完整地解决问题。许多人靠加倍的努力来改善这一状况，结果却是在药柜上开了更多的匣子。

三、科学方法中心论

怎样认识科学知识与科学方法的关系？长期以来，科学教育界一直对这个问题进行深入探讨并逐渐形成了知识中心教育观。其中，理科课程结构图是其中一种有代表性的观点（如图 2－4）。②

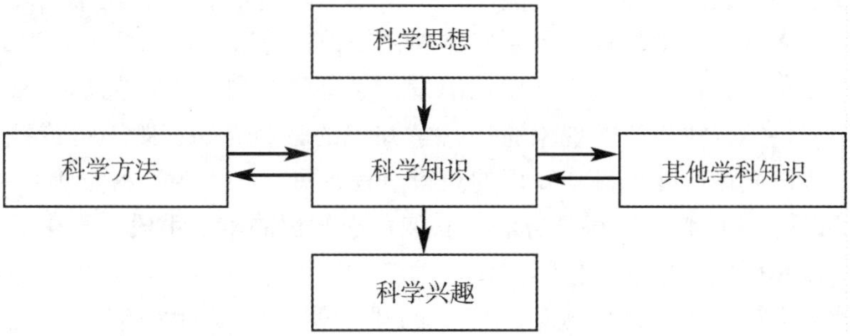

图 2－4　理科课程结构图

理科课程结构图形成了上（科学思想）、下（科学兴趣）、左（科学方法）、右（其他学科知识）、中（科学知识）5 个区域。这种观点认为，科学知识处于"中心"地位。这里的"中心"，并不是说只强调科学知识而忽视其他，而是说其他要

① 程曜．除了考试，他们不会推理，不敢提问题，不愿动手［N］．新华每日电讯，2005－07－10．
② 郑长龙．国际理科课程改革的思考［J］．外国教育研究，2002（6）：23—31．

素的落实都要通过科学知识的教与学来进行，而不能另搞一套。①

仔细分析理科课程结构图，我们发现这一结构既不符合科学发现认识论的基本法则，又不符合科学教育的逻辑顺序。科学发现认识论认为，现象是科学的根源，在科学发现过程中，科学现象与科学理论并不存在直接关系，科学现象要借助科学方法的参与才能进一步形成科学理论。同样，科学理论的应用也不是直接完成的，它需要科学方法的介入才能成功解决问题，科学教育同样也是如此。因此，我们建构了基于“科学方法中心”的知识—方法结构图（图2－5）。我们认为这样的结构图才能准确地反映科学知识与科学方法的关系。

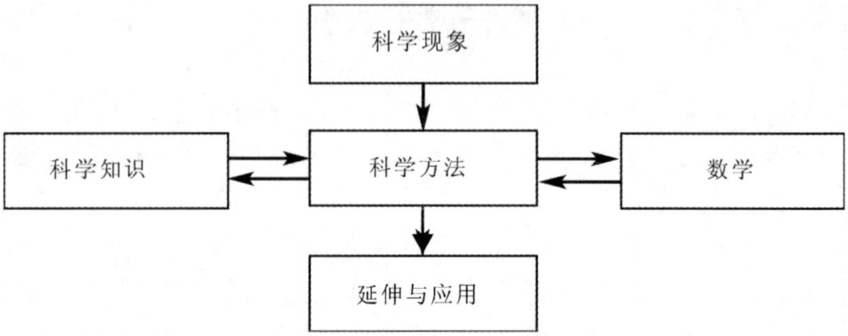

图2－5　知识—方法结构图

图2－5表明，知识—方法结构图主要包括5个部分：科学现象、科学知识、科学方法、数学以及延伸与应用。科学方法处于结构图的中心，分别与其他4个部分相联系。图中的箭头表示了不同部分之间的相互关系，不同部分之间也会发生联系，但这种联系须经由科学方法才能实现，科学方法起到桥梁和纽带的作用。从科学教育的实践来看，科学教育过程主要体现在知识—方法结构的两个认识途径上。

首先，在科学教育中，从科学现象出发，必须经过科学方法的加工整理才能获得科学知识。科学方法是科学现象通达科学知识的必经之路，既不可或缺，也无法逾越。这一认识途径反映了科学知识的获得过程，可以表示为：科学现象→ 科学方法→ 科学知识。这就是说，科学方法是获取科学知识的重要手段，学生只有掌握了科学方法，才能更快捷地获取科学知识。教学中只有借助于科学方法，才能使教学活动得以顺利进行。比如，牛顿第二定律的建立就需要应用实验法、控制变量法、图像法、曲线改直法、比例系数法等科学方法。显然，科学方法与科学知识形成了“源”与“流”的关系。

通过对科学方法的不断了解、积累和熟练，就能使学生形成一种借助于科学方法获取科学知识的心理定势。这样，学生就能够以快捷的速度去获取知识，进而通过在头脑中形成认知结构，深刻地领会和掌握知识，牢固地记住知识。还可以使学生产生一种对问题的敏感性，并能够用科学方法迅速地抓住问题的要害，找出解决

① 郑长龙. 国际理科课程改革的思考［J］. 外国教育研究，2002（6）：23—31.

问题的途径。这样一种心理定式，就是学生能力的表现。所以，掌握科学方法与学生能力的发展直接有关。① 因此，科学知识只有借助于科学方法才有生命力，才能显示出其内涵、色彩、格调，才能显示出其内在的理由、作用和功能，学生学习过的知识才能真正活起来，这样才能提高学习效率。

不仅如此，学生要理解科学知识的内容，同样离不开科学方法。比如，许多物理量是通过比值法来定义的，如 $\rho=m/v$。这种定义方法只给出了物理概念之间的量的关系，没有明确这些概念中有哪些因果关系。只有进一步从本质上弄清比值定义法的内涵，才能使学生真正明白密度只决定于物质本身固有特性的性质。不把握好这一点，就容易得出“物质的密度与质量成正比，与体积成反比”的错误理解，这是初学物理的学生常犯的一个错误。只有了解了不同科学方法的本质区别与联系，了解了这些方法适用的条件，才能弄清科学知识的内涵以及不同层次知识之间的关系，从而形成知识的网络，达到对知识的真正理解。

其次，科学方法还是科学知识应用的重要手段，是实现科学知识智力价值的桥梁。进一步说，从科学知识出发，必须通过科学方法的中介才能解决实际问题。这一认识途径反映了科学知识的应用过程，可以表示为：科学知识→ 科学方法→ 延伸与应用。仍以牛顿第二定律为例，在应用该定律解决实际问题时，就需要用到整体法、隔离法、正交分解法、图像法等科学方法。

科学教育中的知识应用认识途径表明，科学的概念、定律等知识，是人们赖以进行科学思维的基本细胞，没有科学知识，所谓智能活动就成为没有内容的空壳，是不可能存在的。但是，只有知识还不行，还必须有一定的方法或途径，使这些知识与科学的问题相互沟通，对知识进行选择、组合、运用，才能解决问题，形成智力活动。教学中学生如果没有学会通过科学方法在自己的头脑中把大量的知识编制成一个层次清晰、逻辑严密的结构或网络，就无法不断接收、容纳新的信息，就无法不断完善自己的知识系统。借助科学方法，当学生解决实际问题时，各种各样的认知策略才能够迅速检索而无须搜肠刮肚地对照做过的题型，才有可能在处理前一个步骤时就在大脑中预感下一个步骤，根本无须暗暗回忆各种题型再思量其意义。即使学生进行创造性活动，也能凭直觉而非经验去探索正确的解决途径。

最后，科学方法作为科学的思维方式和行为方式，还蕴涵着能力价值。学生一旦将科学方法内化为自己的思维方式和行为方式，就能很好地促进能力的发展。浙江省教育厅教学研究室从 1989 年开始，积极推动广大教师结合教学实践，开展科学方法教育的研究。经过多年的探索，他们得到的结论是：“方法是通向能力的桥梁，能力既依赖于知识，更依赖于方法。在某种意义上，方法本身是能力的一部分。能力培养可以从强化方法教育入手。”②上海市总结近年来课程改革经验得出的结论

① 高凌飚：在物理教学中应重视科学方法教育［J］．物理教师，1992（4）：1—4.

② 浙江省教育学会中学物理教学分会．高中物理方法教育研究［M］．杭州：浙江教育出版社，1995：2.

是："能力与方法是密切联系的。一般地说，人们完成某方面任务能力的强弱，是与掌握方法的自觉程度与熟练程度密切相关的。可以认为，方法是能力的'核心'，是对能力起决定性作用的因素。"[①] 这充分说明了科学方法在科学教育中处于中心地位。

综上所述，把知识本身作为教学目标，还是把知识作为工具和手段以掌握科学方法作为教学目标，体现了两种完全不同的教育思想和教育结果。按照现代教育观，作为人类认识结果的知识固然重要，但探求结果的科学方法更加重要。因此，现代教育更关心怎样使传授知识的过程成为掌握科学方法、开发学生智慧的过程。[②] 因此，从知识中心向方法中心转变，是科学教育理论与实践发展的必由之路。

四、科学方法教育的实施

如何在科学教育中实施科学方法教育？笔者们提出如下建议。

1. 课程标准应当把科学方法作为课程内容

课程标准是编写教材的指导性文件。在制订中，除了要考虑科学的基本概念、基本规律、基本实验以外，还应当把科学方法作为课程内容之一，把科学方法摆到重要的地位。这既是科学教育规律的必然要求，同时也是课程标准制订中课程目的与课程内容相互对应的逻辑体现。

科学方法虽然与科学知识相互依存，但又有一定程度的相对独立性。科学方法与科学的概念、规律等科学知识一样具有独立的体系。因此，科学方法是客观存在的，具有客观实在性，也就毋庸置疑地成为科学课程内容。

科学方法教育既需要潜移默化地熏陶，又需要进行着意训练。在当前科学教育普遍忽视科学方法的情形下，尤其应当给予科学方法以特别的重视，在制定知识教学目标的同时，制定出相应的科学方法教育目标。要明确不同阶段科学方法教育的重点、难点，对于不同的科学方法，提出不同的要求并结合学生的认知水平和具体的教学内容制订出可操作的培养计划。

2. 教材编写应当显化科学方法

教材作为一个教学基本内容的书面材料系统，对于安排教学过程以形成学生的认知结构、能力结构和品格结构，具有知识载体、教学指导和实用参考的作用。可以说，教材体系以什么为核心，在最基础的层次上决定着教育的质量。

受到科学知识中心论的影响，长期以来我国的科学教材通常对科学知识采用显性处理，而对科学知识的内在关系和科学方法采用隐性处理，即不在课文中写明。

---

① 张民生. 中学物理教育学［M］. 上海：上海教育出版社，1999：32.

② 袁振国. 反思科学教育［J］. 中小学教育，1999（12）：2—4.

这种处理方式的出发点是让学生在学习过程中自己去感悟，但实际上由于科学方法的隐蔽性特点，很多教师尚且不能充分了解教材中科学方法的全貌，更遑论处于学习阶段的学生。因此，教材的隐性处理方式就造成了科学方法教育的放任自流，从而影响了科学方法教育的效果。

教材编写显化科学方法，并不是说脱离开具体的知识而只讲方法，而是说应当强调、突出科学方法，按照科学方法所展示的路子去编写教材。采用科学方法的显化方式来编写教材，逻辑明确，脉络清晰，容易使学生在学习中建立良好的认知结构，并形成有序的知识结构。这样培养出来的学生往往具有很强的分析问题和解决问题的能力，这正是素质教育所追求的目标。

3. 按照科学方法的逻辑设计教学程序

我国目前的物理教学，往往是从传授知识的角度来设计教学的程序。这样做虽然也能使学生从中学到一些科学的方法，但学生对科学方法的理解往往是表面的、肤浅的，并且是零星的、不连续的，收效甚微。

如果按照科学方法的逻辑去组织教材，安排教学进程，即把方法教育作为教学活动的核心，则情况就大不一样。比如，“欧姆定律”的教学可以这样设计：如何研究问题（实验法）→ 如何实验（控制变量法）→如何分析实验数据（图像法）→如何得出定律的表达式（经验公式法）。显然，科学方法贯穿于整个教学的过程。

这样来进行“欧姆定律”的教学，把科学方法体现在知识的认知过程中，按照学生的认知模式进行教学，使学生清楚地了解到教学的过程，进而引导学生去经历这一过程，从而使学生真正领略到科学方法和科学知识的内涵，并得到能力的提高。

4. 让学生应用科学方法解决实际科学问题

在科学教育中进行科学方法教育，必须结合实际问题进行。这是因为，科学方法的真正掌握，必须要在探索和发现之中进行，这正是科学方法与科学知识的不同之处。

科学知识既可以运用接受学习模式教学，又可以运用发现学习模式进行教学，而科学方法必须运用发现学习模式才能使学生真正掌握。学生不亲自经历运用科学方法进行发现的探索，就很难发现科学方法的关键与要素，更难体会科学方法某些可以意会和难以言传的奥妙之处。而这种探索的过程，正是学生将科学方法内化为自己认知图式的过程。一旦学生完成这一过程，科学方法便成为学生认知结构中的“信息”单元，就可以随时调用，从而得到能力的发展。

因此，为了使学生掌握科学方法，在科学教育中，必须创设良好的认知情境，让学生主动地观察、讨论、思考、实验，并对学生的探索进行指导，使学生沿着科学的思路与方法去探索，从而在不知不觉之中掌握其中所运用的科学方法。

第二节　课程改革背景下的科学方法教育

科学方法教育，如同物理教学中的其他基本问题一样，总是随着人们对其本质认识的深入而逐步发展的。物理教学的历史表明，人们重视科学方法，正是由于它在物理教学中所具有的独特甚至是不可取代的重要作用。特别是新一轮物理课程改革把“过程与方法”作为课程目标以来，人们对科学方法给予了更多关注。然而，尽管这项改革一直在进行，可是人们对于科学方法教育的争论，却一直未曾止息过。

物理教学中的科学方法教育，可以说是物理教学中最不清楚的问题之一。自从伽利略首创实验、科学思维和数学演绎三者巧妙结合的科学方法以来，人们一直把科学方法作为物理学的基础加以研究。但是，在物理教学领域，科学方法的教育价值、科学方法的教育内容以及科学方法的教育方式等问题，却被人们有意无意地忽略了。到目前为止这种情况，可以说基本上没有什么改变。虽然许多物理教育工作者在这方面作了一些工作，推进了这项研究的发展。然而，还应当清醒地认识到，当前我国物理课程改革的重要基础之一，即科学方法教育问题，依然未能得到很好解决。

我们这个研究的目的，就是一方面从科学方法教育研究的已有成果出发，去重新审视科学方法教育存在的问题；另一方面，尝试从新的理论视角，去揭示科学方法教育的规律，以期对当前物理课程改革以有益的启示。

一、科学方法的教育价值

为什么要在物理课程改革中强调科学方法教育？对此，普通高中和义务教育物理课程标准均并未给出明确回答。当前，对这一问题的认识，主要体现在物理课程标准的有关解读中。

物理课程标准解读指出：“物理能力是顺利解决物理问题的个体心理特征。物理能力的基本要素是物理知识和物理技能，对知识的深刻理解和对技能的熟练运用从而形成知识和技能的广泛迁移，即成为能力。学习物理学的方法对物理能力的形成具有积极的作用。”① 显然，这就把科学方法排除在物理能力要素之外，而只是认为对物理能力的形成具有积极作用。应当说，这种观点不仅对科学方法教育价值的理解存在偏差，而且与我国物理教学改革实践所得出的结论也不一致。

浙江省教育厅数学研究室从 1989 年开始开展科学方法教育的研究得到的结论是：“方法是通向能力的桥梁，能力既依赖于知识，更依赖于方法。在某种意义上，

---

① 廖伯琴，等．中学物理课程改革的目标与实施［M］．北京：高等教育出版社，2003：53.

方法本身是能力的一部分。能力培养可以从强化方法教育入手。”① 上海市总结近年来物理课程改革经验得出的结论是：“能力与方法是密切联系的。……可以认为，方法是能力的‘核心’，是对能力起决定性作用的因素。”② 这充分说明，科学方法应当作为物理能力的要素。

科学方法不仅是物理能力的要素，同时还是物理课程的重要内容。科学方法作为人们认识和改造客观世界的实践活动中总结出来的正确的思维方式和行为方式，作为一种基本的研究途径、方式，它与物理学的概念、规律等一些知识的东西是相平行的，包含在物理学的范畴之中。与知识不同的是，科学方法涉及的不是物质世界本身，而是人们认识物质世界的途径与方式，是高度抽象的。因此，科学方法并不直接由物理知识内容来表达，而是有它自己独特的表达方式。可以说，科学方法也是一种“知识”，而且是一种比概念、定理、定律、公式这类知识更加抽象和隐蔽的“知识”。因此，作为与物理知识相平行的“知识”，科学方法就毋庸置疑地成为物理课程的内容。

明确把科学方法作为物理课程内容具有重要意义。既然是物理课程的内容，科学方法就应当有明确的教学目标与教学要求，包括教什么，教多少，教到什么程度，如何评价教学效果，等等。这就把科学方法教育引向了深入。

科学方法不仅是物理课程的内容，而且它还是获取物理知识的途径和手段，是理解物理知识的纲领和脉络，是应用物理知识的桥梁。从知识结构形成的角度看，科学方法作为一种基本的研究方式，它纵横交错、贯穿于整个知识领域之中，把不同的知识相互联系起来从而形成知识结构。从认知结构形成的角度看，只有通过科学方法的参与，才能使客观存在的知识结构转化为学生头脑中的认知结构。通过学生对新知识的加工、组织、简化、记忆、系统化重建及应用等过程，原有的认知结构会演变为更加清晰牢固的、新的认知结构。所以，在教学中，学生如果没有学会通过科学方法在自己的头脑中把大量的知识编织成一个层次清晰、逻辑严密的结构或网络，就无法不断接收、容纳新的信息，也就无法不断完善自己的知识结构。进一步，随着学生对科学方法的不断了解、积累和熟练，在应用物理知识解决实际问题时，各种各样的科学方法就能够迅速检索而无须搜肠刮肚地对照做过的题型，就可能在处理前一个步骤时在大脑中预感下一个步骤，根本无须暗暗回忆各种题型再思量其意义。即使学生在进行创造性活动时，也能凭科学方法而非经验去探索到正确的解决途径。因此，物理教学效果的好坏，在很大程度上取决于是否使学生学到了物理学的思想和方法。

按照现代教育观，作为人类认识结果的知识固然重要，但探求结果的科学方法更加重要。因此，现代教育更关心怎样使传授知识的过程成为掌握科学方法、开发

---

① 浙江省教育学会中学物理教学分会．高中物理方法教育研究［M］．杭州：浙江教育出版社，1995：2.

② 张民生．中学物理教育学［M］．上海：上海教育出版社，1999：32.

学生智慧的过程。如果学生学习了一门学科，但没有掌握科学方法，那么，充其量只能说他们学过了这门学科，而不是掌握了这门学科。

二、科学方法的教育内容

科学方法的教育内容，是当前物理课程改革中被忽视的另一个重要问题。

物理课程整体上是由物理知识和科学方法组成的。也就是说，物理知识与科学方法在物理课程体系中的表现形式应当是一致的。然而，物理课程标准对于物理知识与科学方法的处理却并不如此。比如，《普通高中物理课程标准》中有 174 个知识点，初中《物理课程标准》中有 114 个知识点，不仅数量清楚，而且内容与要求一目了然。但初高中物理课程标准中却没有科学方法的相关内容。

为了进一步研究这个问题，我们分析了高中《物理课程标准》，其“过程与方法”的课程目标是：

1）经历科学探究过程，认识科学探究的意义，尝试应用科学探究的方法研究物理问题，验证物理规律。

2）通过物理概念和规律的学习过程，了解物理学的研究方法，认识物理实验、物理模型和数学工具在物理学发展过程中的作用。

3）能计划并调控自己的学习过程，通过自己的努力能解决学习中遇到的一些物理问题，有一定的自主学习能力。

4）参加一些科学实践活动，尝试经过思考发表自己的见解，尝试运用物理原理和研究方法解决一些与生产和生活相关的实际问题。

5）具有一定的质疑能力，信息收集和处理能力，分析、解决问题能力和交流、合作能力。①

进一步，在物理课程标准的内容中，也只有知识而无科学方法。以高中物理共同必修模块的物理 1 的“相互作用与运动规律”的内容标准为例：

通过实验，探究加速度与物体质量、物体受力的关系。理解牛顿运动定律，用牛顿运动定律解释生活中的有关问题。通过实验认识超重和失重现象。通过实验测量加速度、力、质量，分别作出表示加速度与力、加速度与质量的关系图像，根据图像写出加速度与力、质量的关系式。体会探究过程中所用的科学方法。②

“探究过程中所用的科学方法”是什么？显然，《物理课程标准》并未给出。这种对科学方法的处理方式在《物理课程标准》中比比皆是。

这种情况就导致长期以来我国物理教材一直对物理知识采用显处理，即明确表达出来。而对科学方法则采用隐处理，即不明确表达出来。因此，教师在科学方法教育中更多地采用隐性方式，即不明确指出科学方法的名称，不明确揭示科学方法

---

① 编写组．全日制普通高级中学物理教学大纲（试验修订版）［M］．北京：人民教育出版社，2000：9．

② 编写组．全日制普通高级中学物理教学大纲（试验修订版）［M］．北京：人民教育出版社，2000：13．

的内涵，不明确展开科学方法的过程。由于隐性教育不能使学生获得对科学方法的理性认识，不能使学生有意识地学习科学方法，不能让学生自觉地以科学方法为指导来加深对知识的理解，因此，就容易使“过程与方法”维度虚化并导致科学方法教育的方式不甚明朗。

我们认为，产生这种现象的根本原因就在于科学方法的隐性教育方式。虽然《物理课程标准》把科学方法作为课程目标加以确定，但在《物理课程标准》中却并无科学方法的内容与要求。这种情况就导致科学方法教育成为“无源之水，无本之木”，从而影响了科学方法教育的效果。

由于科学方法往往隐藏在物理知识背后，支配着物理知识的获取。因此，每一个物理概念、规律的得出，都离不开科学方法的参与。换句话说，科学方法是“因”，而物理知识则是“果”。所以，科学方法与物理知识之间就客观存在着一种“对应”关系。正是基于这种“对应”，才使得我们可以把科学方法教育内容“显化”。

“对应”原则的基本思想是：由物理知识合乎逻辑地分析出相应的科学方法。即从物理知识→科学方法。根据对应原则，我们把高中《物理课程标准》中所涉及的主要科学方法加以统计，结果表明：应用次数较多的科学方法有如下 8 种，见表 2 -2。

表 2 -2　高中《物理课程标准》中所涉及的主要科学方法

序号	科学方法	频数	序号	科学方法	频数
1	演绎推理法	36	5	控制变量法	10
2	实验归纳法	24	6	乘积定义法	10
3	理想化方法	16	7	比例系数法	5
4	比值定义法	13	8	近 似 方法	2

表 2 -2 中的科学方法是高中物理教学中的主要科学方法。显然，教学中应该着重加强这些方法的教育。需要指出的是，表中的方法只是科学方法教育内容的一部分，还有另一类科学方法并未涉及。

长期以来，对于科学方法，人们往往把强认知方法（strong cognitive methods）与弱认知方法（weak cognitive methods）混为一体。强认知方法是特定专业领域的独特认知方法，往往与专业知识紧密结合，不容易区分。弱认知方法是可以被运用到各种问题解决过程中的一般策略和方法。这种情况就造成了科学方法分类的混乱，使科学方法教育内容问题迟迟得不到解决。比如，《物理课程标准》解读提出：物理课程中经常涉及的物理方法有：观察方法、实验方法；比较与分类方法、分析与综合方法、抽象与概括方法、归纳与演绎方法；类比方法、理想化方法、对称方法；

数学方法；公理化方法、假设方法等。① 显然，这就把强认知方法与弱认知方法混淆起来了。

我们认为，在物理教学中，强认知方法就是物理方法（如表 2－2 中的方法），这类科学方法往往需要通过传授才能使学生掌握。而弱认知方法就是思维方法（包括分析、综合、抽象、概括、判断、推理、假设、分类等），这类科学方法则需要训练才能使学生掌握。显然，只有从理论上厘清科学方法的不同种类，才能在教学中有针对性地进行科学方法教育。

三、科学方法的教育方式

新一轮物理课程改革为了对学生进行科学方法教育，增加了一些基本的探究实验活动，使学生有更多的机会去经历探究活动以获得对知识的深入理解，掌握解决问题的方法。因此，《初中物理课程标准》强调通过科学探究，使学生经历基本的科学探究过程，学习科学探究方法，发展初步的科学探究能力，形成尊重事实，探索真理的科学态度。但怎样把科学方法作为物理知识的脉络去组织教材，安排教学进程，让学生在不知不觉之中沿着科学的思路去感知、去品味、去体验、去思考科学方法，在不知不觉之中领略到其中所应用的科学方法，大多数物理教师并不清楚。

当然，目前物理课程改革中存在的问题，并不在于根本没有进行科学方法教育，而在于：第一，不清楚科学方法的教育价值。导致在物理教学中，教师不能有意识地对学生进行科学方法教育甚至完全忽略了科学方法。第二，不清楚科学方法的教育内容。以致教师在教学中不知道应当向学生传授多少科学方法，传授哪些科学方法。第三，不清楚科学方法的教育方式。致使在物理教学中，科学方法与物理知识经常脱节。就是说，物理知识本来应当运用科学方法合乎逻辑的推导出来，然而，学生并未能感受到这种逻辑力量。第四，不清楚科学方法的内涵。例如，很多物理教师不清楚比值定义法的本质。对于为什么要用两个物理量相比来定义一个新的物理量，几乎很少有物理教师能正确回答出来。

笔者认为，解决学生科学方法素养低的有效措施就是进行科学方法显性教育。显性教育方式是在进行科学方法教育时，明确指出科学方法的名称，说明科学方法的原理，揭示科学方法的本质与科学方法的操作过程。教师有意识地公开宣称进行科学方法教育，学生处于有意识地接受科学方法的状态。

基于此，笔者尝试寻找一种恰当的教育方式，在显化科学方法的同时，进行科学方法教育方式的创新，使学生对科学方法的了解是切中要害的。笔者认为，这就是结合科学方法的物理概念与规律教学。

概念与规律既是物理教学的核心，又是学生物理学习的起点。从核心着手贴近教学本质，从起点出发符合认知顺序。事实上，物理知识与科学方法本来就是一种

① 廖伯琴，等．中学物理课程改革的目标与实施［M］．北京：高等教育出版社，2003：53.

水乳交融的关系，每一个概念与规律的得出，都自始至终贯穿着科学方法。因此，只有通过结合科学方法的物理概念、规律教学，只有使学生在每一个物理概念、规律得出过程中真切体会科学方法的作用，物理知识才能真正被学生所掌握。

在物理概念、规律教学中，把物理知识与科学方法相“结合”从而实施科学方法教育，是科学方法教育方式的创新。由于物理概念与规律的得出不仅与物理方法密切相关，而且与思维方法密切相关，并且两种方法通常交织在一起，因此，这种“结合”就既表现为与物理方法结合，又表现为与思维方法结合。仍以高中物理“相互作用与运动规律”为例，如果进行科学方法的显化教育，则内容标准中就应当既包括物理知识又包括科学方法。

通过实验，探究加速度与物体质量、物体受力的关系（控制变量法）。理解牛顿运动定律，用牛顿运动定律解释生活中的有关问题（隔离体法）。通过实验认识超重和失重现象。通过实验测量加速度、力、质量，分别作出表示加速度与力、加速度与质量的关系图像（作图法，曲线改直法），根据图像写出加速度与力、质量的关系式（经验公式法）。体会探究过程中所用的科学方法。[①]

显然，这种处理方式就使“探究过程中所用的科学方法”从“隐性”变为“显性”。把物理概念和规律与“显化”的科学方法结合在一起，就既凸显了科学方法的内涵、色彩、格调，又凸显了科学方法内在的理由、作用和功能。这样学生学习过的物理概念和规律才能真正活起来。正是在这个意义上，笔者认为把物理知识与“显化”的科学方法相结合，不仅能使学生更好地掌握物理知识，而且也能很好地对学生进行科学方法教育。

进一步，教师还要讲授其中所运用的思维方法，包括假设、分析、综合、推理等。因为思维方法是建立在严密的逻辑联系之上的，而逻辑是不能用通常的感觉器官去体验的东西，它是一种特殊的心理体验。通过逻辑可以将新旧经验和新旧知识连接起来，而这种连接往往需要教师讲解才能使学生逐步体会。

在科学方法教育研究中，笔者致力于科学方法教育的深化研究，尝试在“能力要素”取向的基础上形成对科学方法教育价值的新认识，在“对应原则”取向的基础上形成对科学方法教育内容的新认识，在“显化教育”取向的基础上形成对科学方法教育方式的新认识。以关注“知识生成”、回归“方法本质”的方式重新思考和理解科学方法教育，尝试提出物理科学方法教育的理论观点，希望成为物理科学方法教育重要的理论和实践生长点。

第三节　科学方法纳入基础教育课程标准

2001 年教育部颁布《基础教育课程改革纲要（试行）》（以下简称《纲要》），

① 编写组. 全日制普通高级中学物理教学大纲（试验修订版）[M]. 北京：人民教育出版社，2000：13.

由此拉开了我国基础教育课程改革的序幕。《纲要》将“知识与技能”“过程与方法”“情感态度与价值观”作为课程目标，体现了课程改革的理念。但进一步的研究发现，科学方法并没有纳入各学科《课程标准》中，这就使科学方法仅仅成为课程目标的“标记”而未成为课程内容。

为什么课程改革会出现如此疏漏？造成这种现象的原因是什么？为什么这一问题始终未能得到有效解决？围绕着对这一重大理论问题的追问，就构成了本文所要研究的主旨。

一、科学方法纳入《课程标准》的内禀研究

何谓科学方法？有一种观点认为：“过程与方法的含义有 3 条，指某一学科的探究过程与探究方法；指达到教学目的或获得所需结论而必须经历的活动程序；指学生接受知识以及发现问题、分析问题和解决问题的过程。”① 细究这种观点我们发现，这种表述仍然停留在对“过程与方法”的同意反复，未能给出清晰、明确且可操作的界定。

科学方法是人们认识和改造客观世界的实践活动中总结出来的正确的思维方式和行为方式。② 作为一种基本的研究途径、方式，科学方法与科学的概念、规律等一些知识性内容是相平行的，包含在科学的范畴之中。与知识不同的是，科学方法涉及的不是物质世界本身，而是人们认识物质世界的途径与方式，是高度抽象的。因此，科学方法并不直接由学科知识内容来表达，而是有它自己独特的表达方式，而且它比概念、定理、定律、公式这类知识更加抽象和隐蔽。③ 由于科学方法的这些特点，当前对课程目标的研究就不能再停留于一般性的课程论层面或心理学层面，还需要从学科教学的实践出发，给“过程与方法”课程目标以富有实践力的关照。因此，以学科教育的视角审视，科学方法作为基础教育各学科的重要课程内容，理当成为“过程与方法”课程目标的核心内容。

这是因为，科学的概念、定律等知识，是人们赖以进行科学思维的基本细胞，没有科学知识，所谓智能活动就成为没有内容的空壳，是不可能存在的。但是，只有知识仍不足，还必须有一定的方法或途径，通过方法对知识进行选择、组合、运用，使这些知识与科学的问题相互沟通，才能解决问题，形成智力活动。在这个意义上，科学方法可谓是人们赖以进行科学思维的神经细胞，是支配科学概念、定律等科学思维基本细胞的“细胞”。在这个意义上，科学方法对于基础教育课程的重要性由此可见一斑。

科学方法不仅是学科课程的重要内容，还是构成学科能力的要素。浙江省教育厅教研室从 1989 年开始，积极推动广大教师结合教学实践，开展科学方法教育的研究。经过

① 朱慕菊. 走进新课程：与课程实施者对话［M］. 北京：北京师范大学出版社，2002：117.
② 涂艳国. 简论科学教育的基本要素［J］. 教育研究，1990（9）：63—66.
③ 高凌飚. 中学物理课程论［M］. 上海：上海教育出版社，1999：138—150.

多年的探索，他们得到的结论是："方法是通向能力的桥梁，能力既依赖于知识，更依赖于方法。在某种意义上，方法本身是能力的一部分。能力培养可以从强化方法教育入手。"[①] 上海市总结20世纪90年代以来课程改革经验得出的结论是："能力与方法是密切联系的。一般地说，人们完成某方面任务能力的强弱，是与掌握方法的自觉程度与熟练程度密切相关的。可以认为，方法是能力的'核心'，是对能力起决定性作用的因素。"[②] 这些研究都使我们对科学方法的认识逐步走向深入。

近年来，国际上的研究指出：科学素养作为国际科学教育的核心目标，科学方法是其重要内容。[③] Soroka等认为，科学方法价值是显而易见的，它能引起学生兴趣，激发创造力，让他们更好地理解科学是什么，科学能干什么而又不能干什么。它让学生明了人们如何使用科学来解决问题，教育学生识别迷信等伪科学。但是在科学教育实践中却存在很多不足。[④] 科学哲学家皮尔逊认为："科学方法是通向整个知识区域的唯一门径。"他说："科学方法是我们能够藉以达到知识的唯一道路。其他方法可能处处导致像诗人或形而上学家那样的幻想，导致迷信或信仰，但永远不会产生知识。"[⑤] 所以，当今许多国家和地区在制订课程目标时，都将科学方法列为目标之一。

在科学教学中，把知识本身作为目的，还是把知识作为工具和手段以掌握科学方法为目的，这是两种完全不同的教育思想。科学并不是简单地对自然规律的揭示，更重要的是要找到研究自然规律的方法，或者可以说，一门学科如果不能形成自己的科学方法，就不可能称其为科学。不同学科构建符合自身研究对象特性的形式、符号和数学模型的方法，就是这门学科特有的思维方法和工作方法。[⑥]

我国目前的基础教育完全没有把科学方法放在特别重要的位置，科学方法至今没有纳入各学科《课程标准》中，便是这种现象的典型例证。这种情况就使我们的学生虽然掌握了某一学科的许多知识，却不懂得该门学科的科学方法和这种方法的价值，这种现象甚至在大学里也同样存在。由此，我们每位教师不妨自问：自己所教学科的独特科学方法是什么？有哪些？如果学生学习了一门学科，却没有掌握这门学科的科学方法，那么，充其量只能说学生学过了这门学科，而不是掌握了这门学科。

按照现代教育观，作为结果的知识固然重要，但探求结果的方法更加重要。知识本身并不是教育的目的，而是建立科学方法的工具和手段。因此，现代教育观更关心的是怎样使传授知识的过程成为掌握科学研究方法、开发学生智慧的过程。

---

① 浙江省教育学会中学物理教学分会. 高中物理方法教育研究［M］. 杭州：浙江教育出版社，1995：2.

② 张民生. 中学物理教育学［M］. 上海：上海教育出版社，1999：32，138—151.

③ Kosso, P. The Large - scale Structure of Scientific Method［J］. SCIENCE & EDUCATION. 2009（18）：33—42.

④ Soroka, Leonard G. The Scientific Method at Face Value［J］. The Science Teacher, 1990（9）：57，8.

⑤ 皮尔逊. 科学的规范.［M］. 北京：华夏出版社，1999：25，54.

⑥ 袁振国. 反思科学教育［J］. 中小学教育，1999（12）：12—14.

早在课改早期，白月桥就曾指出：“《纲要》明文规定：要使学生掌握适应终身学习的‘基本方法’。因此，各科《课程标准》也须体现《纲要》的这一规定。然而，某些《课程标准（实验稿）》却没有在课程目标中纳入方法和方法论的内容，这是一个缺漏。笔者认为，方法、方法论以及能力同属于课程目标体系的第二个层面的目标。各学科课程标准实验稿，总体来看大都缺乏有关本门学科的或普通的方法和方法论的条目内容，这很不利于学生能力的培养，应当总结吸纳我国各学科长期以来丰富的教学法研究成果，把学生可接受的方法和方法论纳入课程目标体系之中。”①

笔者认为，这一观点是正确的。而本书正是“把学生可接受的方法和方法论纳入课程目标体系之中”思想付诸研究的系列工作。

二、科学方法纳入《课程标准》的分类研究

《课程标准》缺失科学方法的实质是什么？在回答这个问题之前，笔者先引用诺贝尔物理奖获得者杨振宁教授讲过的一则寓言，大抵可以明了《课程标准》缺失科学方法后“过程与方法”课程目标的性质。

杨振宁教授的这则寓言，讲述的是现代数学家和物理学家之间不同思考方式的故事。

一天晚上，一帮人来到一个小镇。他们有许多衣服要洗，于是满街找洗衣房。突然他们见到一扇窗户上有标记：“这里是洗衣房”。一个人高声问道：“我们可以把衣服留在这儿让你洗吗？”窗内的老板回答说：“不，我们不洗衣服。”来人又问道：“你们窗户上不是写着是洗衣房吗？”老板又回答说：“我们是做洗衣房标记的，不洗衣服。”②

杨振宁教授所讲的故事是一则深刻的寓言，其本意在于说明数学圈外的人对于数学家“只做标记，不洗衣服”的做法是不赞成的。而当用这则寓言来审视《课程标准》缺乏科学方法的状况时，笔者发现这则寓言仿佛是为“过程与方法”课程目标量身打造的，因为正如寓言所寓意，目前基础教育“科学方法”课程目标已经成为一种“只做标记，不洗衣服”的“洗衣房”。

为什么基础教育课程改革中各学科《课程标准》均未纳入科学方法？我们认为，造成这一现象的根本原因在于：目前学科教育界始终没有从理论上弄清楚科学方法的分类从而导致不能确定科学方法内容。比如，《物理课程标准》解读就曾提出，物理课程中经常涉及的物理方法有：观察方法、实验方法；比较与分类方法、分析与综合方法、抽象与概括方法、归纳与演绎方法；类比方法、理想化方法、对称方法；数学方法；公理化方法、假设方法等。③ 显然，这就混淆了不同类型的科学方法。因为分析与综合属于思维方法，而实验则属于物理方法。

① 白月桥. 课程标准实验稿课程目标订定的探讨［J］. 课程·教材·教法，2004（9）：3—10.

② 杨振宁. 杨振宁文集［M］. 上海：华东师范大学出版社，1998：745.

③ 廖伯琴，等. 中学物理课程改革的目标与实施［M］. 北京：高等教育出版社，2003：53.

当然，目前科学方法研究中已经有了不同的分类形式。例如，一种分类方式把科学方法分为实验观察方法、逻辑思维方法、数学方法以及非常规方法。① 这种分类方法全面，但层次不够明显，例如，逻辑思维方法中理想化和和假说法与其他逻辑思维方法不在同一个层面上。另一种方式把科学方法分为两个层次，第一个层次有观察实验法、思维方法及数学方法，第二个层次是对第一个层次中的思维方法的具体化。② 这种分类的长处是层次分明，而且明确了各层次之间的关系，但不足之处在于把数学方法和观察实验法与思维方法排在同一层面是不妥的。总之，已有的科学方法分类共同的不足之处是缺乏明确的分类标准，而科学方法分类的不清导致科学方法界定混乱，从而给各学科《课程标准》中纳入科学方法造成了无法逾越的障碍。

在明确了科学方法分类的重要性之后，对科学方法进行合理分类就成为在《初中物理课程标准》中纳入科学方法的关键环节。笔者认为，与其他教育工作一样，科学方法分类也要遵守教育性原则，即无论任何领域的内容、方法、结构一旦被引入教育领域，都应尊重教育的规律、服从教育的目标。经过“教育性”这个筛子的过滤，从而彰显其教育功能。所以，已有依据科学方法内部特点加以分类的方式不宜采用，科学方法的分类需要采取教育性的分类方式。基于以上研究，笔者从科学方法的来源出发，把科学方法做了思维方法和学科方法的第一级分类。其中，前者是主观的，是大脑的功能，需要训练才能使学生形成与掌握；后者是客观的，不是大脑的功能，需要传授才能使学生习得与掌握。

把科学方法分为思维方法和学科方法与心理学的研究结果是一致的。心理学的研究认为，方法可以分为强认知方法（strong cognitive methods）与弱认知方法（weak cognitive methods）。强认知方法是特定专业领域的独特认知方法，往往与专业知识紧密结合，不容易区分。弱认知方法是可以被运用到各种问题解决过程中的一般策略和方法。③ 显然，学科方法就是强认知方法，例如，地理学的调查法、历史学的文献法。这类科学方法指的是某学科所特有的、充分体现学科特点的方法，可迁移性弱。思维方法就是弱认知方法，例如，分析综合、抽象概括。这类科学方法是大脑的功能，贯穿于各门学科之中，可迁移性强。可见，这种科学方法的分类方式不仅来源清晰，而且与教育方式在逻辑上是自洽的。它有效避免了将思维方法与学科方法混为一体的分类方式，使科学方法教育内容的研究豁然开朗。④

科学方法的第一级分类解决了科学方法中思维方法与学科方法的混淆问题，而要在《课程标准》中纳入科学方法还需要对其进行第二级分类。根据课堂教学过程与科学方法使用的时空条件，学科方法又可分为获得知识的方法和应用知识的方法。

---

① 张宪魁. 物理科学方法教育［M］. 青岛：青岛海洋大学出版社，2000：23—22.

② 张民生. 中学物理教育学［M］. 上海：上海教育出版社，1999：32，138—151.

③ 邓铸. 问题解决的表征态理论与实证研究［D］. 南京：南京师范大学，2009：108—109.

④ 陈清梅，邢红军，李正福. 论物理课程改革背景下的科学方法教育［J］. 课程 · 教材 · 教法. 2009（8）：52—56.

思维方法依据其性质，又可分为逻辑思维方法与非逻辑的思维方法两种。按照这一研究思路，笔者得到了系统化的科学方法分类结构体系（图2－6）。

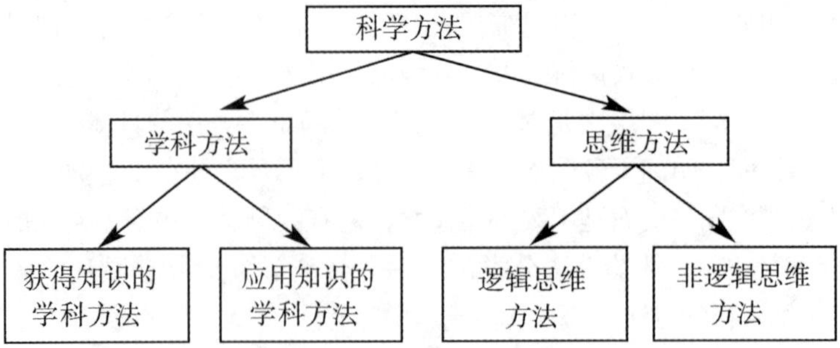

图2－6　科学方法分类结构体系

这种分类不仅使科学方法教育内容进一步明确，并且也使科学方法内容的显化顺理成章。

三、科学方法纳入《课程标准》的实证研究

在具体的学科教育层面，正是对科学方法分类的混淆造成了科学方法教育的虚化。尽管如此，学科教育工作者仍在努力践行科学方法纳入《课程标准》的研究工作。比如，有化学教育学者对普通高中化学新《课程标准》必修课程和选修课程模块“内容标准及活动与探究建议”中有关科学方法的内容作了统计和对比，见表2－3。

表2－3　高中《化学课程标准》中常用科学方法运用分模块

科学方法	化学1	化学2	化学反应原理	有机化学基础	物质结构基础	化学与生活	化学与技术	实验化学	汇总	占总百分比/%
参观、观察法	2	—	1	4	2	—	6	1	16	9
实验法	11	8	10	10	3	4	3	7	56	29
调查、文献法	6	11	8	2	4	14	8	1	54	28
比较、分类法	3	1	—	4	8	—	—	—	16	9
归纳、演绎法	1	1	2	1	4	1	—	—	10	5
模型法	1	2	—	1	4	—	1	—	9	5
假说法	1	—	—	—	—	—	—	—	1	1
常用数学方法	2	—	1	—	—	—	1	1	5	3
化学学科方法	2	3	—	4	—	1	2	9	21	11

对于表2－3，该作者分析得出4点结论：高中化学科学方法教育主要采用参观、观察法，调查文献法及实验；数学方法采用较少；化学方法采用偏少；有利于培养学生创造性思维的科学方法运用较少。

笔者认为，作为一种科学方法纳入《课程标准》的探索，上述工作是值得肯定的。但由于其科学方法教育内容体系的建构基于哲学方法、各门科学的一般研究方法、学科特殊的具体的研究方法，这就导致其科学方法的分类不清。同时，表2－4中有关科学方法内容的统计和对比工作也缺乏依据。这将导致“由于科学方法教育的目标和内容体系不确定，实施缺乏计划性、系统性和层次感，使科学方法教育的随意性和盲目性较大，实效性很差”。[①]

针对这一现状，我们认为，在已有“两级分类”的基础上，采用恰当的显化原则就可以确定《课程标准》中科学方法的内容。老一辈学科教育家乔际平先生最早提出：“科学知识的得出总是与一定的科学方法相联系的”。[②] 笔者汲取了这一“对应”思想的内核，针对获得知识的科学方法，提出了方法显化的“对应原则”。即每个知识的获得总是对应于获得过程中使用的一系列物理方法。依据这一思路，笔者以初中物理为例，显化了初中《物理课程标准》中获得物理知识的物理方法8种（表2－4）。[③]

表2－4　初中获得物理知识的主要方法

物理方法	次数	物理方法	次数
直接定义法	30	实验归纳法	14
比值定义法	11	乘积定义法	5
控制变量法	5	等效法	2
演绎推理法	3	理想化方法	2

表2－5　初中应用物理知识的主要方法

物理方法	次数	物理方法	次数
演绎推理法	30	假设法	7
隔离法	14	等效法	7
理想模型法	13	转换法	6
比例法	9	图示法	5
整体法	8	极值法	3
控制变量法	8	对称法	3
图像法	8	类比推理法	2

对于知识应用过程中的科学方法，由于同一种知识可以对应无数问题情境，不同的情境需要用到不同的方法，所以“对应原则”就不再有效。有鉴于此，笔者提出了显化应用知识过程中科学方法的“归纳原则”，即通过对应用知识的情境与解

① 濮江，樊敏．高中化学科学方法教育的内容、现状及实施建议［J］．教育科学研究，2011（1）：58—61．
② 乔际平，张宪魁．初中物理教材的选择与分析［M］．北京：高等教育出版社，1993：99．
③ 付洪艳．初中物理科学方法教育内容的研究［D］．北京：首都师范大学，2009：15—21．

决问题所使用的科学方法进行归纳，从而显化科学方法的内容。依据这一研究路径，以同样以物理课程为例，显化了初中应用物理知识的科学方法13种（表2-5）。①

根据以上研究，笔者以初中物理“声和光”为例，阐述科学方法纳入《物理课程标准》的具体方式②（表2-6）。

表2-6　初中物理“声和光”中的物理方法

序号	物理知识	物理方法	
		获得物理知识的方法	应用物理知识的方法
1	声音的发生及传播 乐音及噪声	实验归纳法、直接定义法	控制变量法、转换法
2	光的直线传播 光的反射 光的折射	简单枚举归纳法、实验归纳法	理想模型法、作图法、类比推理法、比例法
3	平面镜成像 透镜对光的作用 凸透镜成像及应用	实验归纳法、几何作图法	理想模型法、作图法、对称法、隔离法

上述研究不仅说明了科学方法教育内容显化的有效性，而且说明在各学科《课程标准》中纳入科学方法教育内容是可行的。如此，就使“过程与方法”课程目标成为与“知识与技能”课程目标在课程内容上平行的课程目标。这样，就在《课程标准》层面上为科学方法教育提供了理论前提，从而为进一步贯彻落实科学方法教育提供了政策化的保障。

与学科方法不同的是，思维方法往往体现在探索与发现科学知识与学科方法之中，不亲历这种过程，就难于体味其中“只可意会，难以言传”的奥妙之处。而这正是学科方法可以采用传授教学方式，思维方法必须对学生进行训练的道理之所在。由于思维方法是大脑的功能，是生成性的，因此，不宜将学科方法纳入《课程标准》的方式简单地迁移到思维方法上，而需要以一种更加恰当的方式将思维方法纳入《课程标准》之中。

有学者指出：“无论是专门的思维课程还是已有的学科教学，如果要使思维教学得到大规模的推广和普及，尤其是使思维能力的培养真正成为教育教学的核心目标和最终追求，并贯彻落实在课程教学的实施过程中，就必须在国家课程文件中明确培养学生思维的总体目标和阶段性目标，并在各学科的课程目标和教学大纲中详细列出各种思维能力培养和发展的学段和操作性要求。”③ 笔者认为，这一观点无疑

① 乔通. 初中物理知识应用过程中的物理方法教育内容研究［D］. 北京：首都师范大学，2012：20—25.

② 付洪艳. 初中物理科学方法教育内容的研究［D］. 北京：首都师范大学，2009：15—21；乔通. 初中物理知识应用过程中的物理方法教育内容研究［D］. 北京：首都师范大学，2012：20—25.

③ 郅庭瑾. 国外中小学思维教学研究：争议与启示［J］. 教育研究，2010（12）：98—102.

是正确的。

四、科学方法纳入《课程标准》的应用研究

在明确科学方法的教育内容并将科学方法纳入《课程标准》之后，探讨科学方法的教学方式就成了关乎科学方法课程目标能否真正落实的关键问题。以下分别从教材编写、教学模式、教学过程3个层面进行探讨。

1. 科学方法的教材编写

教科书编写是科学方法教育异常重要的层面。教材作为一个教学基本内容的书面材料系统，对于安排教学过程以形成学生的认知结构、能力结构和品格结构，具有知识载体、教学指导和实用参考的作用。基于科学方法的显化理论，笔者提出了科学方法融入教材编写的显化观点。①

所谓显化，是指在教材编写时，应当明确指出科学方法的名称，传授科学方法的内容，揭示科学方法的形式，挖掘科学方法的内涵，说明科学方法的使用。亦即把科学方法视为知识的脉络，按照科学方法的逻辑去组织教材内容，形成知识的逻辑链条，进而形成知识结构。这样进行教材编写，才能使学生学会通过科学方法在自己的头脑中把大量的知识编制成一个层次清晰、逻辑严密的结构或网络，才能不断接收、容纳新的信息，从而不断完善自己的知识系统。

我国传统教材编写通常对知识点的逻辑联系采用显处理，而对知识的内在关系和科学方法，特别是对科学方法采用隐处理，即不在课文中写明，而是让学生在学习过程中自己去领悟。② 但是对于“悟”什么，则语焉不详。

遗憾的是，到目前为止，人们对于教材编写的认识仍然停留在知识中心的层面。这种观点认为：多数教科书都是以知识为线索来规划全书的，章节的设置大都按知识体系编排而成。在一节课中，教学内容的逐步展开，很多情况下也是以知识为线索的。方法则不是针对一个具体事物的，它是从许多同类事物中概括出来的。然而，方法的存在依赖于具体的事物，如果没有具体问题的支撑而空谈方法，这些“方法”只能是空洞的条文。因此，不能撇开知识，以“方法”作为展开教学的线索。

教材编写显化科学方法，并非脱开具体的知识而只讲方法，而是说应当强调、突出科学方法，按照科学方法所展示的路子去编写教材。采用科学方法的显化方式来编写教材，逻辑明确，脉络清晰，容易使学生在学习中建立良好的认知结构，并形成有序的知识结构。这不仅有助于培养学生分析问题和解决问题的能力，而且焕发着科学理性的文化意蕴，这正是素质教育所追求的目标。

---

① 李正福，李春密，邢红军. 从隐性到显性：物理科学方法教育方式的重要变革［J］. 课程·教材·教法，2010（12）：71—74.

② 乔际平，续佩君. 物理教育学［M］. 南昌：江西教育出版社，1992：99.

2. 科学方法的教学模式

教学模式是指在一定教学思想指导下，以实践性为特征，为完成特定的教学目标而围绕着某一主题形成相对稳定且简洁的教学结构及其具体操作的范式。简言之，就是在一定的教学思想指导下所建立起来的比较典型和稳定的教学程序或阶段，具有系统功能性与目标指向性两种基本品质。教学模式作为教学理论与教学实践的媒介或桥梁，都是在一定的教学理论指导下，通过教学实践构建起来的。[①] 所以，科学方法教学模式的构建就需要基于科学方法教育理论与教学实践的融合。

依据教学模式建构的路径与逻辑，笔者提出了凸显科学方法的“一知多方”与“一方多知”两种教学模式。所谓“一知多方”是指某个知识的获得过程总是经由一系列科学方法的运用。例如，“牛顿第二定律”知识的获得过程，主要使用的方法有：实验验证法、控制变量法、图形图像法、曲线改直法和比例系数法。见图2－7。

图2－7 科学方法“一知多方”教学模式

按照这种教学模式，在某个知识的教学中，就要按照所用科学方法的次序合理、明确地导出所教知识，同时阐明所用科学方法的名称、内涵、使用条件。这样，知识就不再是孤立的散点，而是发挥了“知识线”的作用，将科学方法贯穿起来，既使学生明确了各种科学方法的来源与内涵，更有利于牢固地把握知识。[②]

“一方多知”教学模式则体现了科学方法中心的观点。所谓“一方多知”意即一种科学方法可能在多个知识的得出或应用过程中使用。例如，物理学中的比值定义法，就在如密度、速度、加速度、压强等多个概念的导出中使用，见图2－8。

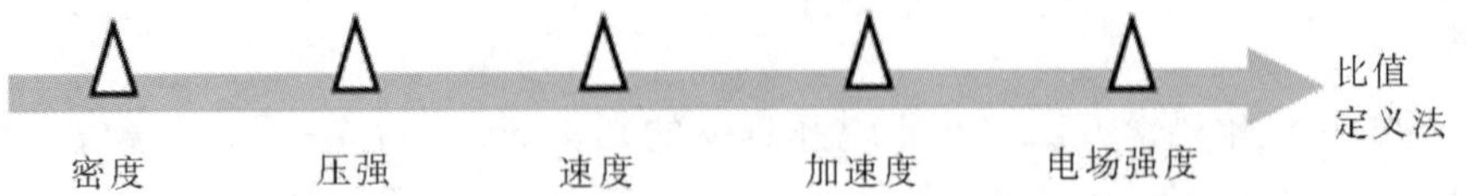

图2－8 科学方法“一方多知”教学模式

这种模式使科学方法发挥了“方法线”的功能，将各个知识点用科学方法的逻

① 赵艳波. 主体参与型物理教学模式的研究［D］. 北京：首都师范大学，2006：26—28；管建祥. 对物理教学模式构建的理性思考［J］. 通化师范学院学报，2007（4）：87—89.

② 陈清梅. 论物理科学方法教育的教学模式［J］. 中国现代教育装备，2011，24：75—76.

辑归结起来。① 该模式首先要求教学必须同时呈现两个以上的知识情境。并且科学方法的概括性越高，越要提供更多的例子。其次，还要提供变式练习的机会并注意层次性，避免机械重复。因为要使认知结构充分优化，必须进行足够数量的变式。但是，变式并不是重复，要着眼于例子的变化精心设计。其中，体现科学方法须有正确的依据，要避免追求烦琐的、旁门左道式的技巧；情境性则要从抽象到生态化逐步过渡。

3. 科学方法的教学过程

在教学中，学科方法的传授与思维方法的训练总是交织在一起的。研究指出，科学方法教育具有明显的智力发展价值。“科学思维是科学活动中特定的思维，它虽然也遵循人类的思维的一般规律，要经过分析、综合、比较、抽象等基本过程，但是它却表现出高度的创造性，代表了人类思维的最高水平，集中体现了思维的各种优秀品质”。② 因此，正确处理学科方法与思维方法教学的统一关系，是科学方法教育得以深入下去的重要环节。

学科方法是由思维方法所操纵的。所以，习得、使用学科方法过程本身也是对思维方法的有效训练。没有思维方法的参与，学生就无法将客观的学科结构内化为认知结构。因此，学科方法的教学不仅要点明学科方法的内涵、步骤，更要讲明每个步骤的过程，讲明学科方法的本质。换言之，只有在讲授学科方法的同时积极调动思维方法的参与，才能实现有意义教学，从而避免学科方法成为一堆散乱的步骤而失之琐碎与功利。例如，比值定义法的教学，就不能仅仅停留于“选取相同标准”“两者相比”的步骤叙述，而是还要介入比较、分析、综合等思维方法，这样才能触及到比值定义法的科学方法本质。

因此，思维方法的教学就需要一种特殊的时空次序，这种“时空次序”则常常被表达为“教学的逻辑”。它不仅包括教学语言的逻辑性，教师的教学设计、举手投足、演示的节奏、板书的结构、活动的安排等都是教学的逻辑。目的都是使学生生成对思维方法的心理体验，并在此基础上体会到一种微妙的逻辑感。由此，思维方法的教学才能名至实归。然而，目前我们对于思维方法内涵的关顾还很不够，在很多情况下还没有充分认识到，思维方法作为一种特殊的心理体验与可以传授的学科方法具有很大的不同，所以常常在教学中有意无意地忽视了思维方法的训练。温家宝总理在《一定要在把农村教育办得更好》中指出：“提起中学教育，我前年在北京三十五中听了半天课，我发现老师对当前的逻辑教育重视很不够。其实逻辑思维对一个学生的成长非常重要，为什么孩子们有的听了教师一个报告，能够很快地把它概括出来，看到一件事物，能够很快地、深刻地分析出来，并且表达出来。我

---

① 陈清梅. 论物理科学方法教育的教学模式［J］. 中国现代教育装备，2011（24）：75—76.

② 王文青. 国外科学教育期刊中科学方法教育研究现状的统计与分析［D］. 重庆：重庆师范大学，2010：49.

说这就是逻辑思维。"[①] 细究温总理的论述，所谓"逻辑教育"所指的就是"教学的逻辑"，更进一步地说，表现为教师教学过程中对学生思维体验的关注与训练。

综上所述，科学方法作为"过程与方法"维度的课程目标，是基础教育课程的重要内容之一，具有重要的课程价值与教育价值。通过对科学方法进行正确分类，把"学生可接受的方法和方法论纳入课程目标体系之中"是可行的，进一步通过在教科书编写中显化科学方法，在教学中恰当选择教学模式，细化教学过程，从而可以把"过程与方法"课程目标真正落到实处。

第四节　物理教学中的科学方法显化教育

我国在物理教学中开展科学方法教育已有多年历史，但教学效果至今依然难以令人满意。产生这一现象的原因有很多，笔者认为，其根本原因在于科学方法的隐性教育方式。下面通过分析科学方法隐性教育的缺陷，提出科学方法显性教育的观点，以期给物理教学中的科学方法教育以有益的启示。

一、物理科学方法隐性教育的不足

所谓科学方法隐性教育，就是在教学中隐蔽地发挥科学方法的导向作用，使学生在学习过程中受到潜移默化的熏陶；教学过程中一般不出现科学方法的名称，教师也不对科学方法进行解释。由于科学方法隐性教育存在这些特点，在物理教学实践中，科学方法隐性教育存在以下不足。

1. 教学目标不明确

隐性教育观认为，科学方法隐藏在知识背后，学生难以理解和把握，因此不宜在教学中展开讨论；科学方法教育应该在对概念和规律的教学中创设一种反映科学方法的情景，让学生受到科学方法的熏陶；按照科学方法隐性教育方式组织教学，就能使学生感受科学探究的过程，得到科学方法的启蒙，达到科学方法教学的目的。而实际上，诸如启蒙、感受等词汇，本身是模糊和主观的，将它们作为教学要求，既难以准确操作，也无法客观评价。这就导致物理科学方法教育缺乏明确的教学目标。由此产生的后果是，一方面物理教师不清楚应该追求什么样的教育结果，不确定学生应该达到怎样的科学方法水平；另一方面学生意识不到物理教学中的科学方法，找不到学习物理科学方法的突破口。所以，科学方法隐性教育方式使学生在物理科学方法教育中无所适从，从而羁绊了物理科学方法教育的开展。

---

① 温家宝. 一定要把农村教育办得更好——在农村教师大会上的讲话［EB/OL］.［2011－08－28］. http://www. moe. edu. cn/publicfiles/business/htmlfiles/moe/moe_ 176/201109/124042. html.

2. 教学内容不确定

受隐性教育观的影响，科学方法教育内容在《物理课程标准》和物理教材中没有明确显现出来，需要教师在教学中自己挖掘。由于大部分物理教师对科学方法教育的认识不够全面，很少注意到教材中的科学方法教育因素，缺乏对科学方法教育内容进行挖掘，即使少部分教师虽然意识到科学方法的重要性，又由于理解不同且缺乏客观标准，对应于同一物理知识挖掘出来的科学方法也存在较大差异。以《物体的相互作用》为例，一种判定结果是：演绎推理、守恒思想、隔离法、比较方法①；而另一种分析结果是：实验方法、守恒原理、隔离法、比较、矢量运算、近似法②。这就造成了物理科学方法教育内容的缺失或不统一。有的教师挖掘出的科学方法数量多，有的教师认定的少；有的教师认为某种方法重要、教学要求高一些好，有的教师却持不同看法。教育内容的不明确严重影响了物理科学方法教育的开展。国际科学教育研究者认为，无论采用哪一种形式，都必须明确地加以讲述，若非如此，从隐含的印象中得出的认识将是混乱不清和一堆零散的概念。③ 这充分说明了科学方法教育内容显性化的重要性。

3. 教学效果不显著

隐性教育观认为，物理教材大都是按照知识顺序编排的，科学方法隐藏在知识背后，不像知识那样明了，不便于直接讲解，而且又比较深奥，学生理解起来有困难，所以应该进行隐性教育，通过知识教学的渗透，反映出科学方法的特点，让学生自己体会和揣摩。其实，这样做不仅没有降低学习科学方法的难度，反而增加了学生的学习负担。因为对科学方法进行隐性处理，缺少引发注意的线索，学生很难意识到科学方法的存在，更不会对科学方法作出思考，这就使科学方法学习缺失外部条件；教师不讲解科学方法的步骤，使学生学习科学方法的内部条件不充分，从而影响了学生对于科学方法的习得和教学效果。

总之，由于隐性教育不能使学生有意识地学习科学方法，不能使学生获得对科学方法的理性认识，不能让学生自觉地以科学方法为指导来加深对知识的理解，因而容易使“过程与方法”维度虚化并导致科学方法教育的效果欠佳。

二、物理科学方法显性教育的理论建构

在物理教学中进行科学方法显性教育，其理论思路至关重要。这种理论思路，

---

① 张宪魁. 物理科学方法教育［M］. 青岛：中国海洋大学出版社，2000：28.

② 浙江省教育学会中学物理教学分会. 高中物理方法教育研究［M］. 杭州：浙江教育出版社，1995：8.

③ Bell, R. L., Lederman, N. G., and Abd-El-Khalick, F. (1998). *Implicit versus explicit nature of science instruction: An explicit response to Palmquist and Finley.* [J]. Journal of research in science teaching, 35: 1057—1061.

主要是指整个科学方法显性教育的理论出发点和基本路线。从物理学知能结构理论出发，可以对此问题作出较为圆满的诠释。

一般认为，物理学科的基本结构包括物理学的基本概念、基本原理（包括基本定律和基本理论）、基本方法以及它们之间的相互联系。大量事实和研究表明，科学方法作为物理认识活动的中介，是连接物理现象与物理知识的纽带，在物理理论的发展中起着桥梁作用。也就是说，物理概念和规律只有通过科学方法的参与，才有可能上升为知识形态。不仅如此，物理理论的应用同样需要科学方法的参与。以科学方法为中心的物理学知能结构理论认为，以科学方法作为物理认识活动的中介，可以展现出物理知识与科学方法的相互关系。物理学知能结构图 2－9。①

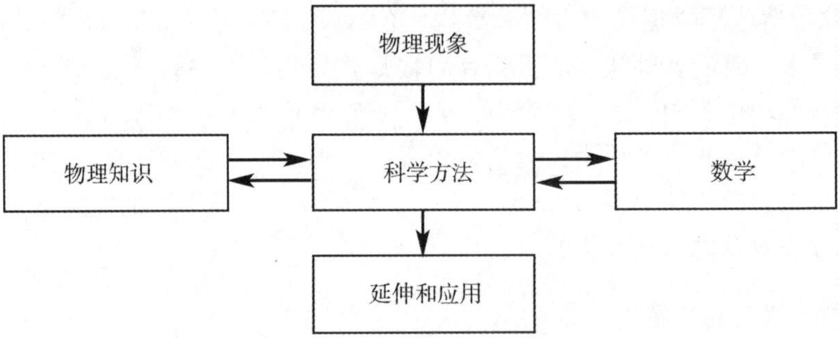

图 2－9　物理学知能结构

从图 2－9 中可以看出，物理学知能结构主要包括 5 个部分：物理现象、物理知识、科学方法、数学以及物理学的延伸和应用。图中的箭头表明不同部分之间的相互关系。科学方法处于物理学知能结构图的中心，分别与其他 4 个部分相连，发生着单向或者双向作用。不同部分之间也会发生联系，但这种联系须经由科学方法才可以实现，科学方法起到桥梁和纽带的作用。

科学方法处于物理学知能结构的中心，因此，抓住了科学方法就等于抓住了物理教学的核心。而物理学不同部分之间发生相互作用的途径和机制，则为科学方法显性教育的实施提供了参考和依据。从物理教学实践来看，科学方法教育主要体现在物理学知能结构的两个路径上。

1）物理现象→科学→方法→物理知识。这一路径反映了物理知识的获得过程。杨振宁指出，“绝大部分物理学是从现象中来的，现象是物理学的根源。”② 然而，从物理现象出发并不能直接得到物理知识，而需要借助于科学方法。现代科学哲学认为，科学就是人类对物质世界的解释，物理知识并非外在物质世界的翻版，它是富含人类智慧的，需要经过思考、创造与想象等过程。从物理现象出发，人们必须经过科学方法的加工整理才能获得物理知识，科学方法是物理现象通达物理知识的

① 邢红军，陈清梅. 论中学物理教学中的科学方法教育［J］. 中国教育学刊，2005（8）：33—36.

② 杨振宁. 读书教学再十年［M］. 台北：时报文化出版企业有限公司，1995：9.

必经之路，既不可或缺，也无法逾越。因此，在知识教学中必须进行科学方法显性教育，必须讲清楚科学方法，才能使学生掌握科学方法。如，牛顿第二定律的建立，就应用了实验法、控制变量法、图像法、化曲为直法、比例系数法等科学方法。显然，物理教学应该进行这些科学方法的显性教育。

2）物理知识→科学方法→延伸和应用。这一路径反映了物理知识的应用过程。显然，从物理知识出发，必须通过科学方法这一中介才能解决物理问题。物理知识的应用是一个思维加工和信息处理的过程，问题的分析、知识的选择及其施用都离不开科学方法的参与。这就要求物理练习教学必须重视科学方法教育，要将解决物理问题中使用的科学方法显化出来，引导学生掌握这些方法。仍以牛顿第二定律为例，在应用该定律解决实际问题时，就需要用到整体法、隔离法、正交分解法及图像法等科学方法。因此，物理教学中应该进行科学方法显性教育，让学生得到这些方法的训练。

明确了科学方法在物理学知能结构中的核心地位，清楚了科学方法发挥作用的途径和方式，就为物理教学开展科学方法显性教育奠定了基础并提供了思路。首先，科学方法具有知识加工、获取和建构等功能，所以，进行科学方法教育需要与知识教学相结合，“应将方法视为比知识更重要的东西，视为知识的脉络，按照科学方法所展示的路子，去组织教材，安排教学进程”①。其次，科学方法支配着知识的演化和发展，是隐藏在知识背后的一只无形的手，物理教学不仅要按照科学方法的逻辑组织教学，还应该将这种逻辑显现出来，使学生既能体会到逻辑的力量，又能掌握这种逻辑发生的条件和步骤。最后，科学方法决定了知识的应用和发展，知识的应用和发展离不开科学方法，只有通过科学方法组织起来的知识才会形成清晰、严密、灵活的认知结构，才能不断地接收、包容新的知识，人们也只有随着掌握和熟练科学方法，才能迅速准确地解决实际问题，进行创造性的活动。

三、物理科学方法显性教育的意义

所谓科学方法显性教育，是指教师有意识地公开进行科学方法教育，学生有意识地学习科学方法，以达到理解知识、掌握方法和形成科学态度的目的。其主要做法是，进行科学方法教育时，明确指出科学方法的名称，揭示方法的形式，挖掘科学方法的内涵，说明科学方法的使用条件，强化科学方法的训练。在物理教学中进行科学方法显性教育，具有以下教育意义。

1. 明确教学目标，使科学方法教育有的放矢

当前，科学方法教育的一个重要问题就是物理教师对科学方法教育的意识不够清楚。一方面，表现为在教学实践中，要么没有进行科学方法教育，要么认识有限

① 高凌飚. 在物理教学中应重视科学方法的教育［J］. 物理教师，1992（4）：1—4.

而讲解不到位。另一方面，学生需要具备学习科学方法的意识，因为明确科学方法的学习任务和目标会有利于对知识的思考和掌握，特别是像科学方法这样比较抽象的内容，通过认真思考可以更好地掌握。教师在确定知识教学目标的同时，应该同时制订物理科学方法教育的目标，明确不同阶段物理科学方法教育的重点，制订与教学内容相匹配的目标计划，使科学方法的教育更具有针对性，能最大限度地发挥教材的作用，调动学生的学习积极性。

2. 确定教育内容，使科学方法教育有据可依

教育内容决定教育方式，因此，进行科学方法显性教育必须确定科学方法教育内容。从一定意义上说，全部课程的问题就是内容问题，课程的设计、课程的目的、课程的评价以及课程的实施，都可以理解为围绕着课程内容的安排及其结果展开的。[①] 中学物理科学方法教育需要解决 3 个方面的问题——教什么，教到何种程度，哪个年级教，也就是科学方法的内容标准、学生表现标准和各年级衔接的问题。

现代物理教育认为，物理科学方法的教育内容已经不再局限于智力开发，而是关注科学教育与人文教育的融合，不仅关注智力的发展也关注知识的价值。笔者认为，物理科学方法教育至少包括 3 个方面的内容，即思维方法、物理方法和科学方法观。思维方法是人的大脑的功能，是进行各种学习和探索的基础，在认知心理学中划为弱认知方法的范畴，适用于解决各种普遍问题。物理方法是物理知识与思维方法相结合而产生的方法，是物理学特有的方法，在解决物理问题时具有强大的功能。人们重视科学方法不仅由于它具有智育价值，也由于人们认识到它的社会价值和人文价值，科学方法观将两个领域连接起来，使科学与人文走到一起。只有兼顾了这 3 个方面的教育，才能真正实现中学物理科学方法教育的目的，提高学生的科学素养。

3. 构建教学策略，提供科学方法学习的条件

教育方式与教育内容联系最为紧密，内容决定方式，方式为内容服务。科学方法教育不仅要采用显性的教育方式，而且依照目标分类学的思想，教学策略还应该与教育内容相匹配。[②] 如前所述，物理科学方法的 3 个部分由于学习条件存在差异，所以教学中必须根据各自的特点，采用不同的教学策略。思维方法作为人脑的功能，主要通过训练来学习和发展，如概括，就必须通过对各种物理现象的剖析而发现其本质特征，在这一过程中训练概括的方法。物理方法与物理知识联系密切，物理知识的建立离不开物理方法，结合物理知识讲授物理方法，按照物理方法的逻辑推导出物理知识，是教授物理方法的主要方式，如比值定义法、控制变量法等方法。科

---

① 丛立新. 课程论问题［M］. 北京：教育科学出版社，2007：286.

② 盛群力，等. 21 世纪教育目标分类学［M］. 杭州：浙江教育出版社，2008：2.

学方法观的教学，侧重于观念的传播和内化，需要教师在教学中讲清楚科学方法观的价值取向、内涵以及现实意义，并组织学生结合具体事例进行讨论，以引发学生感悟、加深理解，如“科学方法并不能解决一切问题”这一观点就需要讲解、讨论、感悟。根据科学方法教学内容的特点，将教学内容与教学策略相对应，不同的教学内容采用对应的教学策略，使不同的科学方法教学都能取得实效，才能将科学方法教育真正落实在教学过程中。

第五节　物理科学方法的显性教育方式

在吸收和借鉴国际科学教育研究成果的基础上，笔者对物理科学方法教育方式进行梳理，分析不同教育方式的内涵及其产生的原因，提出科学方法显性教育的观点，以期对物理科学方法教育以有益的启示。

一、隐性教育方式——重在“渗透”

采取何种方式进行科学方法教育，与人们对科学方法属性的定位密切相关，对科学方法属性的认识不同，选取的教育方式就存在差异。通常，人们认为科学方法与一般的物理知识不同，它所涉及的不是物质世界本身，而是人类认识物质世界的途径和方式，是隐藏在知识背后的东西，是高度抽象的。同时，科学方法支配着物理知识的获得和应用，是形成知识结构的纲领和脉络。基于这些认识，物理科学方法教育逐渐形成了隐性教育方式。

所谓隐性教育方式，就是在科学方法教育过程中，隐蔽地发挥科学方法的导向作用，使学生受到科学方法的熏陶，一般在教学过程中不出现科学方法的名称，也不对科学方法的内容进行解释。其主要特点是通过知识教学渗透科学方法，也就是在知识教学过程中，同时渗透研究问题的方法，或按照研究问题的方法、思路展开知识教学，使科学方法教育和知识教学有机结合在一起，以达到整体优化的目的。① 在这种教育方式指导下，物理教学中出现了许多科学方法教育的具体途径，比如结合物理概念、规律进行科学方法教育，通过物理学史渗透科学方法教育，挖掘物理实验中的科学方法因素，等等。可以说，科学方法隐性教育方式的提出，客观上促进了物理科学方法教育的推广。

虽然科学方法隐性教育考虑到学生的知识基础，强调渗透和铺垫，追求学生在潜移默化的熏陶中，水到渠成地体会和领悟科学方法。然而，隐性教育方式在物理教学实践中并没有取得理想的效果。其原因在于，从理论上看，教育的一个主要特点就是有意识、有目的影响人，而隐性教育恰恰忽视了这一点。对学生而言，多年

① 周国强. 物理方法教育与物理教材改革［J］. 课程·教材·教法，1996（6）：10—14.

的学习经历已经使其习惯于教师讲什么就学什么，教师强调什么就注意什么，教师没有明确强调的内容就不去思考，形成了紧跟考试大纲的意识。在这种情况下，期望学生能够意识到隐藏在知识背后的科学方法、体会到教师良苦用心渗透的科学方法，只是一种一厢情愿的想法。从学习规律上看，学生没有意识到的内容根本无从谈及思维的积极加工。进一步，由于科学方法隐藏在知识背后，比知识更难以理解，知识教学尚需显化，需要详尽地讲解、练习、巩固，科学方法教学如若含而不露、点而不破的话，结果可能是徒增科学方法教学的难度，降低科学方法教育的效果。

受隐性教育观点的影响，一些科学方法教育的基本理论问题没能得到深入探讨。这导致在教学实践中，很多物理教师对科学方法了解甚少，不清楚科学方法的教育内容，不知道科学方法的内涵和意义，不懂得科学方法的使用条件和步骤。教学中要么蜻蜓点水般简单掠过，要么根本就没有进行科学方法教育。

对于科学方法的隐性教育，国际科学教育研究得到的结论是：从隐含的印象中得出的认识将是混乱不清和一堆零散的概念。① 从这种观点出发，笔者认为，隐性教育方式对于教学可能起积极影响，也可能起消极影响。事实上，认识和理解科学方法的关键一步就是“显性化”，只有认识到这一点才能够对目前物理教育中的科学方法教育方式加以检讨、修正或应用。实际上，从教学论的观点看，一方面教学过程是传递、掌握和批判显性知识的过程；另一方面，教学过程也可以说就是一个使缄默知识显性化并得到检讨、修正和应用的过程。② 由此看来，隐性教育不仅在科学方法的教育效果上表现不佳，在理论上也缺乏坚实的基础。希望通过隐性教育方式来进行物理科学方法教育，其效果在很大程度上是事倍功半的。

二、隐性—显性方式——追求“融合”

针对隐性教育方式的不足，并考虑物理科学方法教育的特殊内容和目的，一种隐性—显性教育的教学方式逐渐形成。所谓隐性—显性教育方式，就是在教学过程中对科学方法先隐性渗透，后显性提出。具体来说，就是教师按照一定的教学程序进行知识教学，把科学方法隐藏在知识背后而不明确宣讲其逻辑结构，在知识教学之后，提出所用科学方法的名称，引导学生体味和反思科学方法。

隐性—显性教育方式不同于隐性教育方式的最大特点就是渗透科学方法之后追求显化，追求多个角度、多个层面的“融合”。“融合”在这里有多层含义，一是方法与知识的融合，知识在方法的操作下得出，方法在知识的推导中得以体现，科学方法教育要与知识教学相结合；二是科学方法之间的融合，任何一个定律或者理论的得出都是多个科学方法共同作用的结果，各个环节的科学方法要相互照应，不同

① Bell, R. L., Lederman, N. G., and Abd - El - Khalick, F. *Implicit versus explicit nature of science instruction: An explicit response to Palmquist and Finley* [J]. Journal of research in science teaching, 1988, 35: 1057—1061.

② 石中英. 知识转型与教育改革 [M]. 北京：教育科学出版社，2005: 259.

层面的科学方法之间也要相互支撑；第三层意思就是隐性和显性各有所长，在教学中需要将两者融合起来，在不同阶段采取不同的教育方式，发挥各自的优势，使学生能够真正理解科学方法。教学实践中，隐性—显性教育方式主要有两种：一种是隐性为主，显性为辅，显性教育的关键是隐性渗透，只有在教学过程中把隐性教育的文章做深、做透，才能在最后显性教育时水到渠成、顺理成章，才能使学生真正理解其实质；[①] 另一种是将科学方法教育分为隐性化学习阶段和显性化教学阶段，前一阶段学生运用了所要学习的特定方法，但学生处于无意识状态，后一阶段引导学生发现该方法的表现形式及相应的运用条件，并结合自己的实际运用经历，增强对科学方法的理解。[②] 隐性—显性教育方式，试图将科学方法的渗透和明了结合起来，既重视引导学生做好准备和铺垫，又强调讲清楚科学方法的内涵、意义、特点和步骤，应当承认，这在一定程度上促进了学生对科学方法的理解和掌握。

虽然隐性—显性教育方式关注到隐性教育的不足，并试图将科学方法的显性教育与之融合，但从根本上说，这种脱胎于隐性教育的方式，其本质上依旧是隐性教育。隐性—显性教育方式强调隐性教育的铺垫和渗透，视隐性教育为科学方法教育的关键，追求隐性教育之“水”达成到显性教育之“渠”，仍然将科学方法教育的重点放在隐性教育上。而显化阶段，只是在隐性阶段“做足”后，才总结出科学方法的名称，反思科学方法的特点，这样的处理更多的是让学生记住一些科学方法的名称，却无法使学生深刻理解科学方法。比如，在高中电场强度的教学中，教材虽然明确提到了用电场力 F 和电荷量 q 的比值定义电场强度 E，甚至给出了比值定义法的名称，但由于不能显性化地进行科学方法教育，结果学生仍不明白为什么要用两个物理量相比来定义电场强度。这样看来，在隐性教育之后添加某种程度显化的做法充其量只能算是隐性教育的一种延伸，一种变通，隐性教育的思路从根本上并没有多少实质性的改变。

隐性—显性教育不仅体现在教育方式上倚重隐性，而且在科学方法教育内容上表现为缺乏明确的教学内容和教学要求。这就导致了以下后果：①长期以来，人们对科学方法教育却好系统深入的研究，表现之一就是物理课程至今没有明确的科学方法教育内容；②在进行科学方法教育时，教师不清楚该教哪些科学方法、教到何种程度，甚至没有进行科学方法教育，学生也不清楚怎样去学习科学方法；③许多科学方法教育方式的研究往往脱离教育内容而展开，由于教育方式应当与教育内容相匹配，因此，这样的研究往往是空中楼阁，一般经不起推敲。

当然，如果以发展的眼光看待隐性—显性教育方式，把它视为一种沿着显性方向继续前行的过渡，那么科学方法教育的显性方式就应运而生。

---

① 刘力. 新课程理念下的物理教学论［M］. 北京：科学出版社，2007：187.

② 陈刚，舒信隆. 新编物理教学论［M］. 上海：华东师范大学出版社，2006：101.

三、显性教育方式——强调“明了”

针对物理科学方法隐性教育的不足，笔者提出，物理科学方法教育应当采用显性方式。所谓显性教育，是指进行科学方法教育时，明确指出这种科学方法的名称，传授有关该方法的知识，揭示方法的形式，挖掘方法的内涵，说明方法的使用条件。也就是说，教学中教师公开进行科学方法教育，学生有意识地接受科学方法训练，方法教育的形式是外显的，所以称为显性教育方式。

科学方法的显性教育明显区别于隐性教育。隐性教育重视渗透，显性教育强调明了。显性教育针对以往科学方法教育中存在的模糊、随意等弊端，旗帜鲜明地要求科学方法的名称、形式、内涵、条件、步骤等都必须明确地传授给学生。这种教育方式认为进行真正的科学方法教育，就必须按照方法教学和方法训练的要求，在教学内容与方式、教学准备与条件、学习发生与熟练等方面开展明确、系统、细致的教学，让学生一开始就明确学习任务、清楚学习过程，围绕方法内容展开学习，在练习和应用中不断加深对科学方法的理解和认识。

教育内容决定教育方式，因此，进行显性教育必须确定教育内容。从一定意义上来说，全部课程的问题就是内容问题，课程的设计、课程的目的、课程的评价以及课程的实施，都可以理解为围绕着课程内容的安排及其结果展开的。[①]

基于此，笔者提出，物理科学方法的教育内容主要包括3部分：思维方法、物理方法和科学方法观。思维方法是物理智力活动的核心，主导着科学思考，在物理知识中具有较强的逻辑力量，成为组织教学过程和构建物理知识网络的经脉。物理方法是物理知识建构中特有的方法，如比值定义法、理想模型法等，这类方法具有较强的加工功能，是物理教学历来重视的内容。科学方法观是人们对于科学方法的一些认识，在提高人们的科学素养方面具有重要的意义。这3部分内容关注科学方法教育的不同侧面，都是科学方法教育应该包含的内容，它们的特点各异，因此，显性教育的具体方式也就有所不同。以下分别进行阐述。

1. 训练思维方法，培养思维能力

思维方法是在人脑内进行的操作过程和方式，主要包括抽象、概括、判断、推理、比较、分析、综合等方法。思维是大脑的功能，思维方法在头脑中对研究对象进行加工和处理，是大脑的功能的表现。由于思维方法应用广泛，不需要特定的知识，所以思维方法属于弱认知方法。

由于思维方法的生理基础是人的大脑，因此思维方法的掌握必须通过训练来得到强化。事实上，无论是物理现象的观察、物理数据的测量、物理模型的抽象、物理概念的形成、物理理论的建立，还是应用物理理论解决实际问题，都离不开思维

① 丛立新. 课程论问题［M］. 北京：教育科学出版社，2007：286.

方法。这就充分说明在物理教学中训练思维方法，离不开物理知识的发现和建构，思维方法的训练要与物理知识相结合，要在各种物理活动中促进思维方法的发展。比如，“人骑自行车转弯需要倾斜多大角度”问题的解决，就需要学生通过分析、综合、抽象、概括等思维活动建构物理模型，同时需要结合力矩平衡原理、圆周运动公式等物理知识才能顺利解决问题。

在物理教学中进行思维方法的显化教育，就是要进行公开的、系统的训练。要深刻理解思维方法的内涵，而不是局限于思维方法的肤浅表面；要深入挖掘物理知识蕴涵的思维方法，而不是将两者剥离开来；要将思维方法的训练与物理知识的建构联系起来，而不是抛下思维方法只顾物理知识的构建。唯有如此，才能将思维方法显化教育落在物理教学的实处，才能使学生的物理能力得到真正的发展。

2. 传授物理方法，发展物理能力

物理方法是思维方法与物理知识相结合而产生的物理学特有的研究方法，属于强认知方法。强认知方法的学习与弱认知方法不同，它需要更多的专业知识，这就要求需要外部信息的直接输入和大量存贮，即需要传授。

一般来说，物理方法具有一定的逻辑顺序，转化为操作就是较为固定的步骤，按照这些步骤不仅可以获得正确的知识，而且可以体验到知识背后的逻辑力量。传授物理方法，就是要将思维方法和物理知识相结合，按照一定的逻辑顺序，采取一定的步骤，对物理知识进行加工，在获得知识的过程中，展示物理方法的内涵、意义、条件、步骤，并逐步引导学生发现、体会、掌握物理方法。比如，牛顿第二定律的建立就需要应用控制变量法、化曲为直法、比例系数法等科学方法。显然，教学中教师应该向学生进行这些科学方法的显性教育。

在应用物理知识教学中进行物理方法教育，同样要突出物理方法的显化，务必讲清楚应用物理方法的条件、步骤和意义，引导学生深刻理解应用物理方法的每一个环节，把握住每一步骤的操作要领，使学生能够从头脑中提取出物理方法，运用于物理问题解决中，真正获得物理能力的提升。仍以牛顿第二定律的教学为例，在应用该定律解决问题时，就需要用到另外一类物理方法——隔离法、整体法等科学方法。教学中教师应当明确向学生讲清楚这些方法的特点与使用范围，从而让学生得到这些科学方法的训练。

3. 积淀科学观念，形成科学素养

科学方法观是人们对科学方法的一些观念和认识。与科学方法其他教育内容不同，科学方法观关注更多的是科学方法的哲学思考，而不是如何探索自然界本身。科学方法是科学本质的核心，有效的教育必须恰当地集中精力，针对具体的受众，要直接明了地提出，不能是隐晦和含糊的。[①] 所以，科学方法观的显化方

---

① Hugh G. Gauch, Jr. 科学方法实践［M］. 王义豹，译. 北京：清华大学出版社，2006：304.

式，与思维方法和物理方法不同，主要采用教师引领的方式，并组织学生进行讨论。

物理学史和社会生活中存在着许多大事件，有些事例对自然科学产生过重大的影响，其中蕴含着丰富的科学方法观，都是进行科学方法观教育的鲜活素材和绝佳途径。教师在教学中要明确地宣讲相关的科学方法观，讲清楚它们的价值取向、内涵以及现实意义，并组织学生结合具体事例进行讨论，以引发感悟、加深理解，引导他们形成正确地科学方法观。

物理科学方法显性教育，着眼于学生科学素养的形成，植根于方法教育内容的确定，落脚于学生科学方法的掌握。这就使显化教育成为一种理论上自洽，实践上可行的科学方法教育方式。因此，有理由相信，随着科学方法教育研究的不断深入，显性教育将会得到越来越多的共鸣，将会在物理教育实践中发挥越来越大的作用。

第六节　科学教育中的模型方法教育

模型及模型方法自从诞生以来，就一直在科学发展中占据着重要的地位。这是因为，现代科学技术的迅速发展，不仅需要人们运用高度的抽象思维能力进行理论上的分析、演算，而且还要充分运用形象思维把抽象的理论具体化，从而克服研究对象日益非直观化所带来的认识上的困难。

然而，如何在科学教育（指自然科学教育）中进行模型方法教育，却始终困扰着许多科学教育工作者。即使在科学教育蓬勃发展的今天，模型及模型方法的科学教育之路也始终艰难曲折，长期落后的文化以及对科学教育认识的不足，导致我们对模型及其方法始终缺乏全面的认识，缺乏科学的观念。只知道模型在科学研究中的作用，而不清楚模型本身的教育价值。尽管模型及其方法已深入到科学的每一个角落，但模型并没有真正在广大科学教育工作者心中扎根。

这种倾向反映在科学教育中，表现为我们与模型方法若即若离。比如在中学物理 1986 年的教学大纲中，明确写道：“在物理教学过程中，应该通过概念的形成，规律的得出，模型的建立，知识的应用……培养学生的分析、概括、抽象、推理、想象等思维能力。”时间仅仅过去了 10 年，1996 年的新物理教学大纲中已不见模型的踪影。表面看来，这只是一个教学问题。然而从更深层次来思索，笔者认为它是一个教育问题。它反映了一种教育方法、教育思想与教育观点。模型及其方法只是一滴露珠，但它折射出我国科学教育的不足。因此，在我国科学教育发展的今天，深入探讨模型及其方法的认识功能与教育功能，加强这方面的研究，就显得尤为重要。

一、模型的认识功能

模型，中文原意即规范。按照钱学森的观点："模型就是通过我们对问题的分析，利用我们考察来的机理，吸收一切主要因素，略去一切不主要因素所创造出来的一幅图画。"① 因此，模型方法就是把研究对象（原型）的一些次要的细节、非本质的联系舍去，从而以简化和理想化的形式去再现原型的各种复杂结构、功能和联系的一种科学方法。

作为一种现代科学认识手段和思维方法，模型具有两方面的含义：一是抽象化，二是具体化，见图 2－10。

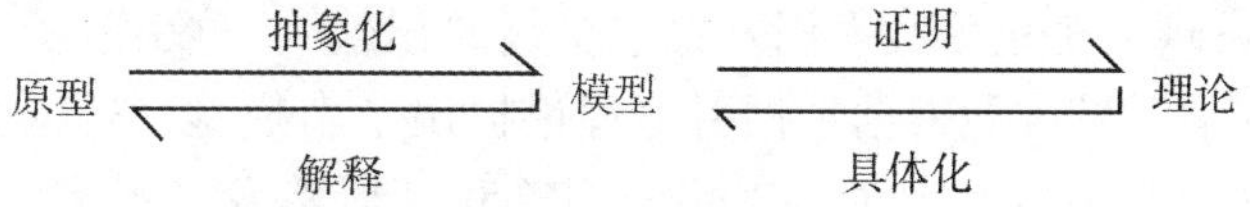

图 2－10 模型的含义

一方面，在模型思维中，我们可以从原型出发，根据某一特定目的，抓住原型的本质特征，对原型进行抽象，把复杂的原型客体加以简化和纯化，建构一个能反映原型本质联系的模型，并进而通过对模型的研究获取原型的信息，为形成理论建立基础。

另一方面，高度抽象化的科学概念、假说和理论要正确体现其认识功能，又必须具体化为某个特定的模型，才能发挥理论指导实践的作用。所以，模型作为一种认识手段和思维方式，是科学认识过程中抽象化与具体化的辩证统一。

模型具有以下 4 个方面的认识功能。

1. 解释功能

辩证唯物主义认识论认为，解释某种现象就意味着发现它的本质。具体说来，"'解释'对自然科学来说就是要发现一种秩序，就是要发现一种能使人们进行预见的关系"②。

模型是原型的简化了的映象，是对原型的属性进行科学抽象而形成的能再现原型本质特征的一种类似物。因此。模型可以对客观对象的因果联系、结构与功能属性以及起源和发展作出一定的合理说明，起到科学解释的作用。比如，1966 年 6 月下旬，为解决我国第一颗人造卫星的运载火箭"长征一号"在滑行段喷管控制问题而进行的滑行段晃动半实物仿真实验中，出现了晃动幅值达几十米的异常现象。钱学森亲临现象，在讨论中认定：此现象在近于失重状态下产生，原晃动模型已不成立，此时流体已呈粉末状态，晃动力很小，不影响飞行。后来多次飞行试验证明，

① 钱学森. 论科学技术［J］. 科学画报，1957（4）：99.

② 让娜·帕朗—维亚尔. 自然科学的哲学［M］. 长沙：中南工业大学出版社，1987：105.

这个结论是正确的。①

2. 预见功能

模型的预见功能是指根据模型可以作出有关原型的未知属性、事实的推测。由于模型是为便于研究以文字、符号（包括图像）而建立起来的一种高度抽象的理解客体的模式，它突出地反映了客观事物的某一主要特征或主要矛盾，储存有原型的信息。因此，在形成科学概念、建立科学理论的过程中，运用模型可以充分发挥思维的力量，指引研究方向，作出科学预见，导致科学发现。

通过对模型的研究作出科学预见的精彩实例是海王星的发现。

自 1781 年发现天王星后，人们发现它总是“出轨”。这引起了许多天文学家的思考，法国天文学家勒维烈根据牛顿引力理论提出了新模型，德国天文学家伽勒在勒维烈所指出的位置果然发现了海王星。用笔和纸居然发现了肉眼看不见的行星，这正是模型的预见功能。

3. 发现功能

模型还具有发现功能。即从对模型的研究出发可建立（或证明）理论，从而认识事物中所蕴含的规律，得出符合实际的结果。如伽利略从教堂吊灯的摆动中，抽象出单摆模型后，通过对单摆的研究，发现了单摆振动的等时性规律。后来，荷兰物理学家惠更斯进一步提出了摆的数学理论，导出了单摆的运动定律：

$$T=2\pi\sqrt{\frac{t}{g}}$$

4. 启示功能

模型所具有的直观、生动和鲜明的特点，使其在科学认识中还具有启示功能。模型可以将许多非直观的东西转化为直观的东西，使极其抽象、深奥的科学概念、假设、理论准确具体地表达出来，便于我们正确理解其科学意义，从而加深我们对其所反映的原型的实质和规律的认识。当代著名化学家鲍林创建的杂化轨道理论巧妙地运用了杂化轨道这类具有图像的思想模型，非常有效地解决了一般分子乃至生命物质复杂的化学结构，从而荣获了 1954 年的诺贝尔化学奖。

二、模型的教育功能

模型不仅在科学发展中有重要的作用，同时，在科学教育中，模型及其方法也有着独特的甚至是不可替代的重要作用。

---

① 王寿云. 钱学森传略［J］. 科技导报，1991（9）：3—8.

（1）模型教学能促进学生认知水平的发展

教学要符合儿童的发展阶段，是日内瓦学派的基本观点。以皮亚杰为首的日内瓦学派经过长期研究，确定了儿童的认知发展一般要经历以下 4 个阶段：感知运动（0—2 岁）、前运算（2—7 岁）、具体运算（7—12 岁）、形式运算（12—15 岁）。儿童的智慧发展就是这种认知阶段的进化。

科学教育应当促进学生认知水平的发展，这种观点已为科学教育工作者所接受，但具体实施的方式方法还是一个正在探讨的问题。笔者认为，促进学生认知水平的发展，主要还是将学生的认知水平从具体运算提高到形式运算水平，也即使学生逐步从具体向抽象过渡，能对抽象的假设或命题进行逻辑转换。这一过程当然离不开从具体到抽象的过渡训练，而这种既能联系具体又能联系抽象的性质，正是模型所特有的。模型一方面提供了这种教学的情境，另一方面又使学生在这种从具体到抽象的认识过程中发生认知冲突，从而促进认知水平的发展。

（2）模型教学能使学生更好地掌握科学知识

模型方法的特点及其重要性，决定了模型在促进学生学习科学知识过程中的重要作用。首先，模型是学生学习科学知识的重要手段，学生掌握了模型方法能更透彻地理解科学知识。其次，模型方法作为思维方法和行为方式，蕴涵着很高的认知价值。学生一旦将模型方法内化为自己的认知图式，就能获得认知水平的发展。最后，模型方法教育还有助于培养学生的创造性思维能力。

然而，在模型方法教育中，寄希望于把模型方法的要素概括出来，形成系统的方法学知识向学生讲授是不现实的。因为模型方法的精髓，乃是体现在探索与发现之中，不亲身经历这种探索，很难发现其中的要素与关键之所在，也根本无法体会其中“只可意会、难于言传”的奥妙之处。①

因此，对学生进行模型方法教育，就是要让学生置身于探索科学现象、发现科学规律的活动中，在建立模型的过程中，学会观察的方法、实验的方法、归纳与演绎的方法、假设的方法、近似的方法等。这样，学生就会主动地去思考、探索，顺着科学的思路与方法去感知、去思索。这样，在不知不觉之中，就领略到了科学知识的真谛。

（3）模型教学能培养学生的研究能力

模型方法教育对于学生研究能力的培养有着独特的作用。

模型的建立要根据研究的任务、目的抽象出被研究对象的本质特征，舍去许多次要的细节和非本质的属性，把要研究的现象、问题从纷繁复杂的交错关系中明确、清晰地显示出来，使问题得以简化和明确化，并制订出解决问题的程序，从而充分地发挥思维的能动作用，达到认识原型的目的。

因此，模型的建立过程就是一个科学研究过程。在这一过程中，需要学生自己

① 邢红军. 物理教学心理学［M］. 成都：成都科技大学出版社，1994：200.

确定研究对象，设置已知量与未知量，运用科学规律，选择研究方法，检验模型是否与实际相一致，这对学生研究能力的培养有很好的作用。

（4）模型教学能培养学生的科学精神

科学精神与科学知识、科学方法一样，都是科学教育的基本要素。模型教育对学生科学精神的培养尤为重要。

模型建立的实质就是要在原型背后揭示出所包含的科学规律。然而，这种规律往往隐藏在现象的背后，并被纷繁复杂的非本质的、无关的因素所掩盖。这样，模型的建立过程就必然是一个艰苦的探索、发现的过程。它来不得半点虚假，需要有严谨、诚实的科学态度。模型的得来也绝非“一蹴而就”，往往要使认识主体经历一个“苦其心志、劳其筋骨”的认识过程，需要有坚忍不拔的意志。因此，模型的建立既培养了学生的科学态度，又培养了学生的科学作风。

模型教育不仅可以使学生体验到理论知识的作用，而且会使他们产生跃跃欲试的兴趣，并使他们对探究活动成功后的喜悦感、自豪感产生稳定的需要，形成稳定的学习兴趣，进而产生良好的学习动机。

模型方法还能使学生得到辩证唯物主义思想教育。借助于模型进行研究时，应当充分认识到模型的局限性。通过不断积累新的资料，通过解释和重新解释实验结果，通过争鸣和讨论，模型总会得到修正。可以从小修小补到动大手术。在这个过程中，要求充分考虑模型建立过程中产生出来的新经验和新思想对模型建立的启示。只有如此才能在模型的修正或扩充时既能纠正原有模型之不足，又不至于“把小孩与洗澡水一起从浴盆里泼出去”。无论提出怎样的模型，都必须确保它具有解释、预见、发现和启示的功能，并且符合模型的简洁、优美和有说服力的审美标准。①

三、模型方法教育对科学教育的启示

深入地探讨模型的认识功能与教育功能，其意义绝不仅仅局限于模型本身，而是还有着更为深刻的、极其深远的寓意。笔者的目的在于：通过对模型方法教育的研究，给我国的科学教育以有益的启示。

（1）加强模型方法教育的研究有助于更新科学教育观念

多年来，我国的科学教育一直是“应试教育”而非素质教育。在这种模式下，科学教育也就呈现出我国的特点。一个人所共知的事实是：我国学生擅长做题、尤其擅长考试，却不善于做研究工作。这种情况从中学到大学概莫能外。即使是在CUSPEA（中国赴美物理研究生考试）这样国内最高水平的选拔中，也是这种状况。赵凯华教授指出：“CUSPEA 试题中，有些问题从物理概念来分析并不复杂，属于学生已学过的范围，但是不少学生常常感到无从下手。”

① 邢红军. 中学物理论文写作教程［M］. 郑州：河南科学技术出版社，1993：247.

分析这种现象产生的原因，赵凯华教授认为："在我们的教学中，同一问题，既可以把原始的物理问题提交给学生（有时可以同时给一些提示，或通过一系列的问题引导学生去思考整个解决问题的途径）；也可以由教师把物理问题分解或抽象成一定的数学模型后再提交给学生。习惯于解后一类问题的学生，在遇到前一类问题时，往往会不知所措。"①

怎样改变传统的教育观念呢？杨振宁教授认为"这涉及整个社会风气，因而是件困难的事。这件事如果做成功，也是一种革命。这是个比在一门学问里而创造出新的学问还要困难的事。这是根深蒂固的事，不是一两天能改过来的。"②

更新科学教育观念，应该扎扎实实地去探索有关的突破口。而模型作为科学教育活动的中介，它是连接理论与现实的中介，在科学教育活动中起了桥梁作用。正是由于模型是把理论与现实紧密联系起来的中介，所以在科学教育中认识主体建构模型的目的就不只是停留在模型本身的结构与性质的探索上，而是为了通过模型的研究来获得科学能力的发展。

（2）加强模型方法教育的研究有助于改革教学方法

我国传统的科学教育方法，一般都是接受学习模式。"题海战术"的普遍运用，便是这种教学模式的一个缩影。

我国目前的习题教学，是接受学习的一种具体方式。按照教育心理学理论，在接受学习中，要学习的全部内容是以定论形式呈现给学习者的。这种学习不涉及学生任何独立的发现，只需将要学习的内容内化，以便日后的某个时刻再现并运用。这种学习方式的主要缺点在于学生的学习是被动的，他们不明白学习内容的用处，因而这种学习的结果常常不能迁移。

其实，会解习题并不意味着掌握了模型方法。1986 年，一个外国教育代表团到北京一所重点中学参观，他们对我国中学生的物理水平特别是解题能力给予了高度评价，但也发现我国中学生不善于解答有多余条件的问题。他们出了 3 道题，每题有十几个数据，但解题只用其中三四个数据即可很快完成，请 5 位学生来做，结果没有一个人做对。学生们认为，只有把所有数据用上才行，因此不敢下手去做。若能对题设条件去粗取精，并具体化形成模型，便可简捷获解。问题的症结在于，我国学生擅长的是习题而非模型。

目前的习题教学的缺陷在于：每一道习题都是从现象中抽象而来，已经把研究对象（原型）的一些次要细节、非本质的联系舍去。也即是说，这些本应由学生去体验的"去伪存真"的工作被"越俎代庖"了。学生在习题教学中所进行的工作就只需"按图索骥"。这样，就必然缺乏部分的（但却是必不可少的）认识过程，其

---

① 林纯镇、吴崇试. 我国赴美物理研究生考试（CUSPEA）历届试题集解［M］. 北京：高等教育出版社，1985：序.

② 宁平治，唐贤民，张庆华. 杨振宁演讲集［M］. 天津：南开大学出版社，1989：130，143.

结果是割裂了主体与客体的联系，使学生的思维能力出现了缺陷。

模型教学则属于发现学习方式的范畴。发现学习的基本特征是：学习的主要内容不是给予的，在学生内化它以前，必须由他们自己去发现。杨振宁教授认为，“仅仅读很多的书，从教师那里学到很多知识，做很多习题. 只能是训练独立思考能力的一半。而另一半的方法是复杂的，这个方法是靠自己去摸索、去创造。”① 可以认为，模型方法就是杨振宁所说的另一半方法的重要组成部分。无论是在科学教育活动中，还是在科学研究活动中，模型方法都是非常重要的方法。

（3）加强模型方法教育的研究有助于改革科学教育教材

科学教育中的教材是科学教育的基本依据，是连接学生与教师、课内与课外，知识与发展的纽带，也是一个国家科学教育水平的标志。而模型对于科学教育教材的编写有着重要的启示作用。

科学教育教材的结构，一般包括三个部分：科学知识结构、思维逻辑结构和科学实验结构。在三种结构中，知识结构是最主要的。科学知识结构，是指科学教材中所包含的知识点的位置、层次和相互关系。

思维逻辑结构，是指科学知识点之间的逻辑关系和知识之间的内在关系，以及教材中内含的思维方法和研究方法的内容与训练安排。

科学实验结构，是指教材中演示实验和学生实验的内容与分布。

我国40多年来的科学教育教材，基本上是以传统知识体系为主线展开，忽视科学思维方法和研究方法的内容与训练安排，科学方法的训练就是习题而非模型。这带有很大的缺陷。

国外科学教材的知识结构可分为两大类：一类与我国类似，另一类则偏重科学研究方法。后一类教材模糊了科学知识点等的体系的界限，突出展开科学研究过程。在学生的认知结构上。强调综合认知，强调联想和发展等思维能力对认知的作用。比如美国的PSSC物理教材，它按照两条线索组织教材。一条线索是物质，另一条线索是光，它们在波粒二象性模型上汇合起来。而PSSC物理教材中的其他概念，一方面不断引伸发展自己的体系，另一方面为树立波粒二象性模型服务。PSSC物理教材的这个特点，在光学内容的编写上表现得淋漓尽致。在光学研究中先确立了光的粒子模型，用它去解释光的行为，一些现象被合理地解释，而另一些却遇到了困难，甚至矛盾。因此，物理学家面临着两种选择：一是推翻旧模型，建立新模型：二是修改旧模型，使它更完善。物理学家作了一种选择：引入波现象，形成波理论。观察一系列光行为（如干涉、衍射、反射、折射），用波理论解释它们，由此建立光的波模型，PSSC物理教材尽量地让学生了解物理学史上的光模型建立过程，帮助学生树立科学探究的方法论和态度。PSSC物理教材编写中模型化方法的运用，可以给我们以有益的启示。

① 宁平治，唐贤民，张庆华. 杨振宁演讲集［M］. 天津：南开大学出版社，1989：130，143.

第三章　初中物理知识获得过程中科学方法教育内容研究

第一节　引　言

一、问题提出的背景

当今世界，科学技术的发展突飞猛进，知识更新的速度也越来越快。据联合国教科文组织统计：人类近 30 年来所积累的科学知识，占有史以来所积累知识总量的 90%，而在此前的几千年所积累的科学知识只占 10%。英国预测专家詹姆斯·马丁测算人类的知识近 10 年将以每 3 年一倍的速度增加。而数字化的信息量每 12 个月就会翻一番。可见，知识总量在以爆炸式的速度急剧增长，知识更新越来越快。因此，在学校短短的几年时间里我们不可能指望学生学习完有关的知识，更重要的是让学生学会进一步掌握知识的方法。

科学史学家朱克曼曾走访 41 名诺贝尔奖获得者，发现其"科学鉴赏力"和"高超能力"最主要的是得益于从名师那里"学到一种发现科学真理的思想方法和工作方法"，而不是"从导师那儿获得的实际知识"。①

很多国家和地区在制定课程目标时，都将科学方法列为目标之一。在 1999 年欧洲物理学会举行的一次国际性的物理教育研讨会上宣读了一篇题为"2000 年后：未来的科学教育"的报告，该报告对为 5—16 岁的学生设置的新的科学课程提出了 10 条推荐性意见，第六条为：科学课程应该向学生提供科学思想和科学方法的认识。在科学历史发展的过程中，人们正是利用这些思想和方法获得关于自然世界的知识。② 20 世纪 90 年代日本初中物理教育目标中方法目标为："在有关物质和能量的事物和现象中发现问题通过科学的考察过程，学会发现规律和说明自然现象的方法"。③《美国国家科学教育标准（草案）》明确指出："科学探究是学生科学学习中

---

① 张宪魁. 物理科学方法教育［M］. 青岛：中国海洋大学出版社，2000：3 .

② Robin Millar，Jonathan Osborne. *Beyond* 2000：*Scince education for the future*（*A report with ten recommendations*）［R］. Robin Millar and Jonathan Osborne，1998：20.

③ 陈连松. 从比较的观点看中国与日本的初中物理教育［J］. 辽宁师范大学学报（自然科学版），1998（1）：41—45.

利用方法和原则作个人决策”，“基本的、起支配作用的原则”，“学会用科学强调学生对科学方法和一般程序的体验。”①

我国的物理课程标准也明确指出：“过程与方法目标”“知识与技能目标”“情感态度与价值目标”是课程改革的3个主要目标。2001年颁布的《全日制义务教育物理课程标准（实验稿）》（以下简称《物理课程标准》或《课程标准》）首次把科学方法作为课程目标并在初中《物理课程标准》中加以确定。可以说，初中《物理课程标准》中科学方法的要求与规定，是近年来我国物理教学中科学方法教育研究的结晶。

然而，在新课程实施中，科学方法教育效果与初中《物理课程标准》的要求却存在较大差异。在实际的物理教学中，与知识教育相比较，科学方法教育还存在着薄弱环节。初中物理教师对于教授哪些物理知识非常清楚，而对于教授那些科学方法，即几乎没有一个教师能完整地回答出来。在我国传统教育中，知识和技能教学是做得最出色的一块。在中国、日本、韩国等东亚国家中，中学生知识功底之扎实让西方教育界侧目，但由于长期以来只重知识与技能的传授而忽视了能力的培养和方法的掌握。这种追求短期教育成效的做法的弊端在大学及其以后的教育中就暴露出来了。有人对中国的中学生在国际奥林匹克竞赛上收获颇丰，而今却仍无人“染指”诺贝尔奖这一现象作了剖析，认为中国传统的教育重在传承而不在发扬，学生的创造能力没了，很少有人去问“为什么”和“怎么做”。这不能不引起我们的深思。或许我们也能从中吸取更多的教训，获得宝贵的经验。

二、本研究课题的现状

1. 教学现状分析

我国的物理教育，长期以来一直存在着重视物理科学知识而忽略科学方法教育，而且，这种状况由来已久，主要表现在以下3个方面。

（1）受到传统教育思想的影响

教师在教学实践中只重视科学知识的学习和基本技能的训练，“双基”教育也几乎成了教育界上下一致的共识。部分教育工作者把科学知识、科学方法、科学精神和科学态度割裂开来，缺乏对科学教育的整体认识，甚至完全抛弃了探求科学知识中运用的科学方法以及此过程中体现的科学态度和科学精神。教师和学生都追求以最快速度和最短的过程获得大量的知识。因而知识获得的过程被高度浓缩，科学方法教育在不同程度上得不到体现。教师的教育观念并非从学生的长远发展出发，从全体学生全面发展着想，而是局限于眼前的得失，实施的仍是“精英、特长、效

① 母小勇，李代志．美国《科学教育标准（草案）》对我国科学教育改革的启示［J］．学科教育，1999（11）：45—49.

益”教育。

（2）科学方法教育的内容目标不明确

物理课程标准虽然提出了“科学方法”为物理教学3个目标之一，但物理科学方法教育内容是什么，教育应达到何种层次的目标等都没有作出具体的规定和要求；在实践上也远没有像科学知识教学那样教学内容具体、教学目标明确；在教学实践中完全依赖于教师的自觉性去把握科学方法教育的内容和目标，因而科学方法教育一直还处于较盲目和随意的状态。

（3）科学方法教育评价体系不完善

教学活动也是一种“计划—实施—评价”的循环不断的过程。长期以来，我国教与学的评价都偏重于科学知识的掌握，几乎很少看到评价教师实施和学生掌握科学方法的评价标准和手段。失去评价一环，教学过程本身不但不完善，而且又导致了教学双方都不重视科学方法的掌握和运用。

2. 对教学现状的实践研究

为了了解我国初中物理科学方法教育的现状，笔者曾就教师对科学方法教育内容的重视程度、教师已具有的科学方法知识、科学方法教学策略等问题展开调查（问卷调查表及统计结果见附录一）。

下面我们仅选取典型问题来分析。

（1）教师问卷情况分析

调查对象系北京市在职教师，他们分布于北京市市区及郊区的国家级示范中学、市级重点中学和普通中学等不同类型的学校，因此具有一定的代表性。调查实发问卷52份，回收50份。

本次调查结果比较准确地反映了目前初中物理教学中教师对于科学方法教育的实施情况。比如，第四题问道“你个人在物理教学中，科学方法教育实施的情况”时，只有4%的教师认为好，而84%的教师认为一般，12%的教师认为较差。当问到“你的学生对科学方法内容掌握的情况”（第六题）时，认为好的没有，50%的教师认为一般，50%的教师认为较差。这些情况表明，中学物理教学中科学方法教育的现状是不容乐观的。

为了更全面地了解这种现状，问卷中还设计了测试教师掌握具体科学方法的题目。例如第11题，题目是“得出牛顿第一定律所运用的主要科学方法是……”选择“理想实验方法”的正确率只有62%。我们知道牛顿第一定律既是初中物理的基础内容，又是重点教学内容，作为教师居然不能准确地回答出这些内容所涉及的主要科学方法。由此可见，在教学上处理这部分内容时，教师无疑是只重视知识的讲解，而忽略了科学方法的教育。

调查显示，初中物理教师相当重视科学方法的教育，并且已意识到科学方法的学习对学生科学素养的养成和终身学习能力的提高意义重大，在日常物理教学中，他们也能采用一定的教学策略加强科学方法教育：但研究结果显示，初中物理教师进行科学方法教育的能力有待于提高，主要表现在以下 3 个方面。

1）科学方法知识的缺乏已成为制约科学方法教育效果的重要因素

笔者在调查中发现，初中物理教师缺乏科学方法知识的现象普遍存在，除控制变量法、实验和比较方法外，对演绎推理、理想化、假说等方法相当不熟悉。调查中我们还发现，许多教师将科学方法等同于学习方法。

进一步的访谈显示，由于没有掌握足够的科学方法知识，导致教师在教学中不能系统深入地进行科学方法教育，不能通过各种有效的方式做好示范，不能及时地帮助学生提炼科学方法的内容。

2）科学方法教育策略的使用还停留在自发状态

笔者曾随堂听取了几位教师的授课，发现他们在进行教学设计时，其教学思路已体现了一些科学方法的要求。当进一步追问进行上述教学设计的指导思想和依据时，教师们认为这样编制条理清晰，学生易懂，是自己教学经验的积累；或者是依据教材中的顺序进行设计的；或者是认为这样编制可以发挥学生学习的主动性，培养学生分析问题、解决问题的能力，但几乎都没有提及这样编制利于实施科学方法教育。可见，教师对科学方法教育内容的使用还停留在自发状态，还缺乏依据学生认知和心理特点、物理学科特色和科学方法教育特点而对科学方法加以选择和使用的主动意识。

通过访谈，笔者认为出现上述情形的原因主要有两个方面：一是目前物理教育领域有关科学方法教育内容的研究还不够深入，教师在这方面获取的信息满足不了教学实践的要求；二是由于中考对科学方法的学习并没有显性的要求，导致教师在教学实践和教学研究中，钻研的广度和深度不够。

3）科学方法教学安排缺乏整体性

虽然教师对科学方法教育的重要性已有了一定的认识，在教学过程中，有时也能注意科学方法的教育，但调查结果显示，在科学方法的学习目标设计上、学习顺序安排上、教学评价等方面具有较大的随意性，缺乏整体的安排，从而导致学生对知识学习和活动探究中渗透的科学方法不能有效地进行内化，不能及时了解学习的效果。

调查结果告诉我们，加强科学方法教育内容的研究，不仅是社会发展的需要，也是中学物理教师专业化成长的需要，是满足学生未来发展的需要。

（2）学生问卷情况分析

为了使调查的结果具有普遍性，2008 年 12 月，我选取了北京市顺义区牛栏山三中、山东省沾化县冯家中学两所普通中学的初中三年级学生作为调查对象，采取现场发放，即时回收的方式，发出问卷 156 份，收回的有效问卷 150 份（问卷调查表及统计结果见附录二）。

问卷中第一题问道："你学习的物理教材中既涉及物理知识，同时也涉及许多科学方法（如控制变量法），对于这些方法，你了解的情况是……" 10%的学生认为"清楚"，72%的学生认为"不太清楚"，18%的学生认为"不清楚"。由此可见，学生掌握科学方法的情况也是不乐观的。

在问卷的后面几题中，笔者设计了一些具体的方法让同学们来选择。如第四题问"光的反射定律得出所采用的主要科学方法"这个问题时，只有32%的学生选择了正确答案"试验归纳法"。

对于"摩擦力的大小和什么因素有关"这个和生活密切相关的问题，学生掌握的情况应当不错，但当问到研究"摩擦力的大小和什么因素有关"所用到的科学方法时，正确率也仅是52%。对于这部分知识，学生掌握的情况应该是不错的，因为教师在课堂上反复讲解，学生也多次训练。而对于科学方法的教学，由于没有明确规定哪些科学方法应该讲，哪些科学方法不应该讲，所以，在物理教学中，教师在处理科学方法部分的内容时，是有欠缺的。

（3）物理教育类期刊中科学方法教育研究论文发表情况

杂志是人们表达、交流研究成果的重要途径，物理教学中科学方法教育情况如何，将在物理教育杂志中有所体现。《物理教师》（苏）、《中学物理教学参考》（陕）、《物理通报》（冀）、《物理教学探讨》（渝）是我国物理教学类的4种具有代表性的期刊，本文以这4种期刊为研究载体，对我国初中物理科学方法教育研究的情况进行分析。

表3-1是对这4种期刊自1995—2008年以科学方法为研究对象的文章统计。可以发现，研究科学方法的文章占历年发表的文章比例很小，几乎不超过1%，表中数据从某种程度上反映了当前中学物理教育中科学方法教育研究不够深入的现状，这与科学方法在学生科学素养的养成中所起的作用是不相称的。

表3-1　4种期刊以科学方法为研究对象的文章统计

年　份	物理教师	中学物理教学参考	物理通报	物理教学探讨
1995—2000	5	3	1	0
2000—2008	8	0	8	4
合　计	13	3	9	4

笔者对表3-1中研究科学方法的文章做了进一步分析。资料表明，研究者已经涉及了科学方法教育的获取知识、培养科学精神和形成科学思想、形成信息意识和培养信息处理能力等的功能。还有论者从学生发展的角度提出了科学方法教育的其他功能。但是，总体而言，对于科学方法教育的研究还是有待深入的。

这种状况的形成与我国正规、系统的科学教育时间较短、人们偏重于知识技能教学、对科学方法教育尚未进行系统而深入的研究有关。此外，科学方法教育目标不易制定、目标达成较难评价等因素也是造成这种状况的重要原因。

三、本书研究的主要问题

物理教学中加强科学方法教育的问题，如同物理教学中的其他基本问题一样，是随着人们认识的深入而逐步发展的。物理学发展的历史表明，人们重视科学方法，正是由于科学方法所具有的独特、不可替代的重要作用。与之相伴随，科学方法的教育也愈来愈为物理教育工作者所重视。然而，新中国成立半个多世纪以来物理教学的历史表明，尽管科学方法教育提高到了一定的地位，但是对于物理教学中科学方法教育的内容，即“教什么”的争论却一直没有达到相对统一。

物理教学中科学方法教育选取什么内容的问题，可以说是科学方法教育中最不清楚的问题之一。自从1986年国家教委制定的《全日制中学物理教学大纲》中明确规定中学物理的教学“要重视科学态度和科学方法的教育”以来，广大的物理教育工作者一直把科学方法的教育作为物理教育的组成部分加以研究和发展，但是，与中学物理知识相对应的科学方法教育内容的研究却有意无意地被忽略了。到目前为止，这种情况可以说变化仍然不大。应该清楚地认识到，整个物理教学中科学方法教育的关键部分之一，即科学方法内容，至今还未能得到很好的解决。

本研究的主要目的，就是一方面从哲学、教育学、心理学、物理学的角度去阐明科学方法教育的理论基础；另一方面尝试从目前已有的成果出发，依据教育部颁布的《初中物理课程标准》，从物理知识与科学方法相对应的角度，去重新确定中学物理教学中科学方法教育的内容，力求使科学方法教育内容的选取达到相对统一，从而使中学物理教学中科学方法教育的实施有所遵循。一句话，科学方法内容的显化在教学中应当具有操作性。如此，就使《物理课程标准》的“过程与方法”维度落到实处，使初中物理教学中不仅有物理知识，而且有与之对应的科学方法。因此，本文将针对物理教学中科学方法教育的不足，通过理论研究，提出一系列具体化和可操作性的关于科学方法教育的内容、目标，并通过案例来说明科学方法教育内容的具体实施，从而使科学方法教育真正落到实处。

第二节　理论基础

一、科学方法教育内容的界定

1. 科学方法的定义

“方法”一词起源于希腊词“μεΘαбσμξεε”，它本来的字面意思是沿着（正确的）道路运动。通俗解释为：为了解决某一问题，从实践或者理论上所采取的各种手段或者方式的总和。“科学方法就是人们为实现达到认识客观世界这一基本目的而采用的手段和途径”。科学方法是科学工作者所应当掌握的一种创造性的复杂技能，这种技能不是人们先天就具有的，是人们通过学习不断总结经验而逐步地提高和发展的。科学方法的内容是很丰富的，它包含着既互相联系又互相区别的若干个层次。

2. 物理科学方法的定义

物理科学方法就是研究物理现象、描述物理现象、实施物理实验、总结物理规律、检验物理规律时所应用的各种手段与方法。在严格的逻辑推理（科学的思维方法与数学方法等），去伪存真，去粗取精，由此及彼，由表及里，找到事物内各部分之间及事物与外部环境的相互关系和相互作用，确定由相互作用产生的结构、运动变化和因果关系，形成规律性知识。在此研究的过程中，材料要丰富全面，观察要客观求实，实验要重复可比，结论要逻辑明确。其中，研究物质世界的物理规律，构筑物理学体系的方法就是本书中所指的物理科学方法。物理科学方法也有丰富的内容，其中观察法、实验法、测量法、控制变量法属于较低层次的物理方法，其特点是直观，以操作为主；推理方法、类比方法、数学方法属于中等层次的物理方法，其特点是以思维为主；等效法、近似法、假设法、模型法等属于较高层次的物理方法，其特点是抽象性、间接性。这些方法普遍存在于物理科学的各个领域，贯穿于中学物理的知识体系中。

二、初中物理科学方法教育内容研究的理论基础

科学方法教育是科学教育的组成要素，它对于科学知识教育具有依赖性。在教育过程中，师生所直接接触的主要是科学知识，科学方法往往是结合科学知识教育而进行的。对这一问题进行深层次的理论思考，要求我们进一步回答在物理教学中进行科学方法教育的必然性和可行性。只有给予一定理论基础之上的科学方法教育才不致使其在教学实践中成为空中楼阁。我们从以下几方面来探讨这个问题。

1. 哲学基础

哲学是关于世界观和方法论的理论体系。方法论是关于人们认识世界和改造世界的方法的理论，方法论需要专门研究和学习。方法论在不同层次上可以区分为哲学方法论、一般科学方法论和具体科学方法论。科学方法论是研究各门具体学科，带有一定普遍意义，适用于许多有关领域的方法理论；具体科学方法论是研究某一具体学科，涉及某一具体领域的方法理论。哲学方法论是具体科学方法论的概括和总结，是最一般的方法论，它对一般科学方法论和具体科学方法论具有指导意义。科学方法论研究怎样获得、确立、构造和发展科学知识的原理和方法，为人类有效地进行认识活动提供指南。我们将自然科学发展的认识过程跟学生学习科学的认识过程进行对比分析，认为二者具有一致性。所以，用科学方法论中的一些基本原理

和方法来指导物理教学，既符合辩证唯物主义认识论的一般规律，又切合物理教学的实际，也符合学生的认识规律。在物理教学中进行科学方法教育，必须结合物理知识进行。教师不能离开具体的科学知识而只讲方法，否则就不是学习物理知识，而是学习方法论的课程了。因此，在物理教学中，教师要按科学方法所展示的路子去组织教材安排教学内容，使学生在学习知识的同时受到科学方法教育。

2. 教育学基础

在物理教学中进行科学方法教育，也符合教育学理论的基本要求。教育学理论指出：不是任何一种知识教学都能有效地促进学生能力发展的。因为学生的能力不仅与他们所掌握的知识的性质、难度、分量有关，更重要的是与他们获取这些知识的方法和运用知识的创造态度密切相关。恩格斯指出："头脑的辩证法只是现实世界（自然和历史）的运动形式的反映。"① 学生的能力不是主观自生的东西，而是客观事物的关系及其运动变化规律在他们头脑中的反映，是在掌握知识、认识世界过程中发展起来的一种能力。在教学中不仅要教给学生系统的有适当难度的知识，而且要引导学生正确理解知识和巩固知识，掌握学科的结构，特别是要启发学生弄清楚获得知识的方法，学会独立思考、逻辑推导与论证，能够自如地、甚至创造地运用知识来解决理论和实际问题，才能使学生的智力获得高水平的发展，具有创造性才能。

可见，在教学中如能引导学生自觉积极地进行学习，正确理解知识，掌握获取和运用知识的科学方法，就能有效地促进他们能力的发展。

3. 心理学基础

分析并掌握中学生学习物理的心理特点与思维规律，是我们进行科学方法教育内容研究的重要依据，一切教的规律都应该服从于学的规律。从本质上讲，教学思想的转变、教学方法的改革、教学效率的提高、都离不开对学生心理特点的分析。初中学生思维规律的第一个特点是处在由形象思维转向抽象思维的过程，是思维发展的转型期。第二个特点是以定向思维为主要形式。② 学生的思维规律的特点决定了初中学生学习物理的认知活动特点是从经验型概念到科学概念的转变，学生在学习一个新课题之前，总具有一些建立科学概念以前的经验直觉性观念，如"运动要力来维持""有力才有速度"等。从认知的观点来看这是一种"前概念"，不同于科学概念 。

根据苏联心理学家的调查，如果教师不是有意识地指导学生掌握正确的科学方法，那么即使到了八年级，多数学生对分析、综合、比较、抽象、概括等有关思维

---

① 《马克思恩格斯选集》第 3 卷第 531 页。

② 魏日升，张宪魁. 新课程中学物理教材教法与实验（改写本）［M］. 北京：北京师范大学出版社，2006：32.

方法的概念还缺乏明确的认识，当然也不能准确、自觉地运用。可见，根据心理学理论，教学中有意识地加强科学方法的培养是很重要的。

4. 物理学基础

物理学从它的早期萌芽到近现代，都以它丰富的方法论等充满哲理的物理思想影响着人们的思想、观点和方法，影响着社会思潮和社会生活，因此物理学曾被称为“自然哲学”“科学方法论的典范”“辩证唯物主义哲学的科学基础”“现代科学哲学的支柱”等。因此，物理学是一门带有方法论性质的科学。

科学方法作为组成物理学基本因素的观点在霍尔顿（G. Holton）提出的三维结构模型①中得到进一步印证。霍尔顿是美国哈佛物理教材改革计划（HPP）的重要执笔人②。他认为，物理学中的任何一部分基本坐标：x—实验（事实）、y—物理思想（逻辑、方法论等。霍尔顿本人在书中称为“主题”或“课题”）、z—数学（表述形式或计量公式）。这可以说是抓住了物理学知识结构的核心，迄今还没有发现在物理学昨天的历史和今天的发展中有任何例外。这一普适性的物理学科结构模式也为物理学各分支学科、各章节单元课题的结构及其教学规律指出了道路。

第三节　初中物理知识获得过程中科学方法的教育内容

一、初中物理科学方法教育内容的研究

1. 初中物理科学方法教育内容研究观点的综述

关于物理教学中科学方法内容的选取问题，国内的物理教育工作者已经从不同的角度进行了研究、探讨。分析得出这些研究结果所采用的思路，有助于我们建构具有可操作性的初中物理科学方法基本内容。现综述如下：

有的学者认为科学方法教育要从两个方面入手，他们的思路有两方面。一方面“以现行课本和现实教学中的方法教育因素为突破口，为构建方法教育内容体系提炼基本要素……以方法为线索进行分析……”另一方面“以多维坐标的思路，为构建方法教育内容体系寻求分类框架。……目前，初步考虑的 4 个方面（维度）为：物理方法、数学方法、逻辑方法和哲学方法”。而在上海教育出版社出版的《中学物理教育学》一书中，作者运用“因素分析”和“经验筛选”的方法确定和构建了科学方法内容。“建立一个类似从一般科学研究方法物理学科方法应用技巧性方法

---

① 阎金铎，田世昆. 初中物理教学通论［M］. 北京：高等教育出版社，1989：31，323—325.

② 该书中译本《中学物理教程》（课本及手册）共六册，文化教育出版社已出版。

的内容框架”构建的结果如图 3－1。

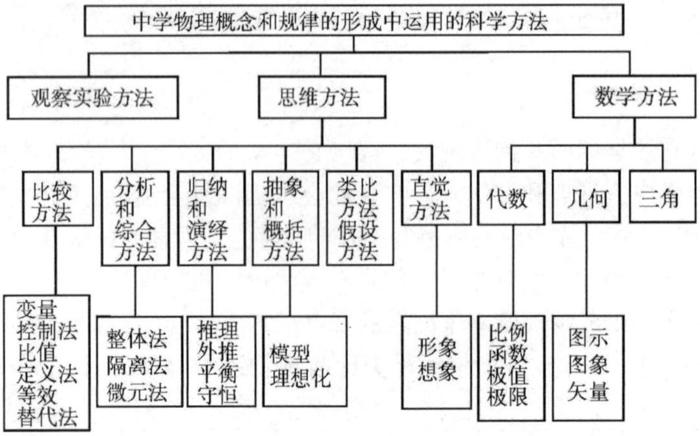

图 3－1　中学物理概念和规律形成中运用的科学方法

这种观点使科学方法自成体系。因此，在物理教学中应用时有一定的可操作性，对于科学方法教育具有一定的启发性。有的学者从内容选取原则方面入手，以为“物理方法教育要与教材的内容体系相结合，选择重要的、典型的研究方法作为教育内容。所选择的研究方法要符合学生的认知水平和能力的发展规律，既要能促进学生正确地探索、认识物理知识，又要有利于训练学生的智力技能，培养他们分析和解决物理问题的能力。……根据以上原则，筛选出物理方法教育的内容。”见表 3－2。

表 3－2　物理科学方法的内容

物理科学方法	特点及举例
比较和分类的方法	异中求同
分析和归纳的方法	同中求异
归纳和演绎的方法	因果分析
类比方法	简单共存类比
想　象	
数学方法	用比值定义物理量 运用图像描述物理规律和现象
观察和实验方法	控制变量实验方法 实验数据处理方法
理想化方法	理想实验 理想模型
假说方法	
分析和解决问题的具体方法	等效方法 近似处理方法

在《初中物理教材的选择与分析》一书中，乔际平先生提出了科学方法教育内容选取的新思路。即按照与物理知识相对应的原则选取科学方法教育内容。其中总结的方法列见表 3－3。

表 3－3　乔际平关于科学方法选取原则

方法论因素		《初中物理教材的选择与分析》中的素材举例
实验方法	1. 运用实验引入并定义概念、总结规律	全书各节中几乎都用了这一方法
	2. 单因子实验法	第一册第 151 页实验；第二册第 141 页研究 *I*、*R*、*U* 关系；第 65 页磁场对通电导体作用；第 70 页研究电磁感应现象
	3. 防止简单枚举法	第一册第 170 页以及运用实验总结规律时，都注意强调这一点
	4. 编写实验报告法	第一册第 115 页 阅读材料
总结规律的方法	1. 实验归纳法	全书重要规律的总结基本上都运用了此方法
	2. 物理图像法	第一册第 69 页萘的溶解图像
	3. 猜想法	第一册第 169 页阿基米德定律 第 203 页热平衡
	4. 理想实验法	第一册第 139 页研究牛顿第一定律
	5. 逆向思维法	第二册第 70 页法拉第研究磁生电
	6. 理论推导法	第一册第 172 页浮力产生的原因 第二册第 49 页、第 52 页研究串、并联电阻
	7. 物理公式及公式变形	第一册第 23 页速度公式，第 116 页密度公式第二册第 43 页欧姆定律公式
	8. 假说方法	第二册第 87 页分子假说

2. 初中物理科学方法教育内容的确立

笔者对上面的有代表性的观点进行了分析，得出这样的结论：科学方法都是由科学知识所引出的不能割裂开科学方法和科学知识。其中，乔际平先生提出了科学方法教育内容选取的思路，即按照与物理知识相对应的原则，选取科学方法教育内容。笔者汲取了乔际平先生“对应”思想的合理内核，进一步发展了这个思想。按照这个原则，依据初中《物理课程标准》，以模块为单元，随着物理知识体系的展开，把其中隐藏的主要科学方法明朗化、显性化，从而提出科学方法教育的内容。然后再对各种方法的出现进行频度分析，这样就使科学方法教育与物理知识教育密切联系起来，使物理教育工作者在科学方法教育中有据可依，同时也使科学方法教育的内容在一定程度上达到相对统一。

“对应”原则的基本思想是：由物理知识合乎逻辑地引导出相应的科学方法。即从物理知识→ 科学方法。下面，首先对科学方法内容的选取作一些说明：在物理概念和物理规律得出的过程中，思维过程如分析、综合、比较、分类、抽象与概括等贯穿整个物理知识的始终，这些方法就不再一一列出。

按照“对应”的思想，我们把义务教育《物理课程标准》中所涉及的主要科学方法加以统计，如表3－4所示。

表3－4中的第一列是《初中物理课程标准》中物理课所应完成的教学内容（物理知识）。第二列是与之“对应”的科学方法。

表3－4　初中物理教学内容及其对应的科学方法

章　名	序　号	内容（知识）	主要科学方法
质量和密度	01	质　量	直接定义法
	02	密　度	比值定义法 控制变量法 比例系数法
力	03	力的概念	直接定义法
	04	力的三要素	直接定义法
	05	重　力	直接定义法
	06	同一直线上二力的 合成	等效法
	07	平衡力	演绎推理法
运动和力	08	长　度	操作定义法
	09	机械运动	直接定义法
	10	速　度	比值定义法
	11	平均速度	比值定义法
	12	惯　性	直接定义法
	13	惯性定律	理想实验法
	14	摩　擦	直接定义法
压强	15	压力	直接定义法
	16	压强	实验归纳法 比值定义法 比例系数法
	17	液体内部的压强	演绎推理法
	18	大气压强	直接定义法
	19	气体压强跟体积的关系	实验归纳法

续表

章名	序　号	内容（知识）	主要科学方法
浮力	20	浮力	直接定义法
	21	阿基米德原理	实验归纳法
	22	物体的沉浮条件	实验归纳法
简单机械	23	杠　杆	直接定义法
	24	杠杆的平衡条件	实验归纳法
	25	滑　轮	乘积定义法
	26	有用功、额外功、功	直接定义法
机械能	27	功	乘积定义法
	28	功　率	比值定义法
	29	机械效率	比值定义法
	30	机械能	直接定义法
声现象	31	声音的发生及传播	实验归纳法
	32	乐音及噪声	直接定义法
光现象	33	光的直线传播	简单枚举归纳法
	34	光的反射定律	实验归纳法
	35	平面镜成像	实验归纳法
	36	光的折射定律	实验归纳法
	37	透镜对光的作用	
	38	凸透镜成像及应用	几何作图法
热现象	39	温度	直接定义法
	40	摄氏温度	直接定义法
	41	熔化和凝固	直接定义法
	42	熔点和凝固点	图像法
	43	蒸发 沸腾	直接定义法
	44	液化	直接定义法
	45	升华和凝华	直接定义法
内能	46	扩散现象	实验归纳法
	47	分子动理论	假　说
	48	内　能	直接定义法
	49	改变内能的两种方法	分　类
	50	热　量	直接定义法

续表

章名	序号	内容（知识）	主要科学方法
内能	51	热值	比值定义法 理想化方法
	52	比热容的概念	比值定义法
	53	热量的计算公式	乘积定义法
	54	热机 热机的效率	比值定义法
	55	能量的转化和守恒	演绎推理法
电路	56	电　荷	直接定义法
	57	电荷的相互作用	实验归纳法
	58	导体 绝缘体	直接定义法
	59	电　路 串联电路和并联电路	直接定义法 直接定义法
电流定律	60	电　流	直接定义法
	61	电　压	类　比
	62	电　阻 决定电阻大小的因素	控制变量法
	63	欧姆定律	比值定义法 控制变量法
	64	串并联电路电压、 电流、电阻的特点	等效法 演绎推理法
电能和电功	65	电　功	乘积定义法
	66	电功率	比值定义法
	67	焦耳定律	乘积定义法 控制变量法
电和磁	68	磁性 磁极	直接定义法
	69	磁极间的相互作用	实验归纳法
	70	磁场 磁感线	图像法
	71	电流的磁效应 电磁铁	实验归纳法
	72	磁场对电流的作用	类　比
	73	电动机	直接定义法
	74	电磁感应 发电机	实验归纳法
家庭电路	75	家庭电路	
	76	安全用电	

3. 初中物理科学方法教育内容的分析

频数分析

对表3－4中的教学内容和所涉及的科学方法加以统计，我们把应用比较广泛的科学方法加以归纳，结果表明，应用次数较多的科学方法有8种，见表3－5。

表3－5　初中物理中应用1次以上的科学方法统计

科学方法	次　数	科学方法	次数
直接定义法	30	实验归纳法	14
比值定义法	11	乘积定义法	5
控制变量法	5	等效法	2
演绎推理法	3	理想化方法	2

表3－5中的这些方法都是一些主要的科学方法。显然，在物理教学过程中应该着重加强这些科学方法的教育。

二、初中物理科学方法的教育目标

在物理教学过程中进行科学方法教育，应该根据学生的实际情况，由简到繁、循序渐进、不断深化。对于不同的学习阶段、不同的教学内容，进行的科学方法教育的目标也应该是不同的。

科学方法的内容本身是一种特殊的知识，但要认识、掌握、运用科学方法，必须通过适度的训练，才能内化为学生头脑中的知识，所以科学方法的认识和运用是一种心智技能。从物理教学的实际情况和可操作性的角度出发，参照布卢姆的教育目标分类学，笔者把科学方法的教育目标从低到高划分为3个层次，即感受与认识、掌握、运用，分别用A、B、C表示。

（1）感受与认识（A）

感受与认识是对科学知识形成过程所运用的科学方法有一定的体验和印象，并且形成感性认识。一般是对较难、非重点或教学初级阶段涉及的科学方法的要求。如“匀速直线运动”内容中让学生体验无限小的极限思想，就必须经过这个层次。

（2）领会（B）

领会是指学生经过反复体会，逐渐认识了科学方法的特征和作用，可以从物理过程中识别其中所应用的科学方法并以此来认识和理解科学过程。如密度、速度等概念的得出都采用了比值定义法，这些概念反映了物理本身的属性。

（3）运用（C）

运用是指能主动分析科学方法在解决物理问题中的作用。在不涉及某个具体知识的情况下，会用科学方法的操作程序研究解决新问题。不仅仅是解决新情景中的物理问题，而且包括科学过程的自我探索。对于物理最基本、最常用、体现学科特色的科学方法可以达到这个水平。学生在掌握各类运动中，建立理想化运动模型的方法，并对各种理想化的运动规律进行比较和判断。

如何把科学方法教育目标与科学方法内容恰当地结合起来，是一个比较复杂的问题，也是一个难点。为此，笔者深入地分析了目前已有的研究结论，希望能从中得到借鉴和启发。目前已有的科学方法内容的教育目标，通常都是按照不同年级来确立的。但是，科学方法在教材中呈现的次序和多少与年级的联系并不密切。

笔者设想，根据所制订的3个目标层次A、B、C，把那些主要的、常用的每一个科学方法出现总次数的前1/3一次，作为A层次来要求；中间出现的1/3次，作为B层次来要求，最后出现的1/3次当作C层次来要求。笔者认为科学方法的教育目标，一般的可按照科学方法呈现的顺序、出现的次数来展开和定义，一方面符合布卢姆教育目标分类学的基本思想；另一方面也符合心智技能训练的特点和规律，同时在逻辑上也是自洽的。因此，这样来制订科学方法教育内容的教育目标，可能会有利于教师更好地在物理教学过程中实施科学方法教育，从而有利于培养学生的能力。

第四节　初中物理知识获得过程中科学方法的评价研究

在第三节，笔者按照对应原则给出了初中物理科学方法教育的内容。但是给出的和物理知识相对应的科学方法教育内容是否合适，即对和物理知识所对应的科学方法的鉴别是否准确，是一个相当重要的问题。

因此在本研究中，如图3－2所示，对于初中物理科学方法教育内容的鉴别这一项工作，笔者通过两类人员（中学物理教师和在读硕士研究生）的两次评价，并且在评价意见的基础上逐次修改，从而得到最终的鉴别结果，以保证初中物理科学方法教育内容的准确性。

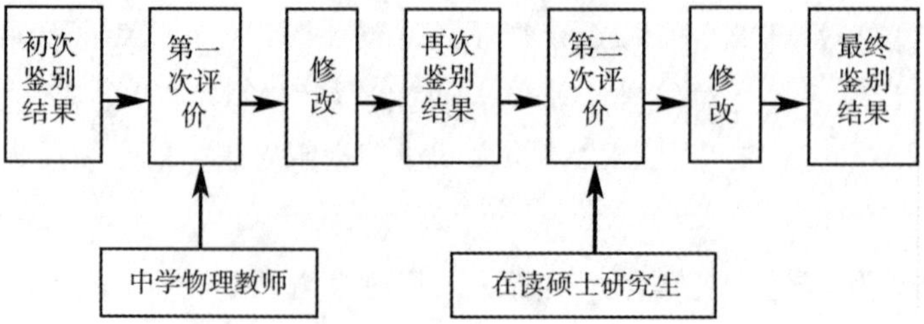

图3－2　初中物理科学方法教育内容的鉴别

一、第一次评价及分析

第一次评价采取的是问卷调查的方式。为了保证本次调查结果的信度和效度，该次测试发放试卷46份，回收46份，剔除掉无效问卷，共得有效问卷37份。

问卷调查的对象是中学物理教师。他们分布于北京市市区及郊区的国家级示范中学、市级重点中学和普通中学等不同类型的学校，因此具有一定的代表性。他们具有丰富的物理教育教学经验；考虑到各位教师对于同一教学内容的处理方式可能并不一致，本次测试并没有要求教师对和知识对应的科学方法进行独立地鉴别，而是将笔者的初次鉴别结果呈现给受试人，要求他们对此结果进行评价。评价分为4个既定的层次：非常合适、比较合适、基本合适、不合适。4个层次如下所述：

“非常合适”：初次鉴别结果中的科学方法和所对应的物理知识完全相匹配；

“比较合适”：初次鉴别结果中的科学方法和相对应的物理知识只有稍许出入，但大体能反映出所对应的物理知识；

“基本合适”：初次鉴别结果中的科学方法和相对应的物理知识有一定偏差，只部分的反映了知识中蕴含的科学方法；

“不合适”：初次鉴别结果中的科学方法根本不符合相对应的物理知识，反映不出所对应的物理知识。

同时要求受试人，当其选择为“比较合适”、“基本合适”或“不合适”时，在“备注”一栏中写明其认为准确的鉴别结果，或用最简洁的语言说明理由，以便于笔者修改。

对本次调查结果的统计分析，采取单向量度等级，“非常合适”、“比较合适”、“基本合适”、“不合适”对应的量化指标分别为“4”、“3”、“2”、“1”。

1. 信度分析

信度是对测量一致性程度的估计。真正可以用的测量量表和问卷必须有较高的信度。本次问卷测试结果可以用分半法计算信度。将问卷中的232个项目（教学内容）分为相等的两组，项目序号为奇数的列为一组（X组），项目序号为偶数的列为一组（Y组），分别计算每位受试教师在两半部分所得的总分（见表3－6），然后计算这两组的相关系数，再用斯皮尔曼－布朗公式（Spearman－Brown）来估计整个问卷的信度。

表3－6　受试教师在两半部分的得分

教师序号	X组	Y组	教师序号	X组	Y组	教师序号	X组	Y组
1	114	115	5	134	141	9	137	136
2	115	125	6	132	138	10	131	136
3	126	131	7	133	142	11	121	127
4	136	137	8	134	130	12	130	134

续表

教师序号	X组	Y组	教师序号	X组	Y组	教师序号	X组	Y组
13	121	124	22	124	126	31	118	120
14	127	136	23	133	134	32	111	115
15	130	128	24	131	133	33	131	133
16	134	132	25	131	131	34	133	131
17	134	135	26	130	131	35	128	126
18	122	123	27	125	124	36	126	130
19	132	132	28	126	125	37	131	129
20	133	131	29	136	137			
21	132	132	30	140	138			

经计算可得：

$$\sum^{X} = 4785, \sum^{X^2} = 595957; \sum^{Y} = 4820, \sum^{Y^2} = 598762; \sum^{XY} = 597327$$

两组数据的相关系数为

$$r_{XY} = \frac{{}^{N}\sum^{XY} - \sum^{X}\sum^{Y}}{\sqrt{[{}^{N}\sum^{X^2} - (\sum^{X})^2] \cdot [{}^{N}\sum^{Y^2} - (\sum^{Y})^2]}} = 0.87$$

分半信度为

$$r_h = \frac{2r_{XY}}{1 + r_{XY}} = \frac{2 \times 0.87}{1 + 0.87} = 0.93$$

数据表明，教师对笔者的初次鉴别结果的评价结果是稳定可靠的。

2. 效度分析

对于笔者的初次鉴别结果，37 位教师对 76 个项目（科学方法）的评价统计情况见表 3－7。

表 3－7　问卷情况统计

项目序号	选择各选项的人数			
	非常合适	比较合适	基本合适	不合适
	4	3	2	1
001	33	3	1	0
002	34	3	0	0
003	33	4	0	0
004	20	14	2	1
005	13	18	4	2
006	29	6	1	1
007	11	20	4	2
008	28	8	1	0

续表

项目序号	选择各选项的人数			
	非常合适	比较合适	基本合适	不合适
	4	3	2	1
009	18	12	7	0
010	28	9	0	0
011	29	7	1	0
012	11	19	7	0
013	32	2	3	0
014	25	9	3	0
015	24	11	2	0
016	16	13	8	0
017	29	7	1	0
018	17	17	2	1
019	10	21	3	3
020	27	3	6	1
021	23	12	2	0
022	13	21	1	2
023	10	22	5	0
024	30	5	2	0
025	27	9	1	0
026	15	21	1	0
027	14	20	2	1
028	14	21	2	0
029	27	10	0	0
030	23	7	7	0
031	29	5	3	0
032	25	6	6	0
033	10	10	17	0
034	30	7	0	0
035	13	23	1	0
036	25	10	0	0
037	17	16	3	1
038	9	27	1	0

续表

项目序号	选择各选项的人数			
	非常合适	比较合适	基本合适	不合适
	4	3	2	1
039	27	8	1	1
040	16	19	1	1
041	23	7	7	0
042	16	19	0	2
043	20	15	2	0
044	11	17	8	1
045	32	4	1	0
046	4	30	3	1
047	17	16	4	0
048	29	6	2	0
049	34	2	1	0
050	25	12	0	0
051	31	4	0	0
052	3	29	5	0
053	33	3	1	0
054	12	19	6	0
055	24	10	3	0
056	16	14	4	3
057	0	36	1	0
058	30	3	0	0
059	23	10	0	0
060	34	2	1	0
061	22	13	2	0
062	34	1	1	1
063	36	1	0	0
064	27	9	1	0
065	27	8	1	1
066	30	7	0	0
067	32	5	0	0
068	15	10	8	4

续表

项目序号	选择各选项的人数			
	非常合适	比较合适	基本合适	不合适
	4	3	2	1
069	23	10	2	2
070	35	0	2	0
071	22	10	0	0
072	25	10	2	0
073	20	8	9	0
074	31	3	3	0
075	14	10	9	4
076	26	5	6	0

效度就是一个测验对其所要测量的特性测量到什么程度的估计。它是心理测量中的一个重要的客观性指标。

效度是针对测量的目的而言的。不同的测量有不同的目的。对于某个智力测验而言，它对于测量智力可能是高效的，而用它来测量性格肯定是低效的。效度一般可分为3类：内容效度、结构效度和准则关联效度。

内容效度是指测验项目在多大程度上表示了所要测定的特征范畴。比如，我们要从一批待业人员中挑选机床操作工，所用的测验项目应该能表明机床操作能力的范畴。本次问卷调查的主要目的是：评估笔者鉴别的和物理知识相对应的物理科学方法在多大程度上符合了初中物理知识。基于此，主要研究本次问卷的内容效度。

“内容效度比”是内容效度评定的一个常用指标，缩写为CVR（content validity ratio），它的计算公式是

$$\mathrm{CVR}=\frac{ne-N/2}{n/2}$$

式中，ne 为评判中认为某项目很好地表示了调查内容范畴的评判者人数；N 为评判者的总人数。这个公式表明，当认为项目内容适当的评判者不超过半数时，CVR为负值，如果所有人认为内容不当，CVR = -1.00；当认为项目合适和不合适的人数对半时，CVR为零；当所有评判者都认为项目内容很好时，CVR = 1.00。

鉴于本研究中对于和物理知识相对应的科学方法解释为“学习物理知识所需的主要的、不可回避的科学方法”，以及问卷中的评价层次“比较合适”的规定为“初次鉴别结果中的科学方法和相对应的物理知识只有稍许出入，但大体能反映出所对应的物理知识”，因此可认为教师评定为“比较合适”的项目，笔者的鉴别结果也较好地符合了物理知识。故在计算各项目的CVR值时，ne 取

选择“非常合适”和“比较合适”两个层次的总人数。各项目的 *CVR* 值的计算结果如表 3 - 8。

表 3 - 8　各项目内容效度比的计算结果

项目序号	*ne*/人	CVR
001	36	0.95
002	37	1.00
003	37	1.00
004	34	0.84
005	31	0.68
006	35	0.89
007	31	0.68
008	36	0.95
009	34	0.84
010	37	1.00
011	36	0.95
012	30	0.62
013	34	0.84
014	34	0.84
015	35	0.89
016	29	0.57
017	36	0.95
018	34	0.84
019	31	0.68
020	30	0.62
021	35	0.89
022	34	0.84
023	32	0.73
024	35	0.89
025	36	0.95
026	36	0.95
027	34	0.84
028	35	0.89
029	37	1.00
030	30	0.62
031	34	0.84

续表

项目序号	*ne*/人	CVR
032	31	0.68
033	20	0.08
034	37	1.00
035	36	0.95
036	35	0.89
037	33	0.78
038	36	0.95
039	35	0.89
040	35	0.89
041	30	0.62
042	35	0.89
043	35	0.89
044	28	0.51
045	36	0.95
046	34	0.84
047	33	0.79
048	35	0.89
049	36	0.95
050	37	1.00
051	35	0.89
052	32	0.73
053	36	0.95
054	31	0.68
055	34	0.84
056	30	0.62
057	36	0.95
058	33	0.79
059	33	0.79
060	36	0.95
061	35	0.89
062	35	0.89
063	37	1.00
064	36	0.94

续表

项目序号	ne/人	CVR
065	35	0.89
066	37	1.00
067	37	1.00
068	25	0.35
069	33	0.78
070	35	0.89
071	32	0.73
072	35	0.89
073	28	0.51
074	34	0.84

对各项目内容效度比的分段分布情况的统计结果见表3－9。

表3－9　CVR值的分段分布情况

分段	>0.9	>0.8	>0.7	>0.6	>0.5	>0.4	>0.3	>0.2	>0.1
项目数量	23	28	8	10	3	0	1	0	1
百分数/%	31.1	37.8	10.8	13.5	4.1	0	1.4	0	1.4

在心理学中，一般认为当CVR>0.8时，项目有很好的内容效度；当CVR<0.5时，项目的内容效度存在较大的问题。从表3－8中可以看出，CVR>0.8的项目数量占总体项目的69%，而CVR<0.5的项目占总体项目的2.7%，说明笔者的初次鉴别结果具有较高的内容效度。

依据37位中学物理老师的评价结果和评价意见，笔者对初次鉴别结果进行了修改，得到第二次鉴别结果，然后实施第二次评价。

二、第二次评价及分析

第二次评价的方式与第一次评价相同，依然是以问卷的形式将笔者的鉴别结果呈现给评价人。此次的评价人共3位。其中，雷霞、李坤两人为首都师范大学物理系课程与教学论专业2006级在读硕士研究生，徐向敏为物理系光学专业2006级在读硕士。他们3人都有多年的初中物理教学经验。其中，雷霞和李坤是课程与教学论专业硕士，有良好的专业背景。此次评价的统计结果如表3－10所示。

表 3－10 第二次评价统计结果

选项		非常合适	比较合适	基本合适	不合适
雷 霞	项目数量	57	7	6	4
	百分比/%	77.0	9.5	8.1	5.4
李 坤	项目数量	60	5	8	1
	百分比/%	81.1	6.8	10.8	1.4
徐向敏	项目数量	59	7	5	3
	百分比/%	79.7	9.5	6.8	4

通过对表 3－10 中的数据综合分析可以看出，3 位评价人认为，约有 80% 的项目的鉴别结果是十分可靠的，只有约 5% 的项目的鉴别结果存在较大问题。

为了研究的需要，笔者以座谈的形式，就第二次的评价结果以及评价过程中遇到的问题，同 3 位评价人交流了意见，对彼此之间有争议的问题做了讨论。讨论的主要问题有：①对于直接定义法，及演绎推理法等方法的定义及理解；②科学方法的划分及等级的问题；③有的科学方法是不是要作为一个方法提出。

在第二次评价及其讨论的基础上，笔者对理解初中物理科学方法教育内容鉴别结果进一步进行修改，得到鉴别的最终结果（论文第三部分）。因为最终鉴别结果是由初次鉴别结果在两次评价的基础上逐次修改而得到的，故最终鉴别结果的准确性和内容效度都要高于初次鉴别结果。

第五节 初中物理知识获得过程中科学方法的研究价值

一、初中物理科学方法教育内容研究的价值

在初中物理教学中，非常有必要加强科学方法教育内容的研究。学生要学习科学知识，就离不开科学方法。如果把科学喻为一条珍珠项链，科学知识就是珍珠，那么科学方法就是连接珍珠的丝线。正是由于科学方法的隐蔽性特点，使人们在物理教学中长期以来存在忽略科学方法的倾向。同样，在物理教学中，学生如果没有学会在自己的头脑中把大量的物理知识编织成一个层次清晰、逻辑严密的网络，就无法不断接受新的信息，就无法不断完善自身的知识系统。不仅如此，大量的科学知识还会变成杂乱的、甚至是前后矛盾的，从而引起混乱。如果不了解人们在认识不断深入的过程中所使用的不同的科学方法的区别和联系，不了解这种方法使用的条件，就弄不清楚不同层次的科学知识之间的关系，形不成知识的网络，无法达到对知识的真正理解。学生要真正学好知识，还必须会运用这些知识去解决实际中的问题，去探究新的知识，要做到这一点，就要掌握科学方法。

1. 初中物理科学方法教育内容的研究使课程内容更加完善

物理课程总体上是由物理知识和科学方法组成，人们普遍认为："与科学知识相比，科学方法具有更大的稳定性和更普遍的适用性。从这个意义上讲，学生掌握科学方法比掌握科学知识更重要。"① "应把方法视为比知识更重要的东西，视为知识的脉络，按照科学方法所展示的路子，去组织教材，安排教学进程"。② 事实上，每一学科的方法就是该学科的逻辑语言或符号规则，是使本学科多种事实与原则相互联系的手段和桥梁，各种方法综合起来就形成了探讨本学科有效途径的方法。以科学方法为中心的物理学习理论，其表示形式见图 3－3。③

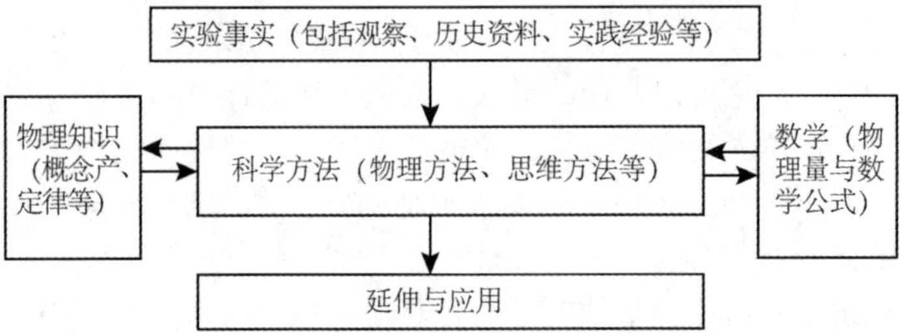

图 3－3　以科学方法为中心的物理学习理论

事实上，科学方法作为物理认识活动的中介物，是连接物理现象和物理知识的纽带，在物理理论的发展中起了桥梁作用。也就是说，物理概念、规律只有通过科学方法的参与，才有可能上升为知识形态。不仅如此，物理理论的应用同样需要科学方法的参与。对于物理学来说，物理学的思想和方法就是物理学发展中的灵魂。可以说，教学效果的好坏，在很大程度上决定于是否使学生学到物理学的思想和方法。从理论上看，科学方法与科学知识在本质上是统一的。通过对科学方法的不断了解、积累和熟练，就能使学生形成一种借助于科学方法获取科学知识、掌握技能的心理定势。

这样，学生就能够以快捷的速度去获取知识、形成技能，进而通过在头脑中形成认知结构，深刻地领会和掌握知识和技能，牢固地记住知识，还可以使学生产生一种对问题的敏感性，并能够用科学方法迅速地抓住问题的要害，找出解决问题的途径。这样一种心理定势，就是学生能力的表现。所以，掌握科学方法，可以促进知识的掌握，促进学生能力的发展。

综上所述，物理课程是由物理知识和物理方法组成，在以往的教学中，往往重视知识而忽略了方法的教学。通过对初中物理教学中科学方法教育内容的研究，恰

---

① 涂艳国．论科学教育的基本要素［J］．教育研究，1990（9）：63—66．

② 高凌飚．在物理教学中应重视科学方法教育［J］．物理教师，1992（4）：16—18．

③ 邢红军，陈清梅．论中学物理教学中的科学方法教育［J］．中国教育学刊，2005（8）：33—36．

恰是补充了一直以来对物理科学方法的忽视，使物理课程内容更加完善。

2. 初中物理科学方法教育内容的研究解决了科学方法“教什么”的问题

科学方法的教育内容，是物理新课程改革中被忽略的一个重要问题。初中《物理课程标准》中关于“过程与方法”的课程具体目标是：

1）经历观察物理现象的过程，能简单描述所观察物理现象的主要特征。有初步的提出问题的能力。

2）能在观察物理现象或物理学习过程中发现一些问题，有初步的提出问题的能力。

3）通过参与科学探究活动，学习拟订简单的科学探究计划和实验方案，能利用不同渠道收集信息。有初步的信息收集能力。

4）通过参与科学探究能力，初步认识科学研究方法的重要性，学习信息处理方法，有对信息的有效性作出判断的意识。有初步的信息处理能力。

5）学习从物理现象和实验中归纳简单的科学规律，尝试应用已知的科学规律去解释某些具体问题。有初步的分析概括能力。

6）能书面或口头表述自己的观点，初步具有评估和听取反馈意见的意识。有初步的信息交流能力。

“探究过程中所用的科学方法”是什么？显然，《物理课程标准》并未给出。这种对科学方法的处理方式在整个《物理课程标准》中比比皆是。

在当前大力推进基础教育课程改革的新形势下，物理教学中科学方法教育的重要作用日益突出。然而，中学物理教学中进行科学方法教育应当“教什么”的问题，并没有得到很好的解决。在书中，通过对科学方法教育内容的研究，从而较好地解决了科学方法教育中“教什么”的问题。

按照与物理知识相对应的原则，选取科学方法教育内容。按照这个原则，依据《初中物理课程标准》，随着物理知识体系的展开，把其中隐藏的主要科学方法明朗化、显性化，从而提出科学方法教育的内容。然后，再对各种方法的出现进行频度分析，这样就使科学方法教育与物理知识教育密切联系起来，使物理教育工作者在科学方法教育中有据可依，同时也使科学方法教育的内容在一定程度上达到相对统一。

科学方法内容显化能使教师充分利用每一节课落实科学方法教育任务，使科学方法教育长期规划，促使学生有计划、有步骤，由浅入深、有简到繁地掌握科学方法，使学习目标符合学生的认知特点。

3. 初中物理科学方法教育内容的研究完善了科学方法“如何教”的问题

由于科学方法并不直接由学科的知识内容来表达，而是有它自己独特的表达方式，它往往隐藏在知识的背后，支配着知识的获取和应用。因而使科学方法既不易学习，又不易掌握。在初中物理中学习科学方法的内容，必须结合实际问题进行。这是因为，科学方法的真正掌握，必须要在探索和发现之中进行，这正是科学方法与物理知识的不同之处。

为了使学生掌握科学方法，在中学物理教学中，必须创设良好的认知情境，让学生主动地观察、思考、实验、讨论，并对学生的探索进行指导，使学生沿着科学的思路与方法去探求，从而在不知不觉之中掌握其中所运用的科学方法。

本书按照物理知识和科学方法“对应”的思想，提出了初中物理科学方法应该“教什么”的问题，但是对“如何教”只是有了初步的想法，关于具体的研究及实施，还有待于日后作更详细的研究。

二、科学方法教育内容显化的实施

通过理论研究，按照与物理知识“对应”的思想，把那些方法意义明确，应用广泛、符合学生认知水平的科学方法，归纳总结得出了初中物理科学方法教育的内容。这部分工作“根植”于物理知识的沃土之中，因而具有真实性和可操作性。

理论的价值只有运用于实践才能体现出来。本书在研究了“教什么”（科学方法教育内容）的基础上进一步进行教学实践。

科学方法教育是一个长期的过程。由于科学方法本身的特点，学生学习科学方法的效果难以在短时间内显现出来。因此，在一个较短的实践过程中，采用“量化研究”的方法就不太合适，可能会出现貌似“真实”而实为“假象”的研究结论。

应当指出的是，在物理教学中进行科学方法教育，即“如何教”的问题是一个承前启后的课题。科学方法内容的选取可以根据表 3 – 4 而得到定位。比如在“密度”一节中，科学方法内容的选取参照表 3 – 4 中的数据可知，应向学生进行“比值定义法”的教育。但是，如果教师本身不清楚“比值定义法”的含义和本质，并采用不恰当的处理方式，就往往使科学方法教育不仅不能起到积极的作用，反而使科学方法教育流于“表面形式”。因为老师只是做了“表面文章”，这就从根本上违背了进行科学方法教育的初衷。基于此，笔者选取了典型的物理概念和物理规律来说明科学方法如何显化处理。

1. 比值定义法

众所周知，中学物理教材中的许多物理概念是运用比值定义法来定义的。比如密度、速度、压强等。然而，笔者的调查表明，中学物理教师对比值定义法的理解情况却不尽如人意。许多中学物理教师在被问及比值定义法的定义或本质时，几乎很少有人能回答出来。

上述问题产生的根本原因在于长期以来人们对于比值定义法的本质缺乏深入的理解。这既体现在对比值定义法定义物理概念的研究上，更体现在中学物理教材的编写上。比如，人们普遍认为，“在研究物理问题时，常会遇见这样的情况，某两个（或几个）量在一定条件下成正比，其比值是一个常量，这个常量正好反映了事物的本质属性。因此，利用这个比值可以定义出描写事物本质属性的一类概念”。①类似这样的论述，在许多书籍乃至文献中比比皆是。这种观点的逻辑缺陷在于，它把结果当作原因来加以阐述，完全没有揭示出比值定义法的本质。它忽视了比值定义法运用时的一个关键问题为什么要用两个物理量相比来定义一个新的物理量。只回答是什么（比值是常量）而不回答为什么（为什么要比），这是目前人们对比值定义法理解的根本缺陷。为了更好地研究比值定义法在教材编写中的恰当呈现方式，笔者以人民教育出版社及北京师范大学出版社出版的两个版本的初中物理教材中密度概念的编写为例，对密度概念的编写作一个研究，来说明具体怎样实施科学方法内容的教学，希望对中学物理概念的教学有所帮助。

（1）人教版“密度”的教学

在教科书中，密度是这样引入的“探究同种物质的质量和体积的关系。同一种物质，体积越大，质量越大。如果体积增大到原来的 2 倍，质量也会增大到原来的两倍吗？也就是说，同一种物质的质量与它的体积成正比吗？”

我们用铝块做实验。取大小不同的若干铝块，分别用天平测出它们的质量，用直尺测出边长后计算出它们的体积，列出表来（表 3 – 11）。然后，以体积 V 为横坐标，以质量 m 为纵坐标，在方格纸上描点，再把这些点连起来。

表 3 – 11　铝的质量和体积

物质	m/g	V/cm^3
铝块 1		
铝块 2		
铝块 3		
铝块 4		
……		

通过所作的图像，你得到什么结论？与你的猜想一样吗？

“一种物质的质量与体积的比值是一定的，物质不同，其比值也不同，这反映了不同物质的不同属性，物理学中用密度表示这种特性。单位体积某种物质的质量叫作这种物质的密度，用公式写出来就是 $\rho = m/v$。”

教材采取了从具体到抽象的编写方式，通过实验的具体数据来引出密度概念，最后应用比值定义法来定义密度的概念。但是，为什么要用质量与体积的比值来描述物质的特性，即采用比的原因是什么，教材在处理时没有涉及。并且也没有说明

① 郑青岳．比较［M］．杭州：浙江教育出版社，1998：56.

密度是物质的属性这个特点。因此，这就使学生无法明白比值定义法的本质，从而也就无法真正理解密度概念的内涵。

(2) 北师大版“密度”的教学

自然界中存在着各种各样的物质。有些物质体积相同，质量却大小不一；有些物质，体积大小不同，质量却相同，这是为什么？

出现上述现象，是否与物质本身的某种特性有关？如果能够找出表示这种特性的方法，可能会找出问题的答案。

大量实验证明：同一种物质的质量与体积的比值是一个常数，它反映了物质固有的一种属性。物质不同，其比值也不同。在物理学中，把某种物质单位体积的质量叫作这种物质的密度。

在北师大版的教材中，指出了密度是物质的属性。这本教材也采取了从具体到抽象的编写方式，通过比较不同物质的体积与质量，通过实验探究的具体数据来引出密度概念，最后应用比值定义法来定义密度的概念。笔者认为，这样的处理方法仍然是比较生硬的。原因同样在于，它没有把物质的质量与物质的体积比较的必要性阐述出来，其结果也就无法使学生真正明了其中的奥妙，从而也就难以使学生理解密度的本质。

所谓比值定义法，就是用两个或多个物理量的比值来定义物理概念的方法。在这里，比较的关键是选取相同的标准。因为只有选取相同的标准，才能使比较的结果有意义。所以，比值定义法采用两个或多个物理量相比，就是在比较时选取相同标准的一个基本手段。①

当然，对于比值定义法的理解，仅仅停留在这个层次是不够的。还应当清楚，比值定义法的理论基础是比较。所谓比较，就是确定事物同异关系的思维过程和方法。根据一定的标准把彼此有某种联系的事物加以对照，从而确定其相同与相异之点，便可以对事物作初步的分类。在这里，比较的关键是选取相同的标准。因为只有选取相同的标准，才能使比较的结果有意义。所以，比值定义法采用两个或多个物理量相比，就是在比较时选取相同标准的一个基本手段。不讲清楚这一点，就不可能明白比值定义法的意义。

(3)“密度”概念编写的建议

根据初中学生的物理认知特点，按照比值定义法的逻辑，本书提出如下密度概念的编写方式和教学方式。

俗语说“铁比棉花重”，那么铁一定比棉花重吗？要进行比较，就必须选取相同的体积标准。选择相同体积的棉花和铁块，看哪一个更重。同一种物质，体积越大，质量越大，又怎么比较呢？也是选择相同的标准，通过实验可以看出质量和体积的比值是一个常数。通过实验，让学生反复测量质量和体积的关系，使学

---

① 邢红军．按照比值定义法的本质改进高中物理概念的编写［J］．物理教师，2004（4）：5—7.

生认识到存在一个反映不同物质属性的物理量，可以通过质量与体积之比这一比值来测量。

2. 控制变量法

决定某一个物理对象的产生和变化的因素常常有很多，所以要想精确地把握研究对象的各种特性，弄清事物变化的原因和规律，必须设法把其他的一个或几个因素用人为的方法控制起来，使它保持不变，然后只改变剩下的一个因素，来比较、研究此物理对象是否改变及如何改变，从而知道此物理对象是否与此改变的因素有关及有何种关系。这种研究问题的科学方法就是“控制变量法”。

“控制变量法”在初中物理中应用最为广泛，但很多学生对这种方法的掌握有一定的难度，下面以“探究影响电阻大小的因素”为例来谈“控制变量法”在物理中的具体运用。

1）提出问题：导体的电阻大小与哪些因素有关及关系如何?

2）猜想和假设：运用控制变量法分析问题的前提是学生科学的猜想，这就要求教师为学生创设情境，让学生进行科学合理的猜想。最终，老师可以把这些猜想的因素总结起来，指出影响导体电阻的主要因素包括导体的材料、长度、横截面积和温度。

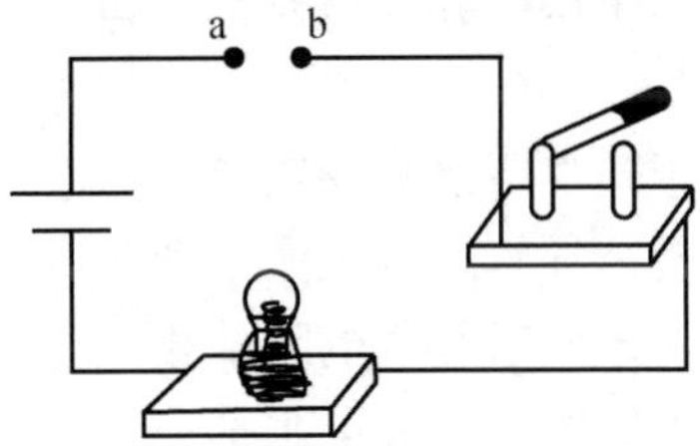

图 3－4 实验电路

此实验的电路如图 3－4，在 a、b 之间接不同的导体，通过观察电灯的亮度得出导体的电阻的大小关系，灯越亮表示所接导体的电阻越小；灯越暗，表示导体的电阻越大。应特别强调 a、b 间所接导体的选择要符合“控制变量法”的要求。

例如：①探究导体的电阻大小与长度的关系时，应选择表 3－11 中的 a、b、c 3 个导体进行实验；②探究导体的电阻大小与材料的关系时，应选择表 3－11 中的 a、d、e 3 个导体进行实验；③探究导体的电阻大小与横截面积的关系时，应选择表 3－12中的 a、f、g 3 个导体进行实验。

表 3－12 影响导体电阻的主要因素

导体	导体长度	导体材料	导体横截面积	亮度
a	1 米	镍铬合丝	1 平方毫米	
b	2 米	镍铬合丝	1 平方毫米	

续表

导体	导体长度	导体材料	导体横截面积	亮度
c	4 米	镍铬合丝	1 平方毫米	
d	1 米	锰铜合丝	1 平方毫米	
e	1 米	铜丝	1 平方毫米	
f	1 米	镍铬合丝	2 平方毫米	
g	1 米	镍铬合丝	4 平方毫米	

实验中只改变多个因素中的一个因素，因此灯泡的亮发生了改变，则说明导体的电阻与该因素有关。对于长度和横截面积还可得出具体的变化关系。

3. 等效替代法

等效替代是根据几个物理量和另一个量之间具有等同关系，用这一个物理量代替其他几个量的方法，或者反之。等效替代是解决物理问题的重要方法之一，并在初中教材中多次出现。比如“并联电阻”的等效电阻，首先向学生说明为什么要讨论等效电阻的问题。然后，在示教板（图 3－5）上并联 $R_1=10$ 欧和 $R_2=40$ 欧两个电阻，求其等效电阻，有的学生认为并联电路的总电阻和串联一样 $R_{总}=10$ 欧 +40 欧，也有的人认为可能是 40 欧 －10 欧，等等。猜测的结果，正确与否要用实验验证，将电阻箱的阻值一一置于同学所猜测的数值，看电压表和电流表的示数是否和原来未替代前的相同，再分析：导体的电阻大小和 3 个因素有关。每并联一个电阻就相当于导体的横截面积增大，所以并联电阻就相当于导体的横截面积增大，所以并联电阻的总电阻应该比其中任何一个分电阻都小。并从欧姆定律推导出并联电路总电阻和分电阻的关系，通过计算得出 10 欧与 40 欧并联等效电阻 $R_{总}=8$ 欧，随即把电阻箱上的阻值调到 8 欧，进行实验，闭合开关后，两表的示数和两个电阻并联时完全相同。说明用一个 8 欧的电阻可以等效替代两个并联的 10 欧和 40 欧的电阻。这样不仅使学生对并联电路的总电阻有了透彻的理解，并且还使学生具体领到等效替代这一科学方法的实质。

再比如，在讲解阿基米德定律这一节时，可以给出曹冲称象的历史故事，由于

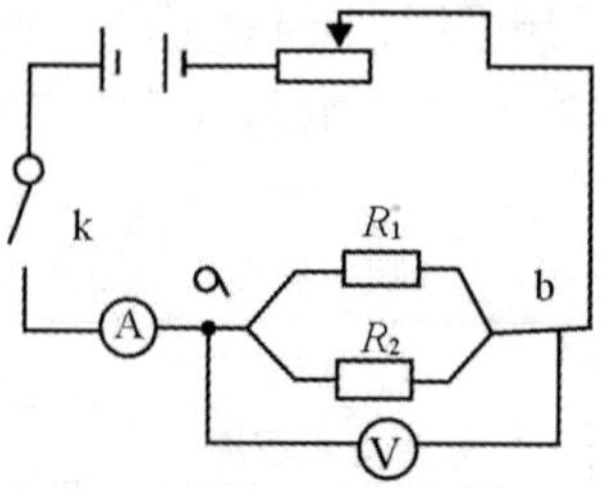

图 3－5　测电阻电路图

大象很重，当时还没有这样大的秤可以直接称大象的重力，曹冲的办法是：先把大象拉到船上，记下船的吃水深度；再用许多石块代替大象，使船达到同样的吃水深度；最后称出这些石块的重力，这也就是大象的重力。

介绍这段故事，可以自然地向学生进行了科学方法论的教育，在这个称象的故事中，曹冲就采用了两种科学研究的方法：①等效法：大象使船下沉的深度与一定数量的碎石头使船下沉的深度相当，即效果相同，所以，大象的重力等于石头的总重力。②转换法：既然大象的重力等于石头的总重力，而大象的重力不易称量，因此，可转换为称石头，这是使用“小秤称大物”的方法，对培养学生创新思维很有启发作用。

三、初中物理科学方法教育内容的界说

1. 物理概念的定义

建立概念的方法主要有 3 种①。

1）“概念建立”：学生从经验出发，通过初期的辨别、抽象、分析、构成假设、进行验证和概括等思维活动过程，获得一类事物或现象的共同特征，并且符合教材上反映的人类的科学实践结论，从而加以肯定，并由此形成概念，叫作“概念建立”。例如，力的大小、物体运动的快慢、冷热的程度等概念都可以这样建立。

2）“概念同化”：利用头脑中已有的认知结构去联系新知识，使新知识在原有认知结构的基础上获得心理意义，如果成功，便达到了新的认知平衡，即实现了概念的同化。

3）“概念顺应”：若新知识与原有的认知结构差别太大，或不易建立联系，进行迁移，这样就需要修改原有的认知结构或建立新的认知结构，依靠新的认知结构联系新知识，从而达到认知平衡，这种方法叫作概念的顺应。

2. 定义物理概念的科学方法

一些基本的物理概念（如长度、时间、质量等共 25 个）是直接定义出来的，它们是形成一般物理概念所应具备的前提和基础的概念。

另有一些是人们在经验事实或观察实验的基础上，根据需要确定的物理概念（如参照物、入射角等）。这些概念的确定要符合实际，要能自洽于某一理论体系，同时尽量简单，在可能的条件下还要照顾人们的习惯。

还有一些概念，如电磁铁、电磁感应等，是通过实验、观察的方法得出的。它是人们根据研究的目的利用物理仪器设备，通过人为地控制或模拟物理现象，排除次要因素的干扰，突出主要因素，在有利的条件下，能重复地去观察和研究物理现

---

① 乔际平，张宪魁. 初中物理教材的选择与分析［M］. 北京：高等教育出版社，1993：76.

象，从而定性地得出一些物理概念的方法。

1）比值定义法，比值定义法就是运用两个或多个物理量的比值来定义一个新的物理量。[①] 如 $v = s/t$ ，$p = F/s$，等。

由比值定义法得出的这些新的物理量与等式右边相比的两个或多个物理量之间的关系并不是简单的正比、反比关系。某一物质的密度可以用来计算，但是不能说密度与物体的质量成正比，与物体的体积成反比。一块铁削去一半后，体积变成了原来的一半，但是它的密度不变，像这样的物理量，它们反映的是物质的本质属性，与得出这个物理量所应用的那些物理量之间的关系，不能理解成简单的数学关系。

2）乘积定义法，如功 $W = Fs$，热量等都是有两个或两个以上[①]的物理量的乘积来反映物理世界某一新属性而定义出来的物理量。

3）理想化方法，理想化方法是物理学研究的重要方法之一。它是依据所研究问题的需要，把实际研究对象及其状态、行为等进行合理抽象，突出主要因素，忽略次要因素，用以建立物理概念的方法。

理想化方法的本质不是“近似”，它的本质是“科学抽象”。中学物理教学中理想化方法比较多地应用于建立理想化模型。理想化模型是从客观原型中抽象出来的。经过科学的抽象得到的理想化模型在客观世界中是不存在的（指它的实体），但是却又是处处存在的（指它的应用）。如，在研究公共汽车做直线运动所遵循的规律时，就把它的体积忽略，认为体积是零。此时，我们就把公共汽车当作一个理想化模型的质点了。

理想实验也是理想化方法的一种，牛顿第一定律的得出就是采用这种方法，它对训练学生的形象思维和抽象思维能力有着积极的启发意义。

3. 总结物理规律的科学方法

物理规律反映了自然界的现象、过程在一定条件下必然发生、发展和变化的规律，反映了物质运动变化的各个因素之间的本质联系，揭示了事物本质属性之间的内在联系。学习物理规律是对已有的物理规律的一个有组织的学习过程，它虽不像物理史上建立物理规律那样曲折漫长，但也是极其复杂的，需要在一定的背景知识指导下，对感性认识进行思维加工。学习物理规律有不同的科学方法，常用的有以下几种。

（1）实验归纳法

初中物理建立规律最常用的方法是实验归纳法，即在对物理现象和过程经过大量的观察和实验的基础上，对取得的大量资料进行分析、综合、概括和归纳，从中找出有关物理量之间的内在联系，得出结论或建立假说，再通过观察和实验进一步

---

① 乔际平，张宪魁. 初中物理教材的选择与分析［M］. 北京：高等教育出版社，1993：77.

验证。这样就可以建立与发现物理规律。[①] 如牛顿第三定律、焦耳定律等物理规律就是采用实验归纳得出的。

（2）演绎推理法

演绎推理法就是从已知的规律或理论出发，对某些特定的物理现象、过程进行演绎推理，从而得出在一定范围内的新结论，最后通过实验验证形成规律。采用这种方法发现的规律，一般叫作定理或原理，如能量的转化和守恒等。

（3）假说方法

假说方法就是科学研究中的一种假定性的科学解释，它是理论发展过程中的一种形式和研究方法。当研究过程中遇到一种新的事实，运用现有的理论无法解释时，人们常常提出仅仅有限数量的事实和观察实验为基础提出新的解释，就是假说，假说被证明是对的就发展成为理论假说方法是一种重要的研究方法，如分子动理论假说等。

（4）等效方法

等效方法是根据等效原理发展起来的一种科学的思维方法，在保证某些特定方法效果相同的前提下，用理想的、熟悉的、简单的事物代替实际的、陌生的、复杂的事物进行研究，使研究变得简单。换句话说，是在保证物理效果相同的前提下，绕过解决复杂问题所遇到的障碍，对问题或问题的部分要素进行变换，通过变换，把相对不熟悉的、比较复杂的、现有知识难解决的问题，转化成较熟悉的、更为简单的用已有知识便于解决的问题的研究方法。

（5）控制变量法

控制变量法就是在决定事物规律的多个因素中，先控制一些因素不变，只改变其中的一个因素，进行观察实验，如此多次进行，然后再综合出多个因素之间的关系的方法。也叫单因子实验法。[②] 如欧姆定律，焦耳定律等定律是采用控制变量法得出的。

第六节　研究结论与综合讨论

一、研究结论

根据对初中物理科学方法教育内容的研究，可以得到以下的几点结论。

1）本书通过理论研究，按照与物理知识“对应”的思想，把那些意义明确、应用广泛、符合学生认知水平的科学方法，归纳总结作为初中物理科学方法教育内

① 乔际平，刘甲珉．中学物理学习法［M］．南昌：江西教育出版社，1992：146，163，165．

② 张宪魁．物理科学方法教育［M］．青岛：中国海洋大学出版社，2000：148．

容；而后又制定了科学方法教育目标。这部分工作“根植”于物理知识的沃土之中，因而具有真实性和可操作性。

2）初中物理科学方法教育内容的研究及分析，在义务教育阶段物理中出现较多的主要科学方法是直接定义法、实验归纳法、比值定义法。

在初中物理教材中出现最多的科学方法是直接定义法，有30次，像压力、摩擦、大气压强都是直接定义的。可见，在初中阶段，物理概念和物理规律大多数都是直接定义的，初中生刚刚接触物理，大量的物理概念都是刚刚接触，这些物理概念是人们在生产生活中慢慢积累的、规定的名词，慢慢地流传下来，被大家所接受的。符合学生的年龄及认知思维特点。

再就是实验归纳法，共出现了14次，像光的反射定律、平面镜成像、杠杆的平衡条件等的得出都运用了实验归纳的科学方法。在初中阶段、实验归纳法比较多，这也符合初中阶段的学生的思维水平以及物理学的特点。物理学是以实验为基础的学科，几乎每一个知识点都是从观察、实验开始。在实验的基础上归纳出物理规律、物理概念是每个学生在初中阶段要学会的基本技能此基础上培养的基本能力。初中生学习物理的兴趣主要是直接兴趣，因此，他们对实验大多数呈现较强烈的直接兴趣，初中生还具有强烈的操作欲望，尽管他们的操作动作还很不协调。所以，在初中阶段，大量的实验归纳法的运用是符合初中学生的心理认知特点的。

比值定义法出现了11次，也是出现频度比较多的科学方法，初中阶段的重要的概念有很多用到了比值定义法，比如说密度、速度、压强等。可见，比值定义法是一个非常重要的需要学生掌握的方法。比值定义法前面已经作了详细的阐述。在这里就不再赘述。

（3）在初中物理中出现频度较少，但是在高中物理教学中却出现较多的科学方法为演绎推理法、等效法、控制变量法，出现的频度分别是3次、2次、5次，初中学生的物理思维基本上还处在具体运算阶段和前运算阶段。这就导致他们的思维往往具有片面、肤浅和动摇的特征。所以，在初中阶段演绎推理、等效法、控制变量法的运用比较少。

二、教学建议

1.《物理课程标准》应把科学方法作为教学内容

《物理课程标准》是编写中学物理教材的指导性文件。在制订中，除了要考虑物理知识以外，还应当把科学方法作为中学物理教学的内容之一。这既是物理教学规律的必然要求，同时也是物理教学目的与教学内容相互对应的逻辑体现。

笔者依据《初中物理课程标准》，把其中隐藏的主要科学方法明朗化、显性化，从而提出科学方法教育的主要内容并给出了频数。此外，从科学方法教育的层次性来考虑，思维方法同样是科学方法教育的重要内容，包括分析、综合、抽象、概括等。这样就使科学方法与物理知识密切联系起来，使物理教育工作者在科学方法教育中有据可依，同时也使科学方法教育的内容在一定程度上达到相对统一。

教案是教学的简易蓝本，教案编写得好坏直接关系到课程教学的效果与质量。在编写教案过程中，执教教师依据本文提出的科学方法内容，成功地挖掘了教材中渗透的科学方法，确定了清晰的教学思路，为科学方法教学工作准备了条件。

因此，科学方法在教材中应该统筹规划，教学中应对科学方法逻辑结构和不同科学方法之间的逻辑关系进行探索，结合学生的认知、心理特点和不同学科的特点，在教材研制中对科学方法合理编排。

2. 在初中物理教学中应对出现频次较高的科学方法进行重点教学

在初中物理教学中出现频次较高的科学方法，像实验归纳法、比值定义法要重点教学。初中生的观察能力和动手能力迅速增强，但是抽象能力还没有充分发展，所以在初中阶段应着重进行观察实验科学方法的学习。再就是初中学生刚刚接触物理，大量的物理概念都是直接定义得出的。像质量、力的定义等这些最最基本的物理概念都是直接定义而来。对于像贯穿整个初中物理始末的重要的概念——速度、密度、压强、功率等，都要运用比值定义法。

但是科学方法的学习比物理知识更困难，它不是经过一两次教学就能让学生理解和掌握的。因此在教学中，对这些重要的出现频次比较多的科学方法，在教学过程中要明确的、有计划的教学。教师循序渐进讲解，逐步深化，随着同一科学方法的多次出现，多次讲解，学生才能领会、运用。

比如说“等效法”。学生在学习串联、并联电路时，知道在串联电路中，总电阻等于各部分电阻的阻值之和。这里所谓的总电阻就是与原来的电阻等效的阻值。学生在这个地方学习了“等效法”对他在“二力合成”这一部分学习时有潜移默化的影响，通过教师的分析、引导学生很快就能明白在这个知识点的学习中也是用到了“等效”的方法。所以说，科学方法的教育是一个有计划的、长期的、逐步深入的过程。

3. 对初中物理教学中出现频次较低的科学方法也要给予足够重视

中学生的思维方式由形象思维型逐步向抽象思维型过渡，进行科学方法内容的学习要充分考虑学生的思维特点，既不能落后于学生的思维水平，也不能操之过急，揠苗助长。应在现有的思维水平的基础上适当地提高要求，符合维果斯基的“最近发展区”理论。因此，学生必须了解学生的思维特征，使科学方法内容的学习有一定的层次。

初中生的观察能力和动手能力迅速增强，但是抽象思维能力还未充分发展，因此对抽象思维能力的要求比较高的科学方法，比如“演绎推理法”“理想化方法”，只能在教师的指导下接受分析、比较、概括等思维方法的训练，以潜移默化的方式渗透学习。同时，注意在物理知识的教学过程中，适时地、恰当地、多次地引出获取知识所采用的科学方法的程序、方式，以此来认识和理解科学过程。应通过对这些方法反复的体验与训练，最终让学生深刻理解，达到运用自如的程度。

在初中物理教学中，有些物理规律既可以用实验归纳法得出，又可以用演绎推理法得出。如果教学中能将两者有机地结合起来运用，效果更好。比如，用实验法总结出阿基米德定律后，让学生计算浸入水中的正方体上下两底面受到的压力差。这样，由两种不同方法却得出一致的结论，更证明了物理规律的正确性，而且还使学生加深了理解和记忆。这样通过对这些出现频次比较低的科学方法的加强教学，使学生逐渐理解这些相对而言比较抽象、较难理解的科学方法，为以后学生的进一步学习打下基础。

4. 按照科学方法的逻辑来设计教学程序

目前的教学，往往是从传授知识的角度来设计教学的程序。这样做虽然也能使学生从中学到一些科学方法，但学生对科学方法的理解往往是表面的、肤浅的并且是零星的、不连续的，收效甚微。

由于科学方法并不直接由学科的知识内容来表达，而是有它自己独特的表达方式，它往往隐藏在知识的背后，支配着知识的获取和应用。所以使科学方法既不易学习，又不易掌握。如果按照科学方法所展示的路子去组织教材，安排教学进程，即把方法教育作为教学活动的核心，则情况就大不一样。这样来进行教学，把科学方法体现在知识的认知过程中，按照学生的认知模式进行教学，使学生清楚地了解教学的过程，进而引导学生去经历这一过程，从而使学生真正领略到科学方法和物理知识的内涵，并得到能力的提高。

物理课堂教学是实施科学方法教育的主要渠道。在当今教学模式飞速发展的时代，其他与教学相关的教育活动也是实施物理科学方法教育可利用的途径。例如，开放实验室，让学生自主地进行探索性实验研究，在探索中体验成功的乐趣，找到失败的原因，感受科学方法在探索中的魅力；在研究性课程中对学生进行科学方法专题讲座等。只要是有物理活动的地方就不失时机地提取其中的方法论教育因素，把科学方法教育贯穿于一切有关物理的教学活动去。条条道路通罗马，开展物理科学方法教育的途径也是多种多样的，只要我们锐意进取，不但可以利用已有的渠道，而且还能不断地开辟出新的道路。

在中学物理教学中进行科学方法教育，必须结合实际问题进行。这是因为，科学方法的真正掌握，必须要在探索和发现之中进行。这正是科学方法与物理知识的不同之处。例如，当学生学习了光学成像的知识后，可以向学生提出这样一个问题：通常防盗门上都装有“猫眼”，其特点是可以从室内向外观察而不能从室外向室内观察。怎样解释这一现象？这是一个看似简单其实并不容易解释的问题，它的解决不仅需要物理知识，而且需要科学方法的参与。

因此，为了使学生掌握科学方法，在中学物理教学中，必须创设良好的教学情境，从而使学生在不知不觉之中掌握其中所运用的科学方法。

以上研究依据对物理教学中科学方法教育教学现状和研究现状的分析，提出了科学方法教育的基本内容、教学目标，并举例说明了科学方法教育内容显化的具体实施，为以后进一步进行科学方法教育的研究提供了可资借鉴的内容。

当然，以上的研究还存在着诸多不足之处。首先，由于调查对象的层次比较单一、数量较少，从而使实践研究尚缺乏普遍性；其次，以上关于科学方法教育基本内容的研究尽管依据了“对应”思想加以建构，但是所给出的科学方法可能还欠准确，甚至还有遗留和不妥；最后，由于研究时间和教学条件的限制，未对教师具体实施过程及学生学习科学方法的效果进行研究和分析，这有待于在以后的工作中加以研究。

附　录

附录一：教师问卷

本调查为无记名问卷。我们感兴趣的是您的观点和看法，请您在下面15道题的答案中，用“√”选出一个您认可的答案，谢谢您的合作。

1. 在中学物理教学中，你认为知识与方法两者相比

A. 知识重要（3）　B. 方法重要（26）　C. 同等重要（21）

2. 您认为能力和方法之间的关系

A. 方法是构成能力的要素（49）　B. 不清楚（1）

C. 方法和能力没关系（0）

3. 你认为目前在物理教学中，科学方法教育实施的情况是

A. 好（0）　B. 一般（27）　C. 较差（23）

4. 你个人在物理教学中，科学方法教育实施的情况是

A. 好（2）　B. 一般（42）　C. 较差（6）

5. 你是否清楚哪些科学方法应当作为教学内容

A. 清楚（3）　B. 比较清楚（25）　C. 模糊（22）

6. 你的学生对科学方法内容掌握的情况是

A. 好（0）　B. 一般（25）　C. 较差（25）

7. 在物理教材中，你认为对科学方法的处理应该是

A. 在正文中明确表达出来（15）

B. 以“旁批”的形式，有选择的表达出来（31）

C. 不必要表达出来（4）

8. 在教参中，科学方法教育的内容是否应该像科学知识一样明确定下来

A. 有必要（38）　B. 可有可无（9）　C. 没必要（3）

9. 在教学中，教师向学生讲述科学方法时，不把该方法的名称讲出来，是否会削弱学生对该方法的理解和掌握

A. 是（22）　B. 否（23）　C. 不清楚（5）

10. 在平时阅读物理专业期刊时，你是否注意搜集和整理与教学相关的科学方法

A. 是（8）　B. 偶尔会做（35）　C. 否（7）

11. 得出牛顿第一定律所运用的主要科学方法是

A. 实验归纳（19）　B. 理想实验法（31）　C. 实验验证法（0）

12．关于理想化方法，你认可的观点是

A．理想化方法是客观实体的近似（14）

B．理想化方法的本质是科学抽象（35）

C．理想化方法的本质是想象（1）

13．你认为物理实验方法定义的要素是

A．研究目的、实验设备、控制条件、突出主要因素、可重复（39）

B．研究目的、实验设备、控制条件、突出主要因素、可操作（6）

C．研究目的、实验设备、模拟物理现象、突出主要因素、可观察（5）

注：教师问卷发放52份，有效问卷50份。小括号内数字为选择该选项的人数。

附录二：学生问卷

本调查为无记名问卷，我们主要想了解你在物理学习对于科学方法的理解、掌握情况。请在下面问题的选项中，用“✓”选出一个你认可的答案。谢谢你的合作。

1. 你学习的物理教材中既涉及物理知识，同时也涉及许多科学方法（如控制变量法）对于这些方法，你了解的情况是

A. 清楚（15）　　B. 不太清楚（108）　　C. 不清楚（27）

2. 对于学习的物理知识，你一定都掌握得很好。学习这些知识的同时，你是否也学到了相应的科学方法

A. 是（98）　　B. 否（40）　　C. 其他（12）

3. 电压概念的建立所采用的主要的科学方法是

A. 分类方法（21）　　B. 类比的方法（30）　　C. 比值定义法（99）

4. “光的反射定律”的得出，所采用的主要科学方法是

A. 实验验证法（54）　　B. 实验归纳法（48）　　C. 理论推导法（48）

5. “牛顿第一定律”的得出，所采用的主要的科学方法是

A. 实验验证法（60）　　B. 理想实验法（75）　　C. 实验归纳法（15）

6. 关于理想化方法，你认可的观点是

A. 理想化方法是客观实体的近似（30）

B. 理想化方法的本质是科学抽象（78）

C. 理想化方法的本质是想象（52）

7. “速度”概念的建立。所采用的主要科学方法是

A. 分类方法（39）　　B. 类比方法（78）　　C. 比值定义法（52）

8. 研究“摩擦力的大小和什么因素有关”所用到的主要科学方法是

A. 实验归纳法（39）　　B 控制变量法（78）　　C. 比值定义法（33）

注：学生问卷发放 156 份，有效问卷 150 份。小括号内数字为选择该项的人数。

附录三：初中物理教学中科学方法教育内容调查问卷

1. 尊敬的老师，感谢您在百忙之中帮助我们完成这份问卷调查，本问卷是关于初中物理教学中物理知识和其对应的科学方法的研究。本调查为无记名问卷，我们感兴趣的是您的观点和看法，您对这些问题的回答，将会为我们的研究提供极有价值的信息。

2. 表中的鉴别结果的判定分为四个层次：非常合适、比较合适、基本合适、不合适。

您所认为正确的一栏中画“✓”。

非常合适 ：初次鉴别结果中的科学方法和所对应的物理知识完全相匹配；

比较合适 ：初次鉴别结果中的科学方法和相对应的物理知识只有稍许出入，但大体能反映出所对应的物理知识；

基本合适 ：初次鉴别结果中的科学方法和相对应的物理知识有一定偏差，只部分地反映了知识中蕴含的科学方法；

不合适 ：初次鉴别结果中的科学方法根本不符合相对应的物理知识，反映不出所对应的物理知识。

当您的选择为“比较合适”“基本合适”或“不合适”时，要在“备注”一栏中写明您认为准确的鉴别结果，或用最简洁的语言说明理由，谢谢您的合作。

3. 运动和力（表 3－13）

表 3－13　运动和力

序号	内容（知识）	主要科学方法	您的判断				备　注
			非常合适	比较合适	基本合适	不合适	
08	长　度	操作定义法					
09	机械运动	直接定义法					
10	速　度	比值定义法					
11	平均速度	比值定义法					
12	惯　性	直接定义法					
13	惯性定律	理想实验法					
14	摩　擦	直接定义法					

附注：由于篇幅的限制，本附录中仅以“运动和力”为例说明问卷中表格的基本形式。

附录四：教师调查问卷原始数据

表 3－14　19 人调查问卷原始数据（共 37 人）

题号	教师序号																		
	1	2	3	4	5	6	7	8	9	10	11	12	13	14	15	16	17	18	19
001	4	3	4	4	4	4	4	4	4	4	4	3	3	4	4	4	4	4	4
002	4	4	4	4	4	4	4	1	4	4	4	4	4	1	4	3	4	4	4
003	4	4	4	4	4	4	4	4	4	4	4	4	4	4	4	4	4	4	4
004	3	4	3	4	4	4	3	3	4	3	4	3	4	4	4	4	4	3	3
005	2	3	3	4	4	4	4	4	3	2	3	1	3	4	3	3	3	3	4
006	3	4	4	4	4	4	4	4	4	3	4	3	3	2	4	4	4	4	4
007	3	3	3	2	3	1	4	3	4	3	3	3	3	3	3	4	4	2	4
008	2	3	4	4	4	4	4	4	4	4	3	4	3	4	4	4	4	4	3
009	4	3	3	3	3	3	4	3	3	3	4	4	4	3	3	4	3	4	4
010	4	3	4	4	4	4	4	4	4	4	3	4	3	4	4	4	4	4	4
011	4	3	4	4	4	4	4	4	4	4	4	3	3	4	4	4	4	4	4
012	3	2	3	4	4	4	3	3	4	3	2	3	2	3	3	3	3	3	3
013	2	4	2	4	4	4	4	4	4	4	4	4	4	4	4	4	4	4	4
014	3	4	2	4	3	4	4	4	4	4	4	4	4	4	2	3	4	3	3
015	2	3	3	4	3	4	3	4	3	4	4	4	3	1	2	4	4	3	4
016	2	2	4	2	2	2	4	4	2	3	2	3	2	2	4	1	1	4	4
017	3	2	4	4	4	4	4	3	4	4	3	4	4	4	4	4	4	4	4
018	2	3	2	4	3	4	4	4	3	4	3	3	3	4	1	3	3	4	4
019	3	3	1	4	4	3	4	4	3	4	3	4	3	3	1	3	3	1	3
020	2	4	3	4	4	4	4	4	4	2	4	3	4	4	1	4	3	2	4
021	4	4	4	4	3	4	4	4	4	4	3	4	4	4	4	4	4	3	4
022	4	3	4	3	3	4	4	3	2	3	4	3	3	4	4	1	3	4	4
023	2	3	3	3	3	3	3	4	4	3	3	4	3	3	2	4	4	3	3
024	2	4	4	4	4	4	4	4	4	4	3	4	4	4	4	4	4	4	4
025	4	3	4	4	4	4	4	4	4	4	3	3	3	4	4	4	4	4	4
026	3	3	3	3	4	4	3	3	3	4	3	4	3	3	3	3	3	3	3
027	2	4	3	4	3	4	4	3	3	3	3	3	3	4	3	3	3	4	4
028	2	3	4	3	3	3	3	4	4	4	4	4	3	4	4	4	3	4	3
029	4	3	4	4	4	4	3	4	4	4	4	4	4	4	3	4	4	4	3

续表

题号	教师序号																	
	1	2	3	4	5	6	7	8	9	10	11	12	13	14	15	16	17	18	19
030	3	2	4	4	4	4	3	2	4	4	2	4	4	3	4	4	4	4	4
031	4	4	4	4	4	4	4	4	4	3	4	3	2	3	4	4	4	4	4
032	4	3	4	4	4	4	3	4	4	4	2	4	2	4	4	4	4	4	3
033	3	2	2	4	4	3	3	4	2	4	2	4	3	2	3	2	2	2	2
034	4	3	4	3	4	4	4	4	3	4	4	4	4	4	4	4	4	4	4
035	4	3	3	4	4	4	3	3	3	4	3	3	3	4	3	3	3	3	4
036	4	3	4	4	4	4	4	4	4	4	3	4	4	4	4	4	4	4	4
037	2	3	3	4	4	4	4	4	3	4	3	4	3	4	3	2	3	3	4
038	3	3	3	3	3	3	4	3	3	3	4	3	3	4	3	3	3	3	3
039	2	4	3	4	4	4	3	3	4	4	4	4	4	4	3	4	3	1	4
040	2	3	3	3	3	3	4	4	4	4	3	4	3	4	3	4	4	1	3
041	4	2	3	4	4	3	4	4	4	3	2	3	4	4	3	4	4	4	3
042	3	3	3	3	3	3	4	1	4	4	3	4	3	1	3	4	4	4	4
043	2	3	3	4	4	4	4	4	4	4	3	3	3	4	3	4	4	4	3
044	4	2	3	3	4	4	4	3	3	4	3	4	3	3	3	3	3	3	3
045	3	4	4	4	4	4	4	4	4	4	4	4	4	4	4	4	4	2	4
046	2	3	2	3	3	3	3	3	3	3	3	3	3	3	3	3	3	2	3
047	3	3	4	3	4	3	4	3	4	2	3	3	3	4	4	4	4	4	3
048	2	3	4	4	4	4	4	4	4	4	4	4	3	4	4	4	4	4	4
049	2	4	4	4	4	4	4	4	4	4	4	4	4	4	3	4	4	4	4
050	4	3	4	4	4	4	3	3	4	4	3	4	4	4	4	4	4	4	3
051	4	3	4	4	4	4	4	4	3	4	4	3	3	3	4	4	4	4	3
052	3	3	2	3	3	2	3	4	3	3	3	3	3	3	3	3	3	3	4
053	4	4	4	4	4	4	4	4	4	4	4	4	4	4	4	4	4	2	3
054	2	4	4	3	3	4	3	4	4	3	4	2	3	3	4	4	3	2	4
055	4	3	4	2	4	3	4	4	4	4	3	4	3	4	4	4	4	4	2
056	2	2	3	3	3	1	4	3	3	3	4	1	4	3	3	2	3	4	3
057	2	3	3	3	3	3	3	3	3	3	3	3	3	3	3	3	3	3	3
058	3	4	4	4	4	4	4	4	4	4	4	4	4	4	4	4	4	4	4
059	4	3	4	4	4	4	4	3	4	4	3	4	4	3	4	4	4	3	3
060	4	4	4	4	4	4	4	4	4	4	4	4	4	4	4	4	4	3	4
061	2	3	3	4	4	4	4	4	4	3	4	4	3	4	4	3	3	2	4

续表

题号	教师序号																		
	1	2	3	4	5	6	7	8	9	10	11	12	13	14	15	16	17	18	19
062	4	4	4	4	4	4	4	4	4	4	4	4	4	4	4	4	4	4	4
063	4	4	4	4	4	4	4	4	4	4	4	4	4	4	4	4	4	4	4
064	4	4	4	4	4	4	4	3	4	4	2	4	2	4	4	4	4	4	3
065	3	4	4	4	4	3	4	4	4	4	4	4	3	4	4	3	4	1	4
066	4	4	3	4	3	4	4	4	4	3	3	4	4	3	4	3	4	4	4
067	4	4	4	4	4	4	4	3	4	4	4	4	4	4	4	4	4	4	3
068	2	4	3	4	4	2	2	3	3	1	3	2	2	3	3	3	3	3	4
069	3	3	4	4	4	4	4	3	4	4	3	4	2	4	4	4	4	3	4
070	2	4	4	4	4	4	4	4	4	4	4	4	4	4	4	4	4	4	4
071	4	3	4	3	4	4	4	4	4	3	3	4	4	4	4	4	4	4	3
072	4	3	4	4	4	4	4	4	4	4	3	4	3	3	4	2	4	4	4
073	4	2	4	4	4	4	4	3	4	4	2	4	2	4	3	3	4	4	4
074	3	4	4	4	4	4	2	3	4	4	4	4	4	4	4	4	4	4	2

表 3－15　18 人调查问卷原始数据（共 37 人）

题号	教师序号																	
	20	21	22	23	24	25	26	27	28	29	30	31	32	33	34	35	36	37
001	4	4	4	4	4	4	4	4	4	4	4	4	4	2	4	4	4	4
002	4	4	4	4	4	4	4	3	4	4	4	4	4	4	3	4	4	4
003	4	3	3	4	3	4	3	4	4	4	4	4	4	4	4	4	4	4
004	3	4	1	4	4	4	4	3	4	3	3	3	4	2	2	4	3	4
005	3	4	2	3	4	4	4	4	3	1	4	3	3	2	3	4	4	3
006	4	4	4	4	3	4	4	1	4	4	4	4	4	4	4	4	3	4
007	4	1	2	3	4	3	2	4	3	3	4	4	3	3	3	4	3	3
008	4	4	4	4	4	4	4	4	3	4	4	4	3	4	4	3	4	3
009	3	3	4	4	3	2	3	3	4	4	4	2	4	4	4	3	4	4
010	4	4	4	3	4	4	4	4	3	3	4	4	4	3	4	3	4	3
011	4	4	4	3	4	4	4	3	4	4	4	4	3	4	4	4	2	4
012	3	4	4	2	4	4	4	1	2	3	3	3	2	3	3	3	4	2
013	4	4	2	4	4	3	4	3	4	4	4	4	4	3	3	4	4	4
014	2	4	4	4	4	4	4	3	4	4	4	4	4	3	3	4	3	4
015	4	4	4	3	4	4	4	4	3	3	4	4	3	3	4	4	4	4

续表

题号	教师序号																	
	20	21	22	23	24	25	26	27	28	29	30	31	32	33	34	35	36	37
016	4	2	4	2	3	2	3	3	2	2	4	4	2	3	2	2	3	2
017	4	4	4	4	3	4	4	4	3	4	4	4	4	3	4	4	3	4
018	3	4	4	3	4	4	4	3	3	4	3	4	3	3	4	3	4	3
019	2	3	2	3	2	3	4	3	3	4	3	4	3	3	3	4	3	3
020	2	4	2	4	4	4	4	4	4	4	4	4	4	2	4	4	4	4
021	2	3	4	3	4	4	3	4	3	4	4	3	3	3	4	3	3	2
022	4	3	4	3	3	3	3	3	3	3	3	4	4	4	1	3	3	3
023	2	3	4	3	4	3	3	4	3	3	3	3	3	4	4	3	3	3
024	4	4	2	3	4	4	4	4	4	3	4	4	3	4	4	3	4	4
025	4	4	4	4	4	3	4	4	3	3	4	4	3	2	4	4	3	4
026	3	4	4	3	4	3	4	4	3	4	4	4	4	2	3	4	4	3
027	3	4	1	3	4	3	4	4	3	3	4	4	3	2	3	4	3	3
028	3	3	4	3	4	2	3	3	3	3	3	3	3	3	4	3	4	3
029	4	4	4	3	4	4	4	4	4	4	3	4	3	3	4	3	3	4
030	4	4	4	3	4	4	4	4	2	2	3	4	2	3	4	3	4	2
031	4	4	2	4	3	4	4	2	4	4	4	4	3	4	4	4	4	4
032	4	4	4	2	4	4	4	4	2	2	3	3	2	4	4	3	4	4
033	2	4	4	2	3	4	4	4	2	2	3	3	2	3	2	3	2	2
034	3	4	4	3	4	4	3	4	3	4	4	4	3	4	4	4	4	3
035	3	4	2	3	4	4	4	3	4	4	3	3	3	4	3	3	3	3
036	4	3	4	3	4	4	4	4	3	4	4	4	3	3	4	3	4	3
037	3	4	3	3	1	4	4	4	3	3	4	4	3	2	3	4	4	3
038	3	3	4	3	4	3	3	4	3	3	4	4	3	2	3	4	3	3
039	4	4	4	4	4	4	4	4	4	4	3	3	4	4	4	3	4	4
040	4	3	4	3	4	4	3	3	3	3	4	4	3	3	4	3	4	3
041	4	4	4	2	3	4	4	4	2	4	4	4	2	2	4	4	2	4
042	4	3	4	4	4	3	3	3	3	3	4	4	3	4	3	3	3	4
043	4	4	2	3	3	4	4	4	3	3	3	4	3	3	4	4	3	4
044	2	3	3	2	1	4	4	3	2	3	4	4	3	4	2	3	3	2
045	4	4	3	4	4	4	4	3	4	4	4	4	4	3	4	4	4	4
046	3	3	4	3	4	3	3	3	3	3	3	3	3	3	3	4	4	3
047	4	4	4	2	4	3	3	4	2	3	4	4	3	3	3	4	3	3

续表

题号	教师序号																	
	20	21	22	23	24	25	26	27	28	29	30	31	32	33	34	35	36	37
048	4	4	2	3	4	4	4	3	3	4	4	4	3	4	4	4	4	4
049	4	4	4	3	4	4	4	4	4	4	4	4	4	4	4	4	4	4
050	4	4	4	4	4	4	4	3	4	3	4	3	3	4	4	3	3	3
051	3	3	4	3	4	3	4	4	3	3	4	4	3	3	3	4	4	3
052	3	3	2	3	4	3	2	3	3	3	3	3	3	2	3	3	3	3
053	4	4	3	4	4	4	4	3	4	4	4	4	4	4	4	4	4	4
054	3	4	2	3	4	3	2	4	3	3	3	3	3	2	3	3	3	3
055	4	3	4	4	4	4	4	3	4	4	4	3	3	2	3	4	3	4
056	3	3	4	4	4	3	1	4	4	4	4	4	4	2	3	4	4	4
057	3	3	3	3	3	3	3	3	3	3	3	3	3	2	3	2	3	3
058	4	4	3	4	4	4	4	4	4	4	4	4	4	4	4	4	3	4
059	4	4	4	3	4	4	4	3	3	4	4	3	4	4	4	4	4	4
060	4	4	2	4	4	4	4	4	4	4	4	4	4	4	4	4	4	4
061	4	4	4	3	3	4	4	4	4	3	4	4	3	3	4	3	3	4
062	4	4	2	4	4	4	1	4	4	4	4	4	4	3	4	4	4	4
063	4	4	4	4	4	4	4	4	4	4	4	4	4	3	4	4	4	4
064	4	3	4	4	3	3	4	3	4	3	3	4	4	3	4	4	4	4
065	4	4	4	4	4	4	4	4	3	3	4	4	3	2	4	4	3	4
066	4	4	4	4	3	4	4	4	4	4	4	4	4	4	4	4	4	4
067	4	4	4	4	4	4	3	4	4	4	4	3	4	4	4	4	3	4
068	3	2	4	4	2	1	4	4	4	4	4	4	4	2	3	3	2	4
069	4	4	1	3	4	4	4	3	3	3	4	4	3	1	4	4	2	4
070	4	4	4	4	4	4	4	4	4	4	4	4	4	2	4	4	4	4
071	4	4	4	3	4	4	4	4	3	4	4	4	3	4	3	4	4	4
072	4	4	4	4	4	4	4	3	4	3	4	4	3	2	4	3	3	3
073	4	3	2	2	3	3	4	4	2	2	4	4	2	3	3	3	2	4
074	4	4	4	4	4	4	4	4	4	4	2	4	4	3	4	4	4	4

附录五：硕士研究生问卷原始数据

表 3－16　硕士研究生问卷原始数据

内容	雷霞	李坤	徐向敏	内容	雷霞	李坤	徐向敏
001	4	4	4	032	2	4	4
002	4	4	4	033	4	4	4
003	4	4	3	034	3	4	3
004	4	4	4	035	4	2	4
005	4	3	4	036	4	4	3
006	4	4	4	037	4	4	4
007	4	4	4	038	4	3	4
008	4	4	4	039	4	4	4
009	4	4	4	040	4	4	4
010	4	4	4	041	4	4	4
011	4	4	4	042	4	4	4
012	4	4	4	043	4	4	4
013	4	4	4	044	4	4	4
014	4	4	4	045	4	4	4
015	3	4	4	046	4	3	4
016	4	4	4	047	4	3	4
017	4	4	4	048	4	4	4
018	4	3	4	049	4	4	4
019	3	4	4	050	4	4	4
020	3	4	4	051	4	3	4
021	4	4	4	052	3	4	4
022	3	4	3	053	4	4	3
023	4	4	4	054	4	4	4
024	4	4	4	055	3	3	4
025	4	4	4	056	4	4	4
026	4	4	4	057	4	4	4
027	1	4	4	058	4	4	4
028	4	4	4	059	4	4	3
029	4	2	3	060	4	4	4
030	4	4	4	061	4	3	4
031	4	4	4	062	4	4	3

续表

内容	雷霞	李坤	徐向敏	内容	雷霞	李坤	徐向敏
063	4	4	1	069	4	4	4
064	4	4	3	070	4	4	4
065	4	3	4	071	4	4	3
066	4	4	3	072	4	4	4
067	4	4	4	073	4	4	4
068	4	3	4	074	4	4	3

第四章　初中物理知识应用过程中科学方法教育内容研究

第一节　导　言

一、研究背景

随着现代生产和科学技术的飞速发展，人类的知识量也迅速膨胀，据联合国教科文组织统计：人类近30年来所积累的科学知识，占有史以来所积累知识总量的90%，而在此之前的几千年所积累的知识只占知识总量的10%。英国预测专家詹姆斯·马丁测算人类知识近10年将以每3年一倍的速度增加。而数字化的信息量每12个月就会翻一番。可见知识总量在以爆炸式的方式急剧增长。因此，我们不可能指望在学校短短几年时间里让学生学完所有相关知识，更重要的是让学生进一步掌握学习知识的方法。

除了社会发展和知识增长这些外部社会因素促进了科学方法教育研究的需求之外，教学内部的矛盾更直接地促使我们思考科学方法教育的问题。以往的教学只注重知识的传授和技能的培养，对于学生能力的发展往往重视不够，教师多采用灌输式教学方式，学生大多是用呆读死记的学习方式，这种教学模式严重地阻碍了学生的发展。现代教学论则把教学促进学生发展作为一个主要的目标提出来，更加强调学生对方法的掌握。

为了面对社会发展和学生发展的双重挑战，很多国家和地区提出了一系列的教育措施。1999年，欧洲物理学会举行的一次国际性物理教育研讨会上选读了一篇题为《2000年后：未来的科学教育》报告，对5—16岁的学生设置的新科学课程提出了10条推荐性意见，其中就包括“科学课程应该向学生提供科学思想和科学方法的认识”。日本也于20世纪90年代提出了科学方法教育目标：“在有关物质和能量的事物和现象中发现问题通过科学的考察过程，学会发现规律和说明自然现象的方法。”① 同样，美国也提出关于科学方法的教育目标，《美国国家科学教育标准（草

① 陈连松. 从比较的观点看中国与日本的初中物理教育［J］. 辽宁师范大学学报（自然科学版），1998（1）：41—45.

案)》明确指出："科学探究是学生科学学习中利用方法和原则作个人决策"，"基本的、起支配作用的原则"，"学会用科学强调学生对科学方法和一般程序的体验"。①

具体到我国科学方法教育，除了上述两点之外，还可以从文化的角度做一番考察。根据文化教育学的理论，教育的过程是一种历史文化的过程，整个近代中国教育史就是西方文化在中国传播的历史。因此，站在西学东渐这样一个大的文化背景下看我国的物理教育问题会得到一些有益的启发。20 世纪二三十年代，我国的文化学者如蔡元培、任鸿隽、胡适等就对科学方法的价值作了高屋建瓴的论述，他们认为，中国民族落后、科学落后的重要原因之一就是缺乏科学方法。蔡元培早就指出："中国科学之落后，不但是知识和技术贫乏，尤其是思想和方法之落后。"任鸿隽指出：科学的本质不在物质，而在方法，"今之物质与数千年前之物质无异也，而今有科学，数千年前无科学，则方法之有无为之耳。诚得其方法，则所见之事实无非科学者"。②

综合以上各因素，我国对科学方法教育的重视也达到了前所未有的高度，在新一轮的物理课程改革中，初中《物理课程标准》明确提出了三维课程目标："知识与技能""过程与方法""情感态度与价值观"。

二、科学方法教育的现状

1. 科学方法教育的教学现状分析

在新一轮课程改革中，科学方法教育已被明确提出，初中《物理课程标准》中将"过程与方法"作为重要的课程维度，但是目前课程改革教学实践表明，科学方法教育并没有得到有效的落实。相关调查显示：教师对科学方法教育价值不清楚，对科学方法的教育内容不系统，对科学方法的教育目标不明确，对科学方法的教育方式不正确；相应的，导致学生对科学方法的掌握情况也不容乐观。造成这种教学现状的原因归结起来有如下五条。

(1) 文化背景

由于近代科学思想的源头在古希腊，希腊人在追求自由的过程中，发展出一整套的理性思维方法，古希腊的亚里士多德很早便对归纳法和演绎法做了深入的分析。而中国的传统文化以"仁"作为最高价值取向，向来注重感性和直觉思维。文化的差异无形之中阻碍着中国人对科学和科学方法的认识，也阻碍着科学方法教育的实施。

(2) 教学自身的惯性

由于受传统"双基"教学目标的影响，教师在无意识当中只认可"双基"教学

---

① 母小勇，李代志. 美国《科学教育标准（草案）》对我国科学教育改革的启示［J］. 学科教育，1999(11)：45—49.

② 金忠明，等. 中国近代科学教育思想研究［M］. 北京：科学普及出版社，2007：96.

目标，对于“双基”之外的教学目标置若罔闻，于是在教学实践中只重视科学知识的学习和基本技能的训练，常常忽视科学方法这一重要的教学目标。

(3) 科学方法知识自身的隐蔽性

由于科学方法往往蕴含于科学研究过程中，一般不会像概念、原理那样被明确地陈述出来；同样在习题过程中用到的科学方法教师和学生也往往缺乏清醒的认识，这就给科学方法教育造成重要障碍。这一方面影响了科学方法教育的教授和学习，另一方面也影响了科学方法教育的评价。

(4) 缺乏相应的评价机制

目前科学方法教育虽然被列入课程目标，但是由于当前的升学考试（“高考”和“中考”）未将科学方法作为一个重要考察目标，因此试题中缺乏对学生科学方法掌握情况的考察，致使教师和学生都在很大程度上忽视了科学方法的教授和学习，这是制约科学方法教育实施的关键因素。

(5) 课标中未明确提出科学方法教育内容

这是科学方法教育未能有效实施的最直接原因。由于课程标准未明确提出科学方法的教育内容和教育目标，这就导致科学方法教育失去了依据，只能凭借教师自身对科学方法的领会来教授，于是造成了科学方法教育停留在自发状态。

2. 科学方法教育的研究现状分析

下面，将从期刊论文和硕士论文两方面对科学方法教育研究的现状进行综述。

期刊是人们交流学术成果的最重要途径，物理教学中科学方法教育情况如何，将在物理教育杂志中有所体现。笔者选取了物理教育领域中有代表性的4种期刊（《物理教师》《物理通报》《中学物理教学参考》《物理教学探讨》）进行检索，关于物理科学方法教育的论文数量统计如表4－1：

表4－1　当前重点期刊中涉及科学方法教育理论探讨的文章数量统计

时间	期刊名称与刊载论文篇数			
	物理教师	中学物理参考	物理通报	物理教学探讨
1995—1999	7	3	1	0
2000—2011	17	2	14	6

上述论文内容上涵盖了科学方法的教学内容、教学途径、教学原则、教学评价等研究。下面对部分较典型的论文中具体内容进行概述。

缪建忠在《物理教学中实施科学方法教育的途径》（《物理通报》2007年12月）一文中对科学方法教育实施的途径做了总结，提出了科学方法教育实施的5种途径：在概念和规律教学中渗透科学方法教育，在实验中渗透科学方法教育，在习题教学应用科学方法，在复习课中巩固科学方法，在自修课上培养自学方法。

欧永华在《试谈高中物理科学方法教育策略》（《物理通报》2008年第6期）

一文中探讨了科学方法教学原则，有系统性原则、阶段性原则、选择性原则、学生参与性原则等。

蒋文远在《论科学方法在物理教学中的渗透与培养》（《物理教师》2011年第10期）一文中，通过对自己进行科学方法教育鲜活的实践经验进行反思，总结了科学方法教育实践中的要注意的问题，如科学方法要与物理知识教学紧密结合，通过用问题激发学生迫切的需求来教授科学方法，科学方法教育要符合学生的认知发展水平，科学方法教育需要循序渐进。

李桂福和梁志国在《物理实验中的科学方法教育》（《物理通报》2008年第5期）一文中论述了在物理实验中开展科学方法教育，涉及的科学方法有比较法、控制变量法和转换法。

廖柳青在《初中物理科学方法教学与评价》（《物理教学探讨》2010年第8期）一文中，对初中物理科学方法教学的评价方式做了初步的探讨，举例论述了分类方法、控制变量法、枚举归纳法、转化法、比值法和理想模型法等科学方法的评价方式。

总体而言，上述论文关注的重点多为科学方法教育的实践问题，缺乏对科学方法教育的理论思考，包括对于科学方法的基本概念的明确界定、科学方法的分类、科学方法的教育目标、科学方法的教育内容以及科学方法的心理学本质等问题。

单就科学方法教育内容而言，上述论文缺乏对科学方法教育内容的研究缺乏系统性，大多数论文只是笼统地提到科学方法教育的内容，而关于中学物理教学中有哪些科学方法，有多少种科学方法等问题，则缺乏系统的研究。其中，关于科学方法教育内容系统地研究的有两篇，一篇是《构建科学方法教育的框架》（浙江省宁波效实中学物理教研组《中学物理教学参考》1999年3月），文中对高中物理科学方法教育做了经验的总结，建构了科学方法的教育内容框架：以实验为基础，以理想化方法、等效方法、对称方法、微元方法为主线。该文提出科学方法教育应以实验为基础，突出了科学方法教育的层次性。但是该文缺乏对科学方法的分类，对应用知识的物理方法和获得知识的物理方法没有区分，混杂在一起论述，造成了很多误解；而且构建的方法体系不够完备，有些重要的科学方法比如演绎推理法，归纳法等没有提及。

另一篇是《试谈高中物理科学方法教育策略》（欧永华《物理通报》2008年第6期），文中提到了科学方法教学内容，并做了统计，如表4－2。该文虽然统计了科学方法的次数，但是同样缺乏对科学方法的分类，而且构建的方法体系同样不够完整。

表4－2　《试谈高中物理科学方法教育策略》中对科学方法的统计

序号	科学方法	次数	序号	科学方法	次数
1	演绎推理法	36	5	比值定义法	13
2	实验归纳法	34	6	等效方法	10
3	理想化方法	16	7	控制变量法	10
4	假说方法	13	8	乘积定义法	10

从 2001—2011 年底，在中国知网上搜到的关于物理科学方法教育的硕士论文有 27 篇，论文题目如下：

（1）在中学物理教学中开展科学方法教育（卢丽杨，2001）

（2）物理科学方法教育的研究与教学实践（尹继武，2002）

（3）物理科学方法教育探索（苏诚，2004）

（4）中学物理科学方法教育研究（肖文志，2004）

（5）新课程理念下的物理科学方法教育（费金有，2004）

（6）在中学物理教学中开展科学方法教育之实践和探索（王文英，2004）

（7）高中阶段进行物理科学方法教育的实验研究（王学文，2005）

（8）中职物理教学渗透科学方法教育的探索与实践（蒲天旺，2005）

（9）高中物理教学中科学方法教育的初探（慕晓霞，2006）

（10）运用原始问题促进中学物理科学方法教育的研究（姚勇，2007）

（11）初中物理教学中渗透物理学史开展科学方法教育初探（张志坚，2007）

（12）高中物理教学中实施科学方法教育的途径研究（陈万锋，2007）

（13）新课标下中学物理科学方法教育的探究（张博，2007）

（14）高中物理课堂教学中科学方法教育的现状及对策分析（周华，2007）

（15）高中物理教学中渗透科学思想和方法的研究（霍浩凌，2007）

（16）高中物理课堂中渗透科学方法教学的研究与实践（卢飞麟，2007）

（17）初步探讨初中物理探究教学中渗透科学方法的教育（巫亚珍，2008）

（18）在物理教学中加强科学方法教育的研究（张云丽，2008）

（19）中学物理实验教学中进行科学方法教育的探索（李焕珍，2008）

（20）高中物理教学中渗透科学方法教育的实践研究（伍功荣，2008）

（21）新课程下高中物理科学方法教育实施策略研究（宋淑飞，2009）

（22）高中物理科学方法教育实践研究（廖林，2009）

（23）高中物理科学方法教育研究（曹蓓华，2009）

（24）初中物理科学方法教育内容的研究（付洪艳，2009）

（25）中学物理科学方法教育研究（金周荣，2010）

（26）在中学物理教学中渗透科学方法教育的探究（杜玲钰，2010）

（27）初中物理教学中实施科学方法教育存在问题的调查研究（安风华，2010）

上述论文涵盖了科学方法的教育价值、教学目标、教学内容、教学原则、教学模式、教学途径、教学策略和教学评价等一系列内容。根据上述论文研究内容的特点，大致可以分如下几类。

第 10 篇、第 11 篇、第 17 篇和第 19 篇论文是通过结合具体教学径来论述科学方法教育的实施，它们分别就科学方法结合原始物理问题、物理学史、物理实验、探究教学 4 个途径来展开探索科学方法教育的实施问题。这可以归为一类。

第 27 篇论文专门对目前物理科学方法教学实践中存在的问题进行了调查研究，

单独可归为一类。

第 24 篇论文研究的是初中物理科学方法教育内容，这是唯一一篇专门就科学方法教育内容展开深入系统研究的一篇，也可单独归为一类。

其余论文则关注科学方法教育的多个方面问题，对科学方法教育展开比较全面的论述，可归为一类。在这一类论文中，选择较有代表性的两篇做以介绍。

第 5 篇论文，作者主要研究了两个问题。①针对科学方法教育，提出了科学方法的三维定位分类法。②作者对科学方法教育的有效实施做了较细致的论述。首先，对科学方法教学中教师素质和学生的认知做了深入的分析，其次，提出了科学方法在人头脑中的 3 个发展阶段，论述了在每个阶段应如何教授科学方法，最后，提出坚持知识线和方法线两条线索实施科学方法教育。文中作者提出的科学方法分类、科学方法在人脑中 3 个发展阶段等结论虽然有所创新，但是仅仅在思辨层面上论述，且少有理论和实验依据。

第 13 篇论文，作者主要研究了 4 个问题。首先，作者探讨了科学方法教育内容的确立方法。其次，探讨了科学方法的教学目标，提出制定科学方法教学目标的依据有三条，分别是依据中学物理课程标准，依据物理教材，依据学生心理发展水平。再次，通过对逻辑思维方法和经验方法学习过程的分析，确立了科学方法教学原则。最后，作者对科学方法教学策略做了探讨，提出了科学方法教育的目标分解与综合策略和体验感悟策略。作者对科学方法教学原则和教学目标的论述仅仅处于思辨的层面上，没有理论依据，而作者对科学方法教学策略的论述则是经验的，同样缺乏理论和实证依据。

总而言之，对于最后一类论文，其中的科学方法的教学目标、教学模式、教学原则、教学策略、教学途径等问题的论述大多数停留在思辨的层面上，缺乏相应的心理学依据和实证研究。

单就对科学方法教育内容的研究而言，虽然上述论文大多数都提及或简要介绍了科学方法的教育内容，但是对科学方法教育内容的确立做深入论述的不多。其中，第 3、第 4 篇、第 7 篇和第 13 篇论文论述了科学方法教育内容确立的方法和原则，但没有系统地提出科学方法教学内容。在第 17 篇论文中，作者对在科学探究教学中涉及的科学方法教育内容进行了探索；在第 19 篇论文中，作者对物理实验中涉及的科学方法教育内容进行了探索；仅有第 24 篇论文专门对科学方法教育内容展开了系统的研究。

相比期刊论文，上述硕士论文在论述科学方法教育内容方面有一大特点就是只讨论获得知识的物理方法教育问题，而几乎没有涉及应用知识的物理方法。这样做的优点就是避免将这二者混淆，造成不必要的误解，但不足之处就是给应用知识的物理方法教育的研究留下了空白。

三、研究的主要问题

基于上述对物理科学方法教育实践现状和理论研究现状的分析，笔者研究的主要问题如下。

首先，课程改革明确将“过程与方法”作为三维课程目标之一正式提出，课程专家对此做出如下解释：“过程与方法的含义有 3 条，指某一学科的探究过程与探究方法；指达到教学目的或获得所需结论而必须经历的活动程序；指学生接受知识以及发现问题和解决问题的过程。”显然，其中仅涉及了获得知识的方法，而并不包含应用知识的方法。这就造成应用知识的物理方法教育的随意性。鉴于此，笔者主要就初中物理应用知识的物理方法教育内容展开研究。

其次，目前应用知识的物理方法研究对物理方法的内涵界定是模糊的，对于有些物理方法的内涵，学界存在着严重的分歧。例如，对于同一个题目中用到的同一种方法，有人认为是转换法，有人认为是等效法。并且这种对物理方法认识的混乱一直存在于教学实践中，且为数不少。它使教师和学生对物理方法的内涵产生错误的理解，从而严重阻碍了物理方法的教学。因此，理清应用知识的物理方法的内涵是本文研究的另一个问题。

最后，由于目前对应用知识的物理方法教学实施的研究还处于经验的水平，缺乏理论依据。因此，笔者研究的又一个问题就是依据物理方法学习的心理学规律，对物理方法教学的实施做进一步的探讨，包括物理方法的教学目标、实施条件、教学阶段、教学过程和测量与评价等一系列的问题。

第二节　理论基础

一、科学方法的内涵

“方法”一词起源于古希腊词“$\mu\varepsilon\tau\alpha$”（沿着、顺着的意思）和“$o\delta o\sigma$”（道路的意思），它本来的意义是沿着正确的道路运动。通俗地讲，方法就是主体从实践或理论上把握客体而采用的一般思维手段和操作步骤之总和。

所谓科学方法，是指科学认识主体为从实践上或理论上把握科学认识客体（即科学对象）而采用的一般思维手段和操作步骤之总和。

此外，还需要澄清以下几点。首先，根据前面科学方法的定义，选题的方法、问题提出的方法、理论评价和检验的方法等也应该属于科学方法范畴。但是，由于这些方法在物理教学中不占主要的地位，因此本书论述的科学方法不包括上述几类方法。

其次，根据前面对科学方法的定义，当运用物理知识解决实际问题时，知识本身就具有了方法的意义，如果这样确定科学方法教育内容的话，那么物理知识本身也就是科学方法，这样做就没有意义了。因此，我们规定，本书中所指的科学方法不包括物理知识。比如，电磁学中经常用伏安法测电阻，其实伏安法的依据是欧姆定律这一物理知识，因此按照我们对科学方法的规定，伏安法不能算作科学方法。

最后，还要将物理科学方法和物理思想区分开。人们经常将物理科学方法与物理思想并提，称为物理思想方法。在此，有必要对物理思想做一番说明并澄清这两者的关系。其实，物理思想是一个比较模糊的概念，学术界也没有形成统一的认识，只是有一个大致的轮廓：物理思想是指从某些具体的物理认识过程中提升的正确观点，在后继认识活动中被反复运用和证实，带有普遍意义和相对稳定的特征。物理思想可指称物理科学方法，如理想模型法可同时被称为物理思想和物理科学方法；也可指称物理知识，例如有人把万有引力定律称为牛顿的物理思想；还可以指称物理方法背后的哲学前设，例如物理学中用数学来表征物理量或用数学方法发现物理规律其哲学前设就是毕达哥拉斯“万物皆数”的思想。

二、科学方法的特征

1. 科学方法的主体性

科学认识过程是人类自觉能动地认识自然的过程，科学方法是科学工作者用来实现认识目的的手段，它的产生是科学劳动者自觉能动性发挥的结果和体现。如果没有获取科学真理的强烈愿望也就不会去努力寻求和运用获取真理的手段，爱因斯坦曾说过：“要是没有追求清晰理解的热忱，甚至根本就不会产生科学方法。”① 科学方法的主体性除了体现在科学家的主观能动性之外，还体现为科学研究的目的性。人类正是为了探索自然界的规律才对自然进行深入细致的观察，为了从自然界中获取自己所期望的事实才从事实验。费尔巴哈说过“一切手段就应当是目的”。目的是手段的本质规定，离开了目的，手段就不成为手段。

2. 科学方法的客观性

从认识改造自然来看，科学方法来源于人的主观，从而给人们一种印象，似乎科学方法是纯粹主观自生的东西。这样科学方法不过是科学家们为了自己的方便而制定的，科学家可以随心所欲地选择或约定自己使用的方法。其实不然，任何一种科学方法都是人类在科学实践中逐渐形成的。人们在认识世界的实践中，始终要根据客观实际，依据目标和实际情况去选择和确定自己的研究方法。正如卡拉汉说：“归根到底，我们判断哪种方法更多的是应用它的结果，而不是用它的先验的可靠性。”② 人的认识规律性经过千百次的实验检验才在人的意识中以某种模式固定下来。科学方法因此才具有普遍的客观性。

---

① 爱因斯坦．爱因斯坦文集（第一卷）［M］．北京：商务印书馆，1976：397.

② 李醒民．科学方法的特点［J］．湖南社会科学，2009（1）：30—39.

3. 科学方法的试探性

由于科学劳动总是针对尚未清晰的领域，面对这样的对象，科学活动和其运用的方法必然具有尝试性和探索性的特点。这种探索性来自自然界本身的复杂多样的联系，这种联系使人类的认识不可能一下子就找到其中的规律，而需要反复的尝试和猜想，并反复将猜想与事实相比较才能发现其中规律，正如开普勒尝试了70余次才最终发现了行星运动的椭圆轨道一样。科学家正是通过无数次的尝试，最后才找到与事实符合的猜想，获得科学成就，而不是轻而易举地就找到那把打开自然秘密的钥匙。

4. 科学方法的历史性

科学方法的发展是与科学的历史发展并驾齐驱的，不同的历史时期都有新方法的涌现和旧方法的消亡。古希腊时期的科学哲学家更关注对自然的整体的理解，因此这个时期的思维方式和探索自然的方法是思辨的、猜测的和玄想的，重视理性而轻视实验，更不会有实验方法的出现。这种对待自然哲学的态度一直持续到中世纪乃至文艺复兴时期。到了近代伽利略发明了实验观察和数学推理结合的方法，拉开了近代科学的大幕。现代科学则出现了向理性方法和审美方法的回摆，爱因斯坦的探索性演绎法、逻辑简单原则、准美学原则、形象思维等科学方法就是其集中的体现。进入20世纪，方法论手段急剧分化，并经常由科学本身造就出具体形式。在现代科学中，数学、控制论和专门研究方法论的科学部门，起着重要的方法论作用。

三、科学方法的分类

1. 已有的分类

目前，国内物理教育界关于物理科学方法分类，较权威的有如下4种。

张宪魁建构了一个庞大的物理科学方法体系，其中与中学物理教学相关的科学方法分为如下4类：①观察实验方法（包括观察法、实验法）；②逻辑思维方法（包括分析和综合、比较和分类、归纳和演绎、类比、理想化、假说）；③数学方法（经典数学方法、概率统计方法、模糊数学方法、突变数学方法）；④非常规方法（科学想象与联想、直觉与灵感、机遇、物理美学思想、失误与悖论）。这个分类的长处在于全面，但是层次性不明显，例如逻辑思维方法中理想化和假说法与其他逻辑思维方法并不在同一个层面上。

乔际平将科学方法分为：物理方法和物理思维两大类。物理方法包括观察法、实验法、模型法；物理思维包括物理等效思维、物理类比思维、物理逻辑思维、物理演绎思维。这个分类的好处在于将经验方法和思维方法分开，缺点在于有交叉部分，例如，模型法和他提到的物理思维是密切相关的，将其归入物理方法是不妥的。

张民生将科学方法分为两个层次。第一个层次：观察实验法、思维方法（包括比较、分析和综合、归纳和演绎、概括和抽象、假说和类比、直觉方法）、数学方法（包括代数、几何、三角）。第二个层次是对第一个层次中的思维方法的具体化，思维方法中的比较对应了控制变量法、比值定义法和等效代替法；分析和综合包括了隔离法、整体法和微元法；归纳和演绎包括了推理、外推、平衡和守恒；抽象和概括包括了模型和理想化；直觉方法包括了形象和想象。这个分类一大优点是层次分明，而且明确了各层次之间的关系，但不足之处在于把数学方法和观察实验法与思维方法排在同一个层面上是不妥的。

浙江省教育学会中学物理教学分会将科学方法分为四类：物理方法、数学方法、逻辑方法和哲学方法。其中，物理方法包括实验方法（含观察法）、模型方法、理想化方法、等效方法、对称方法、守恒方法、叠加法、隔离法等。数学方法包括比例法、图像法、极限法、数列法，等等。逻辑方法包括比较、分类、类比、概括、分析、综合、归纳、演绎、抽象和具体等。哲学方法包括对立统一、量变质变、肯定否定、绝对相对，等等。这个分类层次分明且比较全面，整体来说略优于上述3种分类，但是将唯物辩证法列入科学方法是不妥的。试想马克思之前的物理学家不知道有上述几条辩证法，但同样做出了重大科学发现，可见唯物辩证法对于物理学研究没有直接作用，将它列入物理科学方法其实是源自对哲学的误解。

总之，已有的科学方法分类都存在着各自的优点和不足。它们共同的不足之处是基于科学方法内部各个方法的特点进行分类，这样虽然也能够得出比较明晰的科学方法体系，但是对于实际物理教学的指导意义有限。我们需要在吸收它们长处的基础上，尽量避免其缺点，建立一个层次清晰且贴近物理教学实际的科学方法分类体系。

2. 基于心理学的分类

心理学能给教学提供比较可靠的理论依据，因此从心理学角度考察科学方法的分类不失为一种好的思路。科学方法的学习属于认知策略的学习，据E·D·加涅的程序性知识的划分，认知策略可以分为专门领域的和一般的。专门领域的认知策略也叫作强方法，是指适合特殊领域的认识策略，如适合物理概念和原理学习的推理策略（例如通过操作实验变量法）；适合语文学科中写作的特殊策略（例如通过具体描写人物语言、行动和外貌特征，揭示人物内心世界的策略）等。一般认知策略也叫作弱方法，是指跨学科领域的认知策略，如心理学家研究较多的“目标—手段”分析法、“爬山法”“倒逆法”等，通常在物理解题中用到的“顺推法”和“逆推法”就属于弱方法。

着眼于科学方法教学的心理学基础，笔者将科学方法总的分为两大类：物理方法和思维方法（图4－1）。在这里，思维方法就相当于一般的认知策略，而物理方法则相当于专门领域的认知策略。思维方法主要包括比较、分类、类比、概括、分析、综合、归纳、演绎、抽象、具体等。进一步，根据物理方法使用的时空条件，物理方法又分为获得知识的物理方法和应用知识的物理方法。获得知识的物理方法主要有乘积定义法、直接定义法、比值定义法、放大法、理想实验法、控制变量法、实验验证法、实验归纳法、演绎推理法、观察法、类比推理法、等效法、图像法、比例系数法、理想模型法、微元法，等等。应用知识的物理方法主要有隔离法、比例法、整体法、控制变量法、图像法、假设法、转换法、等效法、作图法、对称法、极值法、理想模型法、类比推理法，等等。下面专门对初中物理应用知识的物理方法的教育内容与实施展开研究（见图 4－1）。

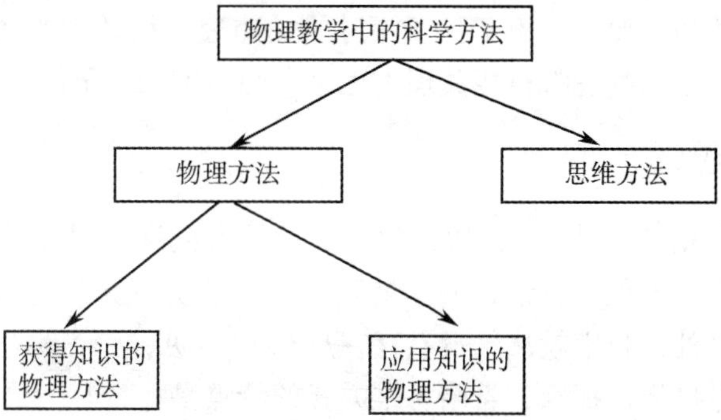

图 4－1　物理科学方法分类

笔者对科学方法分类较上述 4 种分类有如下优点：首先，基于一定的心理学理论，对科学方法的层次分得清楚且全面，而且各子类之间的关系也比较清晰。其次，之前的分类着眼于科学方法内部各方法的某些特点进行分类，似乎是为了分类而分类，因此对教学的指导意义有限；而笔者的分类着眼于实际教学，依据相关的心理学理论，这样的科学方法分类对实际教学有较强的指导意义。由于思维方法属于一般认知策略，物理方法属于专门领域的认知策略，因此，笔者认为物理方法是可以教授的，而思维方法则难以教授，它需要长期的培养，针对不同类别的科学方法需要采取不同的教学策略。这样就使教学多一些目的性，少一些盲目性。

此外还需要作两点说明。其一，在笔者的分类中，没有将数学方法单独列出，而是将其纳入物理方法，原因正是基于上述心理学理论，笔者认为数学方法不属于一般领域的认知策略，因此将其归入物理方法。其二，有人可能认为在获得知识的物理方法和应用知识的物理方法两者之间存在交集（比如理想模型法、等效法、图像法、控制变量法、类比推理法，等等），这有损于分类的严谨性。其实任何理论的目的都是服务于实践的需要，笔者的分类正是着眼于科学方法教育的实施。很显然，获得知识中的物理方法和应用知识中的物理方法两者的教学目标是不同的：在获得知识过程中只需要对科学方法达到了解或理解的层次即可；而在应用物理知识过程中则必须要求学生达到“应用”的层次，只有这样学生才能够在解题中灵活应用科学方法顺利解题。

四、科学方法教育的理论基础

科学方法教育属于科学教育的问题，要对这个问题展开深入的探讨，必须借助相关学科的研究成果。哲学作为“人类文明精神的精华”，为我们指明了生活的意义和方向，从哲学家的视角看问题，有助于我们站在人类文化发展的高度把握问题，不至于陷入没有意义的细枝末节的争论。教育学以研究如何培养人为第一目的，借助教育学相关理论可以帮助我们认识到科学方法教育的对于人的发展的价值所在。心理学是对于人类学习机制的科学的研究，借助心理学理论，可以使我们看到科学方法教育的可能性和必要性。由于我们探讨的是物理学科教学的问题，物理学科有自己学科的特点，所以物理学科相关理论也是必须借鉴的。下面一一展开论述。

1. 哲学基础

哲学是“时代精神的精华”，从哲学的角度思考问题有助于使我们找到问题的根源。希腊哲学史专家伯纳特说，科学就是“以希腊方式来思考世界”“在那些受希腊影响的民族之外，科学就从来没有存在过”。① 可见，学习科学就是要学会用希腊思维方式去思考世界。那么，希腊思维方式的特点是什么？

冯友兰先生在《中国哲学简史》中曾这样写道：诺斯洛普教授曾提出，概念可分为两种，一种来自直觉，一种来自假定。借此，他认为中西哲学的基本不同点是，中国哲学家是由直觉的概念出发思考问题的，而西方哲学家是从假定的概念出发思考问题的。进一步，由直觉出发的哲学家喜欢重视不明确的东西，而从假设观念出发的哲学家喜欢明确的东西。总之，依照冯先生的见解，西方哲学的特征是重逻辑，喜欢明晰的思考。而希腊是西方文明的家园，因此可以说西方哲学的特征就是希腊思维方式的特征。

那么，物理教学就应该体现希腊思维方式的特点，要注重逻辑的、明晰的思考，尽量避免直觉的、含混的思维方式。具体的，就是要注重科学方法的教学。因为科学方法是连接物理现象与物理知识的纽带，只有理解了科学方法，才能真正地弄清物理知识的来龙去脉，形成清晰的完整的认知结构。反之，“如果学生对科学方法的特点、实质的认识是模糊的，对物理概念的认识也是模糊的”。②

另外，从以上冯先生的论述我们看到，中西方哲学的思维差异很大。具体的，中国传统哲学的思维是主客不分的感应思维，而西方科学哲学的思维则是主客二分的逻辑思维。正是由于我们的民族传统思维方式与希腊思维方式存在着巨大的差异，所以科学方法教育在中国有着特殊的意义，它对于培养中国人思维的逻辑性和清晰性有着重大作用。从大的、文化的层面来说，科学方法教育还肩负着沟通中西方文

---

① 陈嘉映．哲学 科学 常识［M］．北京：东方出版社，2007：8．

② 高凌飚．在物理教学中应重视科学方法教育［J］．物理教师，1992（4）：1—4．

化的重任。

2. 教育学基础

著名哲学家、教育家雅思贝尔斯曾精辟地论述了科学方法教育的意义和价值。他写道："自然科学的陶冶价值在于精确而实际的理解训练，它的内涵显得并不是那么重要。物理和化学的结果是无足轻重的，但怎样得到这些结果的方法则具有陶冶价值。谁要是只知道结果，而不知道推导的方法，那么他所获得的仅仅是一堆死知识。因此，单纯地了解结果和掌握答案就与精神陶冶的目标背道而驰，这样就会出现把科学当作权威，把科学原理作为迷信的教条。将这种世界观作为教条来信仰，这是最劣等的陶冶价值，但它却又是芸芸众生最容易养成的习惯。"教育家的话真是振聋发聩，如果缺乏科学方法教育，学生只能"把科学原理作为迷信的教条"，试问这样的科学教育跟迷信又有多少差别？雅思贝尔斯接着说："失去灵魂的世界观取代了神话的世界，而极其贫乏的世界取代了内涵丰富的整体，与大自然充满活力而生动的交往也被一些空虚的自然科学观点所代替。今天……人们普遍把自然科学的结果作为教条来顶礼膜拜。"① 事实正是如此，当近代的精密科学用纯粹数学的语言作为表达工具时，人们普遍地感觉到自己被从自然世界中驱逐了出去，展现在我们面前的是一个纯粹客观的冷冰冰的数学世界，与我们的生命毫无关系。科学方法教育应当担负起沟通科学与人文的重任，帮助我们建立对世界的整体理解。

科学方法教育除了具有陶冶的价值之外，对于学生掌握知识、发展能力同样有着重要作用。科学方法作为物理认识活动的中介，是连接物理现象与物理知识的纽带，在物理理论的发展中起着桥梁作用。也就是说，物理概念、规律只有通过科学方法的参与，才能上升为知识形态。不仅如此，物理理论的应用同样需要科学方法的参与。因此，人们普遍认为掌握方法比掌握知识更重要。上海市总结近10年来物理学科课程教材改革和课堂教学改革经验的基础上得出的结论是"方法是能力的核心，是对能力起决定性作用的因素"。②

3. 心理学基础

根据加涅的学习结果分类理论，学习分为5种类型：言语信息、智慧技能、认知策略、动作技能、态度。每一种学习都需要一定的条件才能实现。按照加涅的学习条件理论，学习条件分为必要条件和支持性条件。前者是学习中不可缺少的条件。缺少必要性条件，学习便不能出现。后者是对学习产生加速或减速作用的条件。缺少支持性条件，学习不一定不能发生，但其效率不高。物理概念和规律的学习属于智慧技能的学习，而智慧技能的学习的必要条件是较简单的智慧技能的构成成分，

---

① 雅思贝尔斯．什么是教育［M］．北京：生活·读书·新知三联书店，1991：115.

② 邢红军，陈清梅．论中学物理教学中的科学方法教育［J］．中国教育学刊，2005（8）：33—36.

支持性条件是态度、认知策略和语言信息。科学方法属于认知策略，它对促进物理概念和规律的学习起着重要作用。此外，建构主义心理学的代表人之一——美国心理学家维特罗克十分强调学生理解的策略与方法对学生学习的影响，他研究发现，理科教学的效果常常不能达到教师所预期的结果，其原因可以归结为学生原有认知结构内容和认知策略与教师的假想存在差异。

信息加工心理学把问题解决看作是信息加工系统对信息的加工，把最初阶段的信息转换成最终状态的信息。他们一般将学习的信息加工过程区分为加工过程和执行控制过程。前者如信息的输入，短时记忆、长时记忆和提取等过程；后者指对信息加工过程起监测和控制作用的过程。从整个解题过程来看，如果学生遇到熟悉的题目，头脑中储存的知识块很快被调动起来，题目就顺利地得到解决。而如果学生遇到比较复杂的题目，他就必须动用头脑中的相关知识，并根据题目特征尝试各种策略来寻找答案，在这个过程中就需要用到物理方法。应用物理知识中的物理方法就相当于对人的心理加工起控制和调节作用的执行控制过程，对整个解题过程起着控制和调节作用。

此外，根据苏联心理学家的调查，如果教师不是有意识地指导学生掌握正确的科学方法，那么，即使到了八年级，多数学生对分析、综合、比较、抽象、概括等有关思维方法的概念还缺乏明确的认识，当然也不能准确地、自觉地加以运用。

4. 物理学基础

翻开物理学发展史，不难看到物理学上的重大进展，都得益于正确的方法论指导。伽利略正是创造性地运用了实验与数学（逻辑）结合的方法，才获得了自由落体定律、惯性原理和抛体运动轨迹等一系列物理学成就，从而有力地推进了人类认识活动的进展。爱因斯坦曾这样高度地评价伽利略的成就：“伽利略的发现以及他所应用的科学推理方法是人类思想史上最伟大的成就之一，而且标志着物理学的真正开端。”而牛顿则把实验方法和数学方法相结合并创造性地加以发展，超越了伽利略；正是站在巨人的肩上，他进一步改造了实验方法论，并用微积分的数学工具发展了数学演绎的公理方法，创造性地用“分析—综合”模式创建了一个完整的科学方法论体系。爱因斯坦创立的相对论也是以他独到的方法论为基础的。他正是在吸取了康德、休谟等前人的哲学思想，又理智地加以批判的基础上，独立于前人地确立了以概念为工具的方法的转变。他曾说：“在研究电和光的规律时，第一次产生了建立新的基本概念的重要性。”① 现代系统科学以系统为研究对象，取代了经典科学以分而又分的部分为研究对象，以实现学科的交叉和学科横截取代了各门学科的日益分化和专门化，从而发展起一整套不同于机械还原论方法的思想方法，形成了以信息论、系统论、控制方法论和耗散结构、协同学的主要思想方法。

---

① 朱鋐雄．物理学方法概论［M］．北京：清华大学出版社，2008：109.

可见，物理学从诞生之日起，就与科学方法论结下了不解之缘，可以说科学方法就是动态的物理知识。正如物理学家费恩曼所说："科学是一种方法，它教导人们：一些事物是怎样被了解的，什么事情是已知的，什么事情是未知的，现在了解到什么程度，如何对待疑问和不确定性，证据服从什么法则，如何去思考事物，做出判断，如何区别真伪和表面现象。"① 由此可见，完整的物理教学中科学方法教育是必不可少的。早在20世纪30年代，科学学的创始人贝尔纳就指出："科学教育的目的有二，提供已经从自然界获得的系统知识基础，并且有效地传授过去和将来用来探索及检验这种知识的方法。"②

第三节 初中物理知识获得过程中科学方法的教育内容

依据前述对科学方法的分类，科学方法分为物理方法和思维方法，进一步，物理方法又分为获得知识的物理方法和应用知识的物理方法，下面将显化初中物理应用知识的物理方法教育内容。

一、物理方法教育内容显化的思路和方法

在之前获得知识的物理方法的研究中，研究者提出物理方法的显化思路是：方法是联系知识的纽带，当从一个知识向另一个知识推导的时候必然运用一定的方法才能完成。这也成为了乔际平先生提出对应原则的基本出发点，乔际平先生的对应原则是，在物理学中科学知识的得出总是与一定的科学方法相联系的。可以顺着这些想法，在已经建立起来的科学方法体系上，建立与物理学知识点的联系，从而可以将科学方法从《物理课程标准》中显化出来。例如，要对"牛顿第二定律"中的科学方法进行显化，则需要对这部分内容的前后知识结构的逻辑关系进行回顾。从牛顿第一定律出发，物体产生加速度的条件是物体所受合外力不为零，因此可以猜想加速度 a 与物体所受合外力 F 以及物体的内禀属性质量 m 有关，然后需要设计一些定量的实验以验证些猜想，这是实验验证法。在实验中有3个相互关联的物理量，因此需要先控制住质量 m 研究加速度 a 与合外力 F 之间的关系，再控制住合外力 F 研究加速度 a 与质量 m 之间的关系，这是控制变量法。实验得出的数据需要经过处理才能验证猜想，最简单、最直观的方法是图形图像法，通过作出两个物理量之间的变化图像得出函数的变化趋势。以上可以得到 $\alpha \propto F$ 和 $\alpha \propto \frac{1}{m}$ 的结论。将两者综合起来，得出 $F = kma$ 的关系式，并在国际单位制中取 $k = 1$，最终得到了 $F = ma$ 的表达式，这就应用了比例系数法。可见，这一部分中主要使用的方法有4种：实验验

---

① 赵凯华. 新概念物理力学［M］. 北京：高等教育出版社，2004：5.

② 乔际平，邢红军. 物理教育心理学［M］. 南宁：广西教育出版社，2002：96.

证法、控制变量法、图形图像法和比例系数法，因此可以确定“牛顿第二定律”与实验验证法、控制变量法、图形图像法和比例系数法相对应。

然而，应用物理知识的物理方法的显化面临的情况与获得知识的物理方法有所不同，因而显化的方法也有差异。

物理知识的客观性决定了获得知识的物理方法教育内容的确定性。因此，确立获得知识的物理方法教育内容需要用到对应方法。而在应用物理知识过程中，同一种知识可以对应无数种问题情境，不同的情境需要用到不同的方法，因此问题情境的多样性决定了应用知识的物理方法教育内容的不确定性。所以，应用知识的物理方法的显化要用到归纳法，即通过对目前初中物理习题解答中对应的物理方法内容进行归纳，通过归纳，发现物理知识和物理方法之间的对应还是存在一定的规律性。比如，初中《物理课程标准》中主题二（运动和相互作用）的第二个二级主题（机械运动和力）中的第7条课标内容“通过探究，认识浮力。知道物体浮沉条件。经历探究浮力大小的过程。知道阿基米德原理”，通过归纳，发现其对应的物理方法有：等效法、整体法、隔离法、假设法、极端值法、图像法、转换法。

二、物理方法的教育内容

依照初中《物理课程标准》，用归纳的方法，对初中物理应用知识的物理方法的教育内容进行了显化，内容如下。

1. 主题一：物质

(1) 物质的形成和变化的课标描述与可显化的物理方法（表4-3）

表4-3　物质的形成与变化的课标描述与可显化的物理方法

序号	课标描述	物理方法
1	能用语言、文字或图表描述常见物质的物理特征。能从生活和社会应用的角度，对物质进行分类	
2	有评估某些物质对人和环境的积极和消极影响的意识。尝试与同学交流对当地环境资源利用的意见	
3	能区别固、液和气三种物态。能描述这三种物态的基本特征	
4	能说出生活环境中常见的温度值。了解液体温度计的工作原理。会测量温度。尝试对环境温度问题发表自己的见解	
5	通过实验探究物态变化过程。尝试将生活和自然界中的一些现象与物质的熔点或沸点联系起来	图像法
6	能用水的三态变化解释自然界中的一些水循环现象。有节约用水的意识	

(2) 物质的性质的课标描述与可显化的物理方法（表 4－4）

表 4－4 物质的性质的课标描述与可显化的物理方法

序 号	课标描述	物理方法
1	能描述物质的一些属性。尝试将这些属性与日常生活中物质的用途联系起来	
2	初步认识质量的概念。会测量固体和液体的质量	转换法
3	通过实验理解密度的概念。尝试用密度知识解决简单的问题。能解释生活中一些与密度有关的物理现象	图像法、控制变量法、比例法
4	了解物质的属性对科技进步的影响	

(3) 物质的结构与物体的尺度的课标描述与可显化的物理方法（表 4－5）

表 4－5 物质的结构与物体的尺度的课标描述与可显化的物理方法

序 号	课标描述	物理方法
1	知道物质是由分子和原子组成的	
2	了解原子的核式模型。了解人类探索微观世界的历程，并认识这种探索将不断深入	
3	大致了解人类探索太阳系及宇宙的历程，并认识人类对宇宙的探索将不断深入	
4	对物质世界从微观到宏观的尺度有大致的了解	

(4) 新材料及其应用的课标描述与可显化的物理方法（表 4－6）

表 4－6 新材料及其应用的课标描述与可显化的物理方法

序 号	课标描述	物理方法
1	初步了解半导体的一些特点。了解半导体材料的发展对社会的影响	
2	初步了解超导体的一些特点。了解超导体对人类生活和社会发展可能带来的影响	
3	初步了解纳米材料的应用和发展前景	
4	有保护环境和合理利用资源的意识	

2. 主题二：运动和相互作用

(1) 多种多样的运动形式的课标描述与可显化的物理方法（表 4－7）

表 4－7 多种多样的运动形式的课标描述与可显化的物理方法

序 号	课标描述	物理方法
1	能用实例解释机械运动及其相对性	
2	能从生活、自然中的一些简单热现象推测分子的热运动。初步认识宏观热现象和分子热运动的联系	

续表

序　号	课标描述	物理方法
3	能用实验证实电磁相互作用。能举例说明电磁波在日常生活中的应用	
4	能举例说明自然界存在多种多样的运动形式。知道世界处于不停的运动中	

(2) 机械运动和力的课标描述与可显化的物理方法（表4-8）

表4-8　机械运动和力的课标描述与可显化的物理方法

序　号	课标描述	物理方法
1	能根据日常经验或自然现象粗略估测时间。会使用适当的工具测量时间。能通过日常经验或物品粗略估测长度。会选用适当的工具测量长度	
2	能用速度描述物体的运动。能用速度公式进行简单计算	图像法、整体法、隔离法、比例法
3	通过常见事例或实验，了解重力、弹力和摩擦力。认识力的作用效果。能用示意图描述力。会测量力的大小。知道二力平衡条件。了解物体运动状态变化的原因	假设法、作图法、控制变量法、整体法、隔离法
4	通过实验探究，理解物体的惯性。能表述牛顿第一定律	隔离法
5	通过实验探究，学会使用简单机械改变力的大小和方向	理想模型法、极端值法、整体法、隔离法、比例法、转换法、作图法、等效法
6	通过实验探究，学习压强的概念。能用压强公式进行简单计算。知道增大和减小压强的方法。了解测量大气压强的方法	比例法、控制变量法、图像法、等效法、假设法、整体法、隔离法、转换法、类比推理法
7	通过实验探究，认识浮力。知道物体浮沉的条件。经历探究浮力大小的过程。知道阿基米德原理。等效法、整体法、隔离法、假设法、极端值法、图像法、转换法	
8	通过实验探究，初步了解流体的压强与流速的关系	

(3) 声和光的课标描述与可显化的物理方法（表4-9）

表4-9　声和光的课标描述与可显化的物理方法

序　号	课标描述	物理方法
1	通过实验探究，初步认识声产生和传播的条件。了解乐音的特性。了解现代技术中与声有关的应用。知道防治噪声的途径	控制变量法、转换法
2	通过实验，探究光在同种均匀介质中的传播特点。探究并了解光的反射和折射的规律	理想模型法、作图法、类比推理法、比例法

续表

序　号	课标描述	物理方法
3	通过实验，探究平面镜成像时像与物的关系。认识凸透镜的会聚作用和凹透镜的发散作用。探究并知道凸透镜成像的规律。了解凸透镜成像的应用	理想模型法、作图法、对称法、隔离法
4	通过观察和实验，知道白光是由色光组成的。比较色光混合与颜料混合的不同现象	
5	知道波长、频率和波速的关系。了解波在信息传播中的作用	

（4）电和磁的课标描述与可显化的物理方法（表4－10）

表4－10　电和磁的课标描述与可显化的物理方法

序　号	课标描述	物理方法
1	通过实验，探究通电螺线管外部磁场的方向	假设法、作图法、等效法、控制变量法
2	通过实验，了解通电导线在磁场中会受到力的作用，力的方向与电流及磁场的方向都有关系	假设法、隔离法
3	通过实验，探究导体在磁场中运动时产生感应电流的条件	
4	知道光是电磁波。知道电磁波在真空中的传播速度	
5	了解电磁波的应用及其对人类生活和社会发展的影响	

3．主题三　能量

（1）能量、能量的转化和转移的课标描述与可显化的物理方法（表4－11）

表4－11　能量、能量的与变化和转移的课标描述与可显化的物理方法

序　号	课标描述	物理方法
1	通过实例了解能量及其存在的不同形式。能简单描述各种各样的能量和我们生活的关系	
2	通过实例认识能量可以从一个物体转移到另一个物体，不同形式的能量可以互相转化	
3	结合实例认识功的概念。知道做功的过程就是能量转化或转移的过程	隔离法
4	结合实例理解功率的概念。了解功率在实际中的应用	

(2) 机械能的课标描述与可显化的物理方法（表4－12）

表4－12　机械能的课标描述与可显化的物理方法

序　号	课标描述	物理方法
1	能用实例说明物体的动能和势能以及它们的转化。能用实例说明机械能和其他形式的能的转化	隔离法
2	知道机械功的概念和功率的概念。能用生活、生产中的实例解释机械功的含义	
3	理解机械效率	
4	了解机械使用的历史发展过程。认识机械的使用对社会发展的作用	

(3) 内能的课标描述与可显化的物理方法（表4－13）

表4－13　内能的课标描述与可显化的物理方法

序　号	课标描述	物理方法
1	通过观察和实验，初步了解分子动理论的基本观点，并能用其解释某些热现象	
2	了解内能的概念。能简单描述温度和内能的关系	
3	从能量转化的角度认识燃料的热值	
4	了解内能的利用在人类社会发展史上的重要意义	
5	了解热量的概念	
6	通过实验，了解比热容的概念。尝试用比热容解释简单的自然现象	比例法、图像法

(4) 电磁能的课标描述与可显化的物理方法（表4－14）

表4－14　电磁能的课标描述与可显化的物理方法

序　号	课标描述	物理方法
1	从能量转化的角度认识电源和用电器的作用	
2	通过实验探究电流、电压和电阻的关系。理解欧姆定律，并能进行简单计算	控制变量法、作图法、等效法、极端值法、图像法、整体法、隔离法、比例法、对称法
3	会读、会画简单的电路图。能连接简单的串联电路和并联电路。能说出生活、生产中采用简单串联或并联电路的实例	等效法、整体法、隔离法、对称法、假设法、转换法
4	会使用电流表和电压表	假设法

续表

序 号	课标描述	物理方法
5	理解电功率和电流、电压之间的关系，并能进行简单计算。能区分用电器的额定功率和实际功率	控制变量法、比例法、整体法、隔离法
6	通过实验探究，知道在电流一定时，导体消耗的电功率与导体的电阻成正比	控制变量法、比例法
7	了解家庭电路和安全用电知识。有安全用电的意识。	

(5) 能量守恒的课标描述与可显化的物理方法（表4－15）

表4－15　能量守恒的课标描述与可显化的物理方法

序 号	课标描述	物理方法
1	知道能量守恒定律。能举出日常生活中能量守恒的实例。有用能量转化与守恒的观点分析物理现象的意识	隔离法
2	通过能量的转化和转移，认识效率	
3	初步了解在现实生活中能量的转化与转移有一定的方向性	

(6) 能源与可持续发展的课标描述与可显化的物理方法（4－16）

表4－16　能源与可持续发展的课标描述与可显化的物理方法

序 号	课标描述	物理方法
1	能通过具体事例，说出能源与人类生存和社会发展的关系	
2	能结合实例，说出不可再生能源和可再生能源的特点	
3	了解核能的优点和可能带来的问题	
4	了解世界和我国的能源状况。对于能源的开发利用有可持续发展的意识	

三、物理方法教育内容的统计与分析

通过对上述物理方法教学内容的显化，我们得到初中应用物理知识的物理方法并对它们在课标中出现的次数进行了统计，见表4－17。

表4－17　初中应用物理知识的物理方法及其在课标中出现次数的统计

物理方法	次数	物理方法	次 数
隔离法	14	等效法	6
比例法	9	作图法	5
整体法	8	极值法	3
控制变量法	8	对称法	3
图像法	8	理想模型法	3
假设法	7	类比推理法	2
转换法	6		

依据表 4－17 我们做出了应用知识的物理方法频次分布图，见图 4－2。

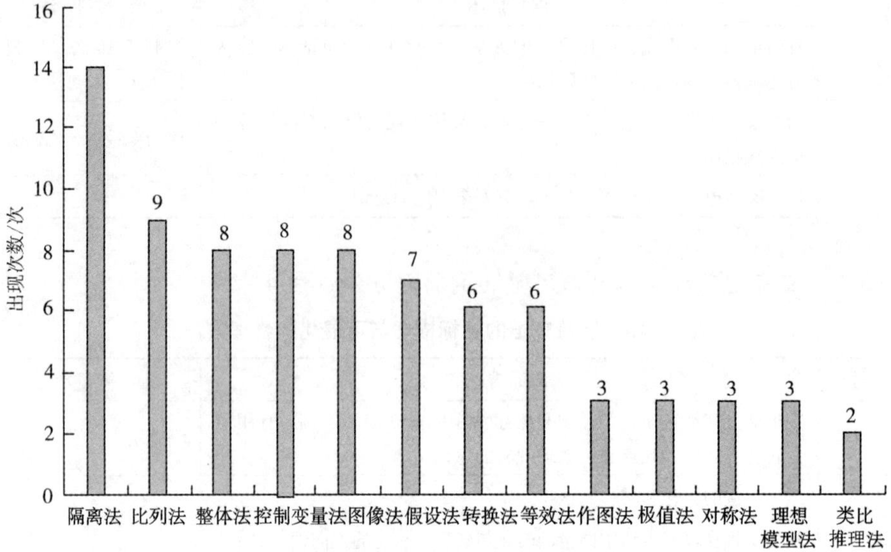

图 4－2　应用知识的物理方法的频次分布

从上述统计图表易知，初中物理应用知识的物理方法共 13 种，合计出现次数为 82 次。依据物理方法出现的频次，结合相关教育心理学理论，我们制定了应用知识的物理方法教学目标。

根据相关心理学理论，应用知识的物理方法的学习属于策略性知识的学习，即要求学生遇到相关问题情境时能运用策略解决问题，因此应用知识的物理方法的教学目标应该是“应用”，而不能仅仅要求学生了解和理解。

进一步，根据表 4－17 和图 4－2 的统计结果可以看出，各物理方法出现的频次不等，且全距很大，频次最少的类比推理法仅出现 2 次，频次最多的隔离法出现 14 次。这就在客观上要求需要根据不同物理方法出现频次的不同，制定不同的教学目标。因此，根据物理方法出现频次的不同，物理方法的教学目标可分为两个亚层次：简单应用和灵活应用。

对于出现频次较少的物理方法给学生提供可变式练习的机会较少，因此对于这些方法只要求达到简单应用，即要求学生能够在有限的问题情境中应用即可；而出现频次较多的物理方法，由于学生有较多的变式练习机会，对于这些物理方法要求学生达到灵活应用层次。

具体的，对于出现频次多于 4 次的物理方法应要求学生能灵活应用，而对于出现频次少于 4 次的物理方法只要求在有限的问题情境中能够简单应用即可。

四、科学方法教育内容的界说

应用知识的物理方法大部分是从习题中归纳出来的，在实践中不同学者对物理方法内涵的理解存在着差异，因此有必要对各个主要物理方法的内涵作确切的说明。

1. 隔离法

隔离法是指对物理情境中的某些研究对象或某些过程从系统或全过程中隔离出来进行研究的方法。常用隔离法的情况有两种：其一是为了寻求系统中某一个物体的各相关物理量的关系，将某个物体从系统中隔离出来；其二是为了寻求全运动过程中的某一个运动过程中相关物理量的关系，将某个运动过程隔离出来。

［例1］如图4－3，用100N的力拉着物体A在水平面上匀速前进，已知物体A的质量是物体B的2倍，不计滑轮的重力和绳的重力及绳与滑轮的摩擦。求：①物体A、物体B所受摩擦力的大小；②连接滑轮与物体A的绳子OA的拉力大小；③连接墙壁与物体B的绳子KP的拉力大小。

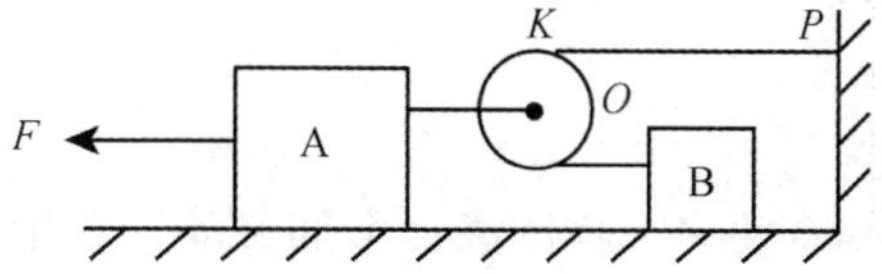

图4－3　例1图

解析：先对物体A进行受力分析，因物体A匀速运动，在水平方向上合力为零。所以用 F_A 表示A受到绳子的拉力，用 F_A 表示A受到地面的摩擦力，可列方程：

$$F - F_A - f_A = 0 \quad (1)$$

再对物体B进行受力分析，因物体B也做匀速运动，在水平方向上合力为零。所以，用表 F_B 示B受到绳子的拉力，用 f_B 表示B受到地面的摩擦力，可列方程：

$$F_B - f_B = 0 \quad (2)$$

最后，对滑轮进行受力分析，因滑轮也做匀速运动，在水平方向上合力为零，所以，可得方程：

$$F_A - 2F_B = 0 \quad (3)$$

根据滑轮和摩擦力的知识，还可以列出方程：$f_A = 2f_B$　(4)

由（1）（2）（3）（4）组成方程组解得：$f_A = 50N$，$f_B = 25N$，$F_A = 50N$，$F_B = 25N$

2. 比例法

比例法是指借助物理量的比例关系再利用比例的性质求解的方法。利用比例法可以在解题中省略反复套用公式而带来的计算麻烦。

［例2］如图4－4，两个正方体金属块A、B叠放在水平地面上，金属块B对地

面的压强为p_1，若取走金属块A，金属块B对地面压强为$\frac{2}{3}p_1$，已知，金属块A、B的边长之比为2∶3，则金属块与金属块的密度比为多少？

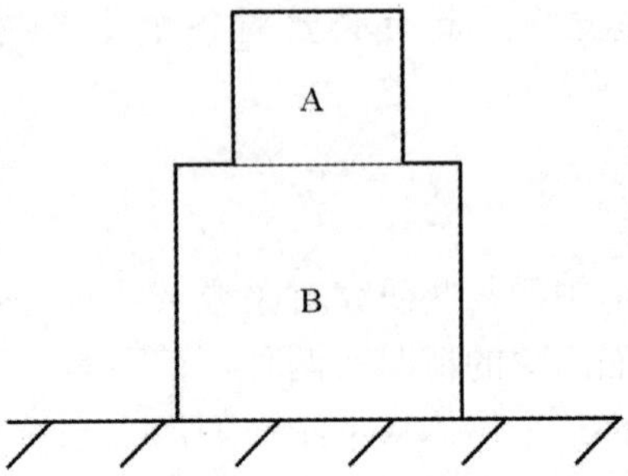

图4－4　例2图

解析：因为，$p_1=\frac{G_A+G_B}{S_B}$，$p_2=\frac{G_B}{S_B}$且$\frac{p_1}{p_2}=\frac{G_A+G_B}{G_B}=\frac{3}{2}$，$\frac{G_A}{G_B}=\frac{1}{2}$，则$\frac{G_A}{G_B}=\frac{1}{2}$，又$\frac{V_A}{V_B}=\frac{8}{27}$，所以$\frac{\rho_A}{\rho_B}=\frac{m_A}{V_A}\Big/\frac{m_B}{V_B}=\frac{G_A}{V_A}\cdot\frac{V_B}{G_B}=\frac{27}{16}$.

3．整体法

整体法是指当在某些有关多个物体或多个部分的习题中，采用整体法而将物理定律直接应用于整个系统或整个过程，常常会使解题的步骤大为简化。

［例3］如图4－5，装有滑轮的升降装置底板质量为m，一位质量为$2m$的人站在底板上，用力拉绳使底板匀速上升，人的拉力应为多大？（不计滑轮与绳子质量，也不计绳子与滑轮之间的摩擦）

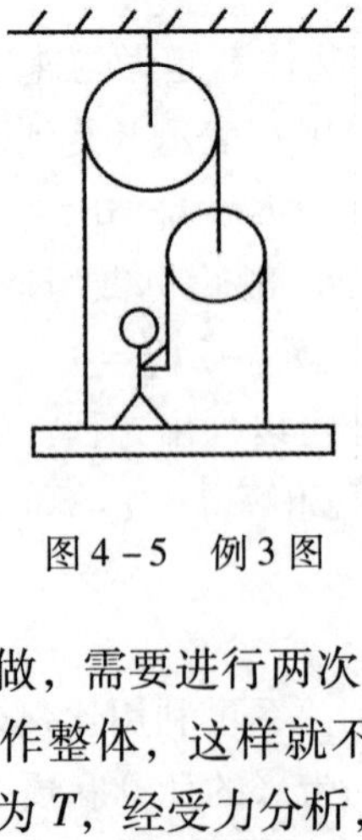

图4－5　例3图

解析：此题目如果用隔离法做，需要进行两次受力分析，列两个等式，比较麻烦。若用整体法，将人与底板看作整体，这样就不用考虑人与底板的相互作用力，解题步骤大大简化。设人的拉力为T，经受力分析，三段绳子共$4T$的拉力，人与底

板整体受重力为 $3mg$，这两个力平衡，有 $3mg = 4T$，解得：$T = \frac{3}{4}mg$。

4. 控制变量法

控制变量法就是把一个多因素影响某一个物理量的问题，通过控制某几个因素不变，只让其中一个因素改变，转化为多个单一因素影响某一物理量的问题的研究方法。控制变量法在逻辑学是归纳推理中的共变法。

[例4] 请你设计一个探究“滑动摩擦力与物体运动的速度是否有关”的实验。要求写出实验器材和实验步骤。

解析：当探究的问题为“一个因素与几个因素的关系”时，同时研究是非常复杂的，必须利用控制变量法。滑动摩擦力与压力和接触面的粗糙程度有关。要探究是否与速度有关，需要控制压力和接触面的粗糙程度不变，改变物体运动的速度，观察滑动摩擦力变化的情况，从而探究出滑动摩擦力与物体运动的速度是否有关。物体运动速度可以通过拉物体的快慢解决，物体选用木块，滑动摩擦力可以用弹簧测力计测得。于是有如下的实验设计。

实验器材：弹簧测力计、细线、木块、木板。

实验步骤：①将木板水平放置，木块置于其上，通过细线用弹簧测力计水平拉木块以某一速度做匀速直线运动，读出弹簧测力计的示数 F_1；②以再大、更大的速度重复上述实验过程，读出弹簧测力计的示数 F_2、F_3；③分析实验数据 F_1、F_2、F_3，得出结论。

5. 图像法

图像法是指利用坐标系中绘出的两个相关物理量之间的关系的函数图线或其他图像，从中得到相关信息，顺利解决问题的方法。

[例5] 如图4-6，某同学用电压表和电流表测甲、乙两电阻做出的图像，由此可以判断甲、乙谁的电阻大？

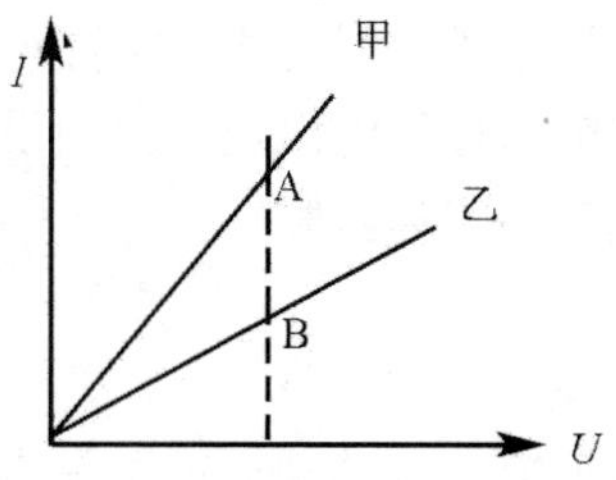

图4-6　电阻图像

解析：此题目借助图像可以很容易看出。设在甲、乙两电阻上加相同的电压，可以在横轴上取一点向上做平行于纵轴的直线交甲、乙两图线于A、B两点，如图

4－6。A、B 两点的纵坐标即通过甲、乙两电阻的电流强度值。根据欧姆定律可知 $R=\frac{U'}{I'}$，所以 $R_{甲}=\frac{U'}{I_{甲}}$，$R_{乙}=\frac{U'}{I_{乙}}$。因为 $I_{甲}>I_{乙}$，所以 $R_{甲}<R_{乙}$。也可以假设有相同的电流，过程类似解法一。

6．假设法

假设法是指有些题目提供的物理信息不够完整，这时可以通过假设添加一些条件，然后经过推理，对不可能的情况进行归谬，从而明确物理过程，进而帮助解题。例如，经常用假设法判断物体受不受静摩擦力。正是由于题目没有直接给出受力具体情况，也即通过题目弄不清物理过程，因此，需要通过假设来为题目增添条件来帮助解题。

［例6］如图4－7，一重物重力为20N，悬挂在绳下，下面有一个光滑斜面与球接触着，问此时绳受多大力？斜面受多大力？

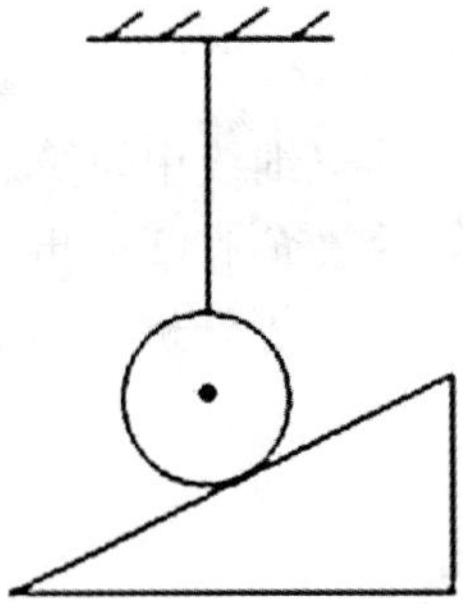

图4－7　例6图

图4－8　球受力分析

分析：此题目没有给出确切的受力情况，因此可以考虑用假设法。假设球受到斜面的支持力，做受力分析如图4－8，于是假设受到斜向上的支持力，则球会向左运动而不会静止，与题目中条件矛盾，因此球不受斜面支持力。

需要补充的是，不能看到解题过程中出现了“假设”两个字就认为用到了假设法，例如设未知量列方程解题就不能算作假设法。

7．转换法

转换法是指对于一些看不见摸不着的现象或不易直接求解和测量的物理量，用一些非常直观的现象去认识或用易于求解和测量的物理量间接求解和测量。我们常用转换法观测发声物体的振动。

［例7］同一锥体按如图4－9两种方法浸入水中，这个锥体受到水对它上下表面的压力差是

A. A 大　　　　B. B 大　　　　C. 一样大　　　　D. 无法判断

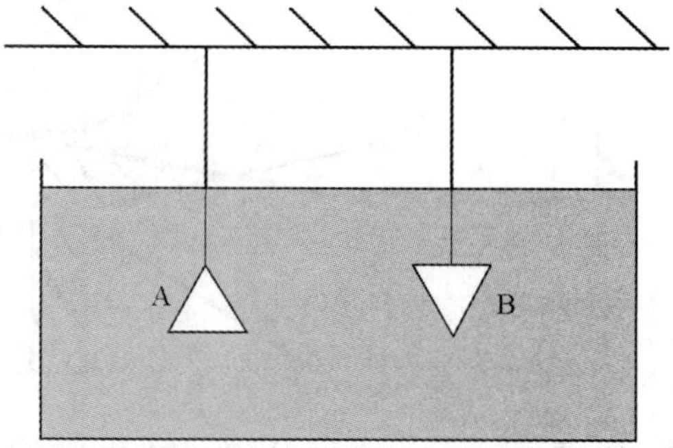

图 4－9　同一锥体浸没在水中

解析：如果直接从压力差入手，计算锥体上下表面的压力再求其差，计算十分困难。可以考虑转换法，将所求物理量转化。由于两种情况下锥体排开水的体积相等，故锥体受到的浮力相等，即上下表面压力差相等，答案选 C。

8. 等效法

等效法是指将题目中所给的较为复杂的物理图景通过运用已有知识，转化为比较简单的图景。经常用到的等效法就是画等效电路图。它与转换法有一定的区别，等效法只是将题目中的图景变得简单，而对题目中所求的物理量并没有转变。等效法用到的形象思维较多，转换法则用抽象思维成分较多。从问题表征理论来看，学生只需对习题达到同化表征就能画出等效电路图，而如果要用转换法解题则需要学生对题目达到建构表征；换句话说，对于等效法，学生不需要弄明白整个题目的结构就能用等效法画出等效电路图，而学生必须对题目的结构有整体的把握才能想到转换法。例如，我们经常用等效法将复杂的电路变为简单易理解的电路图。

9. 作图法

作图法也叫图示法，是为了使要解决的问题更加直观，做出示意图以方便问题的解决。例如，借助做物体受力示意图来分析物体的受力和运动情况。

［例 8］如图 4－10，A、B 为窗户的两边，CD 为窗外一景物，用作图法画出室内能看到的整个景物 C、D 的范围。

分析：光在同种均匀介质中是沿直线传播的，要想在窗内看到物体，必须是物体上发出的光传播到窗内。因此，从 C 点分别经过 A、B 作两条直线；再从 D 点过 A、B 作两条直线，中间阴影部分即为所求，如图 4－12。

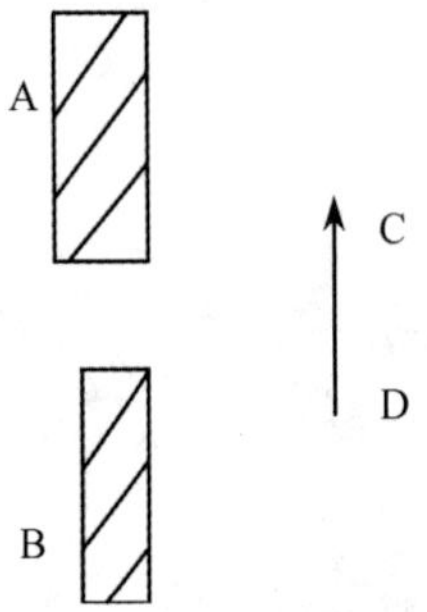

图 4－10　窗户示意

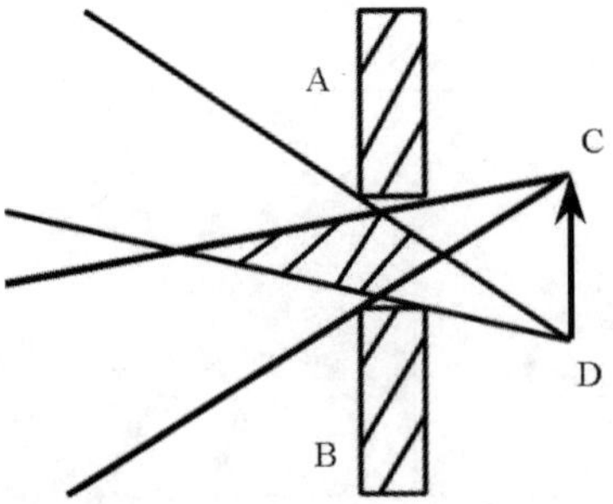

图 4－11　室内可看到景物 CD 的范围

10. 理想模型法

理想模型法是指根据研究的内容和问题在一定条件下对研究客体进行抽象，建立起一个易于研究的、能反映研究客体主要规律的理想客体。运用理想模型法解题需要两个步骤，首先分析物理情境，知识定向；之后根据所用知识和题意，抽象出理想模型。

例如：在体育课和日常的锻炼活动中，俯卧撑是同学们经常选择来做的健身活动之一。做俯卧撑时，要求我们身体俯卧、伸直，两手用力撑地，使身体上半部在手臂的支持下慢慢抬起，直到两臂伸直。小明同学身高 1.6m，体重 500N，他在 40s 内做了 40 个俯卧撑，假如他的重心在他身体的中心上，请你计算一下小明做一次俯卧撑所做的功。

解析：首先分析物理情境，知识定向。在这个过程中人的躯干受到重力、手臂肌肉的举力和地面的支持力，躯干围绕脚尖做转动，如图 4－12。由于物体受力的作用点不同，又考虑到物体发生转动，因此考虑到这是一个关于杠杆平衡原理的问题。

然后，根据所用知识，抽象出理想模型。经过前面知识定向，明确了这是一个转动问题，需要运用杠杆平衡原理求解。于是需要忽略人体质量分布的不均匀和大臂的质量，将研究对象抽象成一个均匀的杆的理想模型，如图 4－13；还需要忽略运动过程中速度的不匀速，将运动过程抽象成杠杆平衡的理想运动过程。

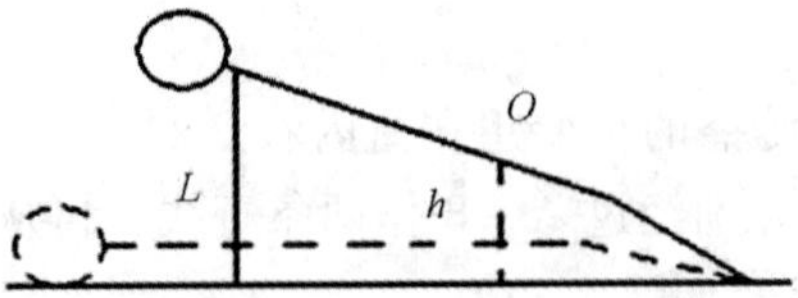

图 4－12　人体示意

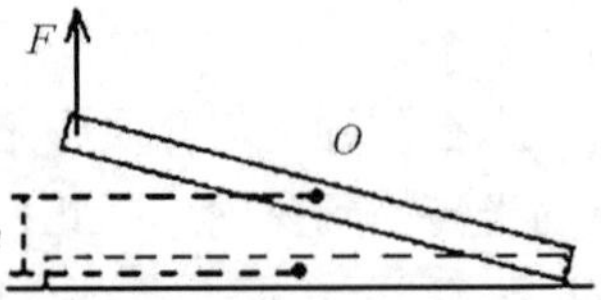

图 4－13　杠杆

在此，要将理想模型法与科学发现中的思想模型法区分开。所谓思想模型法是指，在科学发现中，人们通过比较熟悉的相似物出发，构思形象的摹本来描述研究对象的性质、结构、功能或运行规律；例如，原子核式结构模型、电的流体模型，等等。

11. 类比推理法

类比推理法是指根据两个对象间的有某些方面的相似或相同属性，推出它们在其他方面也有相似或相同属性的推理方法。类比推理法是一种逻辑不严密的或然推理，不同于上述的方法。

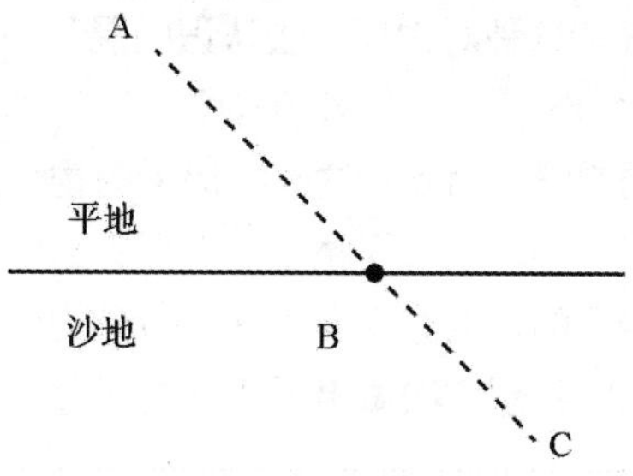

图 4－14　从家到学校路径

［例 9］ 如图 4－14 所示，小明从家到学校点必须经过一片沙地（平地行走的速度大于沙地行走的速度），他应该选择怎样的路径最快捷？小明利用光学知识确定应从____处由平地进入沙地（选“B 点”、“B 点左侧”或“B 点右侧”），请你大致画出他的行进路线。

解析：小明从家到学校，选择路径的问题是一个运动学问题，与光学知识没有必然联系，因此要解决这道题目需要用到类比推理法。该题与光从 A 点发出照到水中 C 点的光路类似。光在空气中的速度比在水中快，当光从空气射入水中时，光路突然发生偏折，是最省时的从 A 点到达 C 点的方法，如图 4－15。同样，人在平地的速度大于沙地的速度，两处速度不同，这点与光从空气到水中很相似。因此，用类比法选择路径 B 点右侧最快捷。

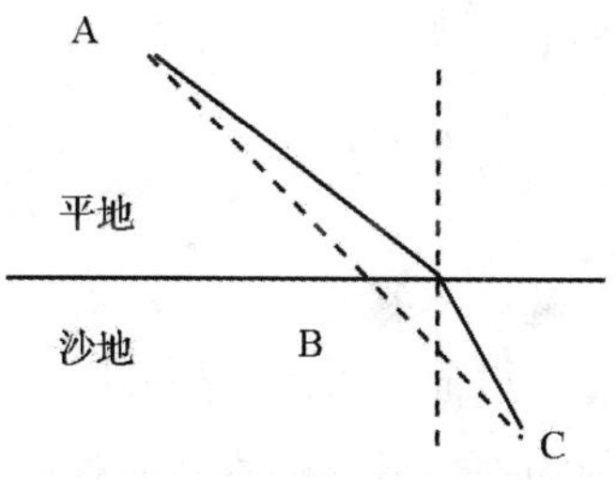

图 4－15　类比光的折射的路径

12. 几种易混淆的物理方法

对于有些物理方法的内涵，学界存在着严重的分歧，例如对于同一个题目中用到的同一种方法，有人认为是转换法，有人认为是整体法。

［例 10］ 如图 4－16A、B 两球，所受重力相等，把它们放入水中时两球都漂浮在水面上，试比较两球浸入水中部分的体积大小。

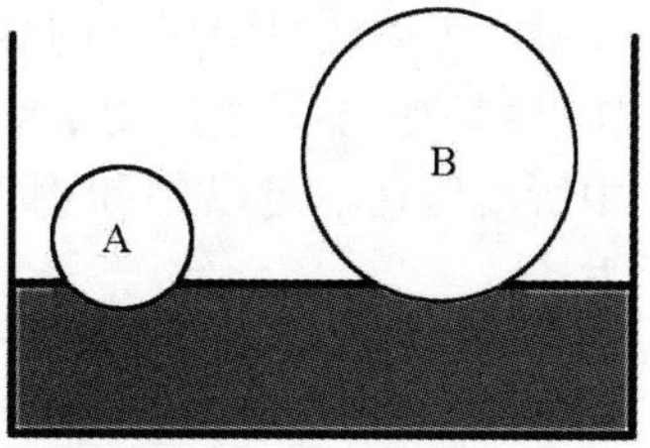

图 4－16　两球漂浮

解析：取任意一物体为研究对象，根据物体浮沉条件 $F_{浮}=G$，又根据阿基米德原理 $F_{浮}=\rho_{液}gV_{排}$，可

得 $V_{排} = G/\rho_{液} g$，由于两球重力相等，又是同种液体，可见两球浸在水中体积相等。

有人认为解这道题用到的是整体法，因为选择了一个物体整体为研究对象，而不是选择浸在水中的体积为研究对象。还有人认为这道题目用的是转换法，是根据物体浮沉条件和阿基米德原理，将题目所求的体积量的比较转换为力学量来比较的。

这种对物理方法认识的混乱一直存在于教学实践中，且为数不少，给教学造成了很大的影响。它使教师和学生对物理方法的内涵产生错误的理解，从而严重阻碍物理方法的教学。因此对这些易混淆的物理方法需要有严格的区分。我们区分物理方法的原则是根据心理学中程序性知识在头脑中表征的理论。程序性知识在头脑中是以产生式的形式表征的，也即依据条件—行动规则表征的，依据激发物理方法的条件性知识的不同，我们将物理方法做出了明确的区分。下面举例说明。

(1) 假设法与转换法

[例11] 如图4－17，一个半径为 r，质量为 m 的半球，半球的底面与容器底部紧密接触。此容器内液体的密度为 ρ，高度为 h，大气压强为 p_0。已知球体的体积公式为 $V = \dfrac{4\pi r^3}{3}$，球体面积公式为 $S = 4\pi r^2$，则液体对半球的压力为多少？

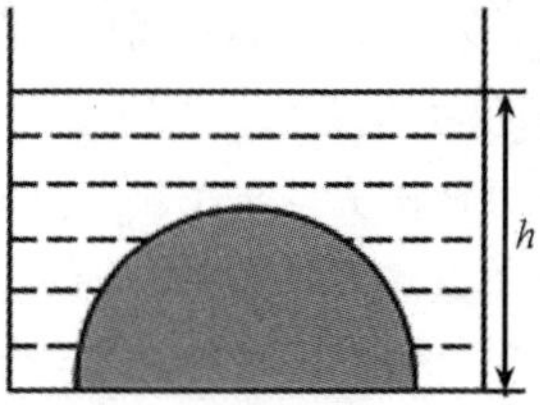

图4－17　水底半球

解析：因为半球各处所处深度不完全相同，因此无法用液体压强公式直接代入计算。根据浮力产生的原因，想到 $F_{浮} = F_{下} - F_{上}$，于是问题转化为求浮力和半球底面压力差，但我们遇到的难题是无法求出半球底面受到的压力。不妨假设此半球与容器底接触不密合，这样并不影响该半球在水中所处的深度，所以并不影响半球受到的向下的压力。

有人认为此解法为假设法，其实是不对的，不能看到解析过程中出现假设两个字就将其归入假设法，这是十分肤浅的看法。其实，这里用到的是转换法。解题是根据浮力产生的原因即浮力与压力之间的关系，将球面受到的压力转化为浮力和半球底面受到的压力差，正是这一转换的方法决定了我们必须假设半球与容器不密合接触，因此题目中用到的是转换法。在这里，激发起转换法的条件性知识是题目中所求物理量不易直接测量或直接用公式求解；而激发起假设法的条件性知识是题目中所给信息不足以判断物理过程。可见，把握住条件性知识就可以明确区分物理方法。

(2) 整体法与转换法

[例12] 如图4－18，向放在水平桌面上的圆柱形容器甲和底大口小的容器乙分别倒入质量相同的不同液体，液面高度也不同。则两容器底部受到液体的压力哪个大？

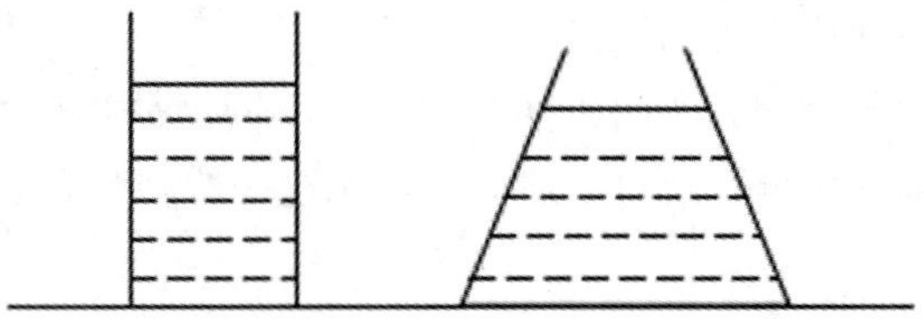

图 4-18　容器

解析：直接运用压力和液体压强公式 $F=pS$ 和 $p=\rho_{液}gh$，得 $F=\rho_{液}ghS$，发现甲乙容器的底面积和液体密度都不相同，且题目条件有限，无法比较。因此，考虑用其他方法。由于题目中只提到液体重力相同，考虑用转换法，将压力与液体重力联系起来，将问题转化。于是，设液体重力为 G，容器甲底部受到的压力 $F_{甲}=G$，容器乙底部受到的压力 $F_{乙}>G$，所以 $F_{甲}>F_{乙}$。

有人认为此题用到了整体法，认为跳出了局部，从整体入手，即从容器形状入手，发现了 $F_{甲}=G$，而 $F_{乙}>G$，进而打开思路。这种看法不对。我们知道，激发起转换法的条件性知识是通过审题发现题目中所求物理量不易直接测量或用公式求出，而激发起整体法的条件性知识是题目中有多个研究对象或过程都可以用同一物理公式求解。这道题中，直接比较压力是做不到的，因此考虑将液体压力的问题转化为液体重力问题求解。依据相关的原则，本题用的是转换法。

（3）等效法与转换法

［例 13］如图 4-19，柱形容器中的热水冷却时，容器底部所受水的压强将（设容器的容积不随温度变化，且不考虑蒸发的影响）增大、减小或不变？

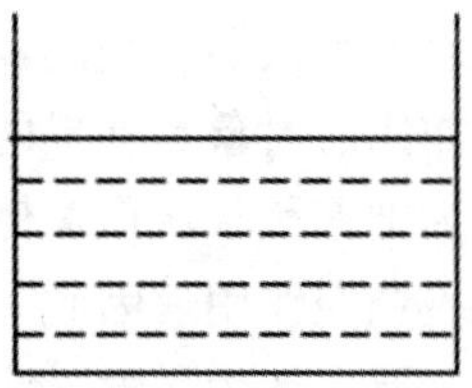

图 4-19　盛水的柱形容器

解析：用液体压强公式 $p=\rho gh$，发现密度 ρ、深度 h 随温度变化都在变化，这样不可能根据液体压强公式确定的大小变化情况。因此，考虑到将液体压强转化为其他量来求解。若将容器中的水通过转化成一个质量与水相等的柱形固体，此时柱形固体对容器底的压强为 $p=\frac{F}{S}=\frac{G}{S}=\frac{mg}{S}$，由于容器的容积不变，且不考虑蒸发的影响，转换后的柱形固体的底面积和质量均不变，柱形固体对容器底的压强不变。由此易知容器底所受水的压强也一定不变。

有人认为此题目用到的是等效法，原因是在解题中是在效果相同的情况下，才做出的转化。其实这是不妥的。在这里，激发起转换法的条件性知识是通过审题发现题目中所求物理量不易直接测量或用公式求出。而激发起等效法的条件性知识是题目中所给的比较复杂的物理图景可以运用已有知识，通过加工变化为比较简单的图景。在这里，由于意识到题目不易直接用液体压强公式进行比较，才考虑到要把压强的比较转化为重力的比较，从而顺利求解。依据相关的原则，此题用到的是转换法，而等效只是由转换带来的结果。

总之，依据激发起物理方法的条件性知识的不同区分物理方法这一原则，我们将物理方法做了明确的区分，通过上述分析可见这一原则是有效的。

第四节　初中物理知识获得过程中科学方法教育的实施

第三节显化了初中物理应用知识的物理方法教育内容，就为物理方法教育的实施做好了教育内容方面的准备。下面我们将探讨物理方法教育的实施问题。

一、教学目标

在确立应用知识的物理方法教学目标之前，首先需要明确应用知识的物理方法的学习的心理学本质是什么，这样才可能从根本上避免教学的盲目性。

1. 物理方法的心理学本质

依据信息加工心理学相关理论，知识的学习分为两大类，陈述性知识和程序性知识，程序性知识又分为智慧技能和认知策略。智慧技能即一般所谓的技能。认知策略是一种特殊的程序性知识，与智慧技能相比，认知策略是对内调控的，它的作用对象是人们头脑内的学习、记忆、思维等活动过程，而智慧技能是对外办事的，它作用的对象是外界的符号、事物。根据科学方法的定义，科学方法是科学认识主体为把握科学认识客体而采用的一般思维手段。可见，科学方法对科学主体的活动起着调控作用。因此，科学方法的学习属于认知策略的学习。

有人认为科学方法属于程序性知识中的智慧技能，而不是认知策略，笔者认为这种认识混淆了智慧技能和认知策略这两个心理学概念。从知识表征的角度来看，程序性知识是以产生式的形式在头脑中表征的。产生式这个术语来自计算机科学，信息加工心理学创始人西蒙和纽厄尔认为，人脑和计算机一样，都是物理符号系统，其功能都是操作符号。计算机具有智能，能完成各种运算和解决问题，是因为它储存了一系列以如果/那么（if/then）的形式编码的规则的缘故。也就是说，由于人经过学习，其头脑中储存了一系列以如果/那么的形式表示的规则，这种规则被称为产生式。产生式是所谓的条件—行动规则（简称 C—A 规则）。智慧技能和认知策略同属程序性知识，它们都是以产生式的形式在头脑中表征的。它们的不同就在于，智慧技能是对外调控的，认知策略是对内调控的。所谓对外调控是指，激发起思维操作（即行动）的条件是外在的信息，比如看到题目中有两球相碰这一信息，立即想到动量守恒知识。所谓内在调控就是激发起思维操作的条件是内在的心理感受和思维过程，比如说通过审题发现题目中所提供的信息不足以确定物理过程，这时想到用假设法；在这里，激发假设法这一思维操作的条件是意识到题目中信息的不足这一内部心理状态和思维过程，而不是题目中直接给出的信息。所以，应用知识的物理方法其心理学本质是认知策略，而不是智慧技能。

2. 物理方法的教学目标

(1) 应用知识的物理方法的教学目标为“应用”

应用知识的物理方法的学习属于程序性知识的学习，物理方法的最终教学目标应定为运用这一层次，而不能仅仅要求记忆和理解。因为如果仅仅要求学生理解和记忆，只能形成陈述性知识，而不能上升到程序性知识。也就是说，学生如果仅仅能够知道理物理方法的名称，粗略理解物理方法的内涵，则遇到实际问题还是不能够运用物理方法灵活处理。因此，应用知识的物理方法的教学目标必须达到应用的层次。

(2)“应用”分为简单应用和灵活应用两个亚层次

根据物理方法出现的频次，物理方法的教学目标分为两个亚层次：简单应用和灵活应用。对于出现频次较少的物理方法给学生提供可变式练习的机会较少，因此对于这些方法只要求达到简单应用，即要求学生能够在有限的问题情境中应用即可；而出现频次较多的物理方法，由于学生有较多的变式练习机会，对于这些物理方法要求学生能够灵活应用。

根据表4－3和图4－2对物理方法出现频次的统计，对于出现次数在4次以下的物理方法，要求学生能简单运用即可，也即能够在简单题目和有限的物理情境中运用；而对于出现次数在4次以上的物理方法，要求学生能在复杂题目和多种物理情境中灵活运用。

在此需要说明一点，已有的研究表明，获得知识的物理方法的最终教学目标可以分为记忆、理解、应用三个层次。这与应用知识的物理方法的教学目标不同。

这有两方面的原因：其一，物理方法在获得知识和应用知识过程中所起的作用不同。在获得知识的过程中，学生不必经过独立思考自己想出获得知识所需的物理方法，只需要在教师的引导下，能够理解获得知识中运用的物理方法即可。而在应用知识过程中，学生必须熟练掌握物理方法，才能在解题中灵活运用，促使解题顺利完成。

其二，获得知识和应用知识的物理方法学习的外部条件不同。由于认知策略的教学的难度要高于一般的智慧技能的教学，需要的变式练习也更多（详见本节二、2. 外部条件），而实际教学中，获得知识的物理方法的变式练习的机会十分有限。比如，不可能要求每节课都用探究教学，要求学生亲自体验物理方法，并运用物理方法独立得出物理规律。而且有些方法出现的次数很少，学生接触的机会有限，这样学生就不具备掌握物理方法的客观条件。相对而言，应用知识的物理方法学习的外部条件就比较优越，比如说用到整体法的题目有许多道，可以给学生提供变式练习的机会就比较多，因此应用知识的物理方法的教学目标可以达到应用层次。

二、物理方法教学的实施条件

依据心理学相关研究成果，并结合物理教学实际，笔者认为物理方法教学的有效实施需要一系列内部和外部条件。

1．内部条件

（1）原有知识背景

根据认知加工心理学理论，认知策略对整个信息加工过程起着调控作用，使用策略的目的就是提高信息加工的效率。这就使策略的运用与它加工的信息有着十分密切的关系。研究表明，策略的应用离不开被加工的信息本身，学生在某一领域的知识越丰富，就越能应用适当的加工策略。因此，物理方法的教学需要建立在学生对已有的物理概念和原理比较熟悉的基础上，只有学生对相关物理概念和原理掌握相当熟练并形成了智慧技能，这时才适合进行认知策略的学习。

（2）学生的动机水平

研究发现，简单地教学生执行某一策略，绝不能保证学生理解运用策略所带来的效益。这种理解是学生在教学之后继续运用策略的关键因素。这一理解能起激励作用，激励他运用学过的策略。不仅如此，学生的动机决定他们选择什么策略，并决定使用这些策略的效果。具有外部动机的学生倾向于选择和使用机械学习策略，具有内部动机的学生倾向于选择和使用有意义的和起组织作用的策略。动机强的学生倾向于经常使用他们习得的策略，动机弱的学生对策略的使用不敏感。

（3）反省认知发展水平

认知策略中反省认知成分是策略运用成败的关键，也是影响策略可迁移性的重要因素。而反省认知成分的掌握情况则主要取决于个体自我意识发展水平的高低。一般来说，儿童先有对外部事物认识的发展，然后才有自我意识的发展。因此，有心理学家主张，认知策略学习应与反省认知训练结合进行。

2．外部条件

（1）若干例子同时呈现

物理方法的学习是一种上位学习，或例—规学习，因此需要从具体例子出发，总结出物理方法的适用条件和规则。而在学生的自发学习中，例子未经过精心选择，未预先考虑呈现的时间安排，支配策略的规则发现具有很大的偶然性。这样的外部条件只对少数的聪明学生有利，不利于绝大多数学生习得策略。为了帮助大多数学生习得物理方法的规则，教学必须同时呈现两个以上的例子。越是高度概括的规则，越要提供更多的例子。有的教学理论强调学生的自发学习，反对将例子做系统安排。

这种理论只看到了极少数聪明学生的自发发现的能力，忽视了大多数学生缺乏这种能力。

（2）指导规则的发现及其运用条件

传统教学论不强调指导学生从多个例子中发现支配策略的规则。在物理教学中，传统教学强调让学生自己“悟”，对于“悟”什么，则说得不清楚，有人甚至强烈反对明确的教授物理方法。现代教育心理学的研究与此相反，不仅要明白地把支配认知策略行为的规则是什么告诉学生，而且要使他们体验到运用策略带来的效益。为了使习得的策略在新情境中应用，教学中还应使学生清楚地知道策略运用的条件。因此，物理方法的教学必须采用显性教学方式，明确告诉学生方法的内涵和使用条件。

不仅如此，由于物理题目本身是笼统和混沌的，夹杂着各种信息，这就造成物理方法的适用条件和规则表述的模糊和含混，这就特别需要学生亲自动手动脑参与去深刻体验做习题成败的过程，才能真正理解运用物理方法的条件。

（3）提供变式练习的机会

变式练习不是简单的重复练习，重复练习只适合动作技能的学习，不适合智慧技能的学习，更不适合认知策略的学习。变式是合适规则的情境的变化。只有在变式情境中应用习得的规则，学生才能深刻理解习得的规则。也正是因为获得知识的物理方法练习机会有限，才不要求学生达到应用的程度。

（4）练习的系统化

正如加涅指出的：“许多人以其自身的经验认识到，思维策略很少在短时内获得，而是需要数年的实践方能达到精炼水平，从而可迁移至新的问题解决情境。”物理方法的掌握需要系统的练习。这也解释了目前为什么许多学生对物理方法掌握得不很理想，在以往的教学中，我们对方法的重视程度不够，教师总是满足于就题论题，满足于在某一具体的习题教学中教授物理方法，而缺乏引导学生针对某一方法系统的练习。为此，必须改变错误的教学认识，而且要认识到物理方法的教学是一个长期的系统的过程。

三、物理方法的教学阶段

在确定应用知识的物理方法的教学阶段之前，首先需要明确作为认知策略的物理方法在心理学中的习得过程以及认知策略的习得过程可以分为几个阶段。这是确定物理方法教学阶段的基础。

1. 物理方法学习的心理过程

如前所述，应用知识的物理方法的学习属于认知策略的学习，因此应该遵循认知策略学习的规律。相关研究表明，认知策略学习分为如下 3 个阶段。

首先，应该将物理方法转化为外显的可操作的程序，在解题过程中具体说明何时何处用哪些物理方法，帮助学生更好地学习物理方法。在这个过程中，科学方法是以陈述性知识的形式保持在学生头脑中的。然后通过练习，使有关物理方法能够支配自己的认知行为。最后，随着在不同情境下多次反复练习，这些物理方法就逐渐地内化到学生的头脑中，成为学生的认知策略。当学生再次面临一定的情境，在没有任何提示的情况下，主动选择并正确地使用认知策略，这时学生已经掌握了物理方法。

2. 物理方法的教学阶段

根据认知策略学习过程的3个阶段，相应地将应用知识的物理方法的教学分为如下3个阶段：规则习得阶段，变式练习阶段、策略的运用和迁移阶段。在不同阶段，教师应该采取不同的教学策略促进学生学习物理方法。

（1）规则习得阶段

在这个阶段，学生是以陈述性知识的形式习得物理方法的，主要目标是让学生知道物理方法的使用情境和操作方法。教师要引导学生通过比较几种不同方法的优劣来促使学生对物理方法进行反思，体会“当遇到什么情况的时候用整体法考虑问题”（产生相应的元认知体验），使学生多次感受到用物理方法解题的情境和效益；并讲解物理方法的操作方法。这一阶段的教学可以用“例—规”法或“举三反一”来刻画。这里三指多个例子，一指物理方法。

在习题教学中实施教物理方法显性教育，应该与习题解答的全过程紧密结合。根据物理学知能结构，习题的解答过程大致可以分为四步：理解题意，明确物理过程——知识定向——运用物理方法——列式运算求解。解题的前两步对于物理方法的教学似乎没有直接作用，但是对于学生正确理解运用物理方法的条件是很有帮助的。物理方法就是在我们直接应用物理知识解题出现困难时，根据具体情境选取的。在这个阶段的教学中，教师要讲清楚何时遇到何种情况时用何种物理方法，并且使学生对物理方法的使用情境有比较深刻的体会和理解。

例如，在整体法教学中，教师可以先让学生尝试用两种以上方法做，然后引导学生对解题过程中用到的整体法和隔离法进行比较，反思自己的解题方法，体会“何时用整体法考虑问题”，体会运用整体法解题的效益。之后，向学生呈现多道相似的题目，使学生能够对整体法有比较深刻理解。

（2）变式练习阶段。

通过第一阶段的教学，教师已经讲明物理方法的运用条件和操作方法，学生对整体法已有一定的理解，在这个阶段需要给学生多次变式练习的机会，促使陈述性知识转化为策略性知识。这个阶段的教学可以用“规—例”法或“举一反三”来概括。

例如，整体法的教学，在这个阶段，教师需要给学生提供情境有一定变化的题目给学生做，给学生提供变式练习的机会。

(3) 策略运用和迁移阶段

构成策略（物理方法）的一套步骤，学习起来并不难，难就难在如何自发地运用这套步骤，即面临一定的情境，在没有任何提示的情况下，主动选择并使用正确的策略（物理方法）。只有达到这个程度，才说明方法已经真正掌握。研究发现，达到这一水平也需要练习，不过练习内容的重点放在练习判断策略使用的情境。达到这一水平被称为反省认知水平（元认知水平），是物理方法习得的真正标志。在这个阶段，教师除了给学生提供多次变式练习的机会，更要注重判断物理方法运用情境的训练，促使学生达到反省认知的水平，从而使学生真正掌握物理方法。

例如，运用整体法解题的情境是，当习题中出现多个研究对象或多个过程，用隔离法会使解题过程复杂时，可以考虑用整体法将物理规律用于整个系统。教师要提供多种运用整体法的习题，对学生判断整体法运用情境进行专门训练，促使学生在面临同样情境时能够在没有任何提示的情况下，主动选择用整体法解题。

四、物理方法的教学过程

依据认知策略学习的心理条件和学习阶段，应用知识的物理方法的教学过程可以分为如下 4 个步骤。

1. 提示学生回忆原有知识

依据前述心理学理论，认知策略是调节和控制学生学习活动的一套程序或步骤。习得认知策略时，一个重要的前提条件是学生对学习的内容比较熟悉。如果对学习的内容不太熟悉，不仅认知策略难以习得，而且这样“凌节而施”，增加了学生学习失败的经历，容易挫伤学生的学习自信心。

2. 呈现适合物理方法应用的变式情境

这一步主要是将蕴含有物理方法或需要运用物理方法进行解答的例题呈现给学生，让学生亲自动手练习，目的是使学生深刻体会到物理方法运用的情境。

3. 引导学生概括运用物理方法的条件

通过对上述运用物理方法的情境进行概括，引导学生对上述问题情境进行比较，抽取出相同的部分，得出运用物理方法的条件。

4. 设计变式练习，引导学生理解和熟悉运用物理方法的条件

物理方法属于程序性知识，其学习过程也要经历由陈述性知识经变式练习的转化过程。这里的关键是让学生理解和熟悉运用方法的条件，学的难点在于遇到实际问题时，学生不会主动运用物理方法。因此，需要设计变式练习，让物理方法的学习达到“自主”的程度。

五、物理方法教学的测量与评价

教学评价是完整的教学过程中不可或缺的部分，做好物理方法的测量与评价可以帮助我们诊断学生学习状况，可以为进一步做好教学工作提供反馈信息，也可以对学生的学习起定向作用。

如前所述，应用知识的物理方法的教学目标只有“应用”这一个层次，而获得知识的物理方法的教学目标有“了解”“理解”和“应用”3 个层次，二者的教学目标不同就决定了对它们的测评方式的差异。

应用知识的物理方法教学目标要求达到“应用”层次，即要求学生的解决问题时能运用。因此，应用知识的物理方法的测评往往与物理知识的评价紧密结合，难以单独测评，比如前述科学方法教育内容的界说部分所举例子。

此外，由于应用知识的物理方法和获得知识的物理方法在内容上有共同的部分，例如控制变量法、理想模型法、转换法、等效法、图像法、类比推理法等，因此对这些物理方法的测评应分不同的层次。依据相关研究，学生对物理方法的掌握程度分为：了解、理解、应用 3 个层次，它们的具体描述如下。

1）了解：学生知道并能够回答所使用的物理方法。

2）理解：学生理解该策略使用的条件和场合，能举出自己的例子。

3）应用：学生能够在解决一定问题时运用。

下面举例说明对这些物理方法的测评方式。

[例 1] 小刚同学做探究什么因素决定音调的高低的实验如图 4－20。

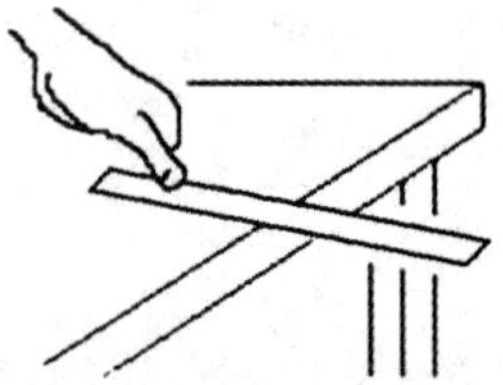

图 4－20　探究决定音调高低的因素

将一把钢尺按在桌面上，尺子一端伸出桌边。拨动钢尺，听它振动发出的声音，同时注意钢尺振动的快慢。改变钢尺伸出桌边的长度，再次拨动。注意使两次的振动幅度大致相同。

思考并回答问题：

1）钢尺伸出桌边的长度变化时，振动的快慢也随之变化，音调同时随之发生了变化。钢尺伸出桌边越长，振动得越__________（选填“快”或“慢”），相应的音调也越__________。音调和频率之间的关系是__________。

2）使两次的振动幅度大致相同，运用的研究方法是__________。请举出与此题用到相同方法的例子__________。

在此，第 2）问即考察物理方法的掌握情况，学生只有根据问题情境才能做出判断本题用到的物理方法，并要求举出例子。学生能够完成说明达到了“理解”层次。

［例 2］请你设计一个探究“滑动摩擦力与物体运动的速度是否有关”的实验。要求写出实验器材和实验步骤。

要解决此题必须用到控制变量法，需要控制压力和接触面的粗糙程度不变。如果学生能够自觉应用顺利解题，则说明学生对方法达到了“应用”层次。

六、物理方法的课堂教学设计——以整体法为例

表 4－18　物理方法的课堂教学设计

课　题	“力和机械”中的整体法
教材	人教版九年级《物理》第十二章
任务分析	整体法是初中物理中应用知识的重要方法，掌握整体法有助于发展学生的解题能力。之前对本章知识已做了系统复习，学生知识掌握没有大的缺陷
学情分析	知识方面，学生已经对“力和机械”一章中的一般知识点熟练掌握；方法方面，在之前的电学学习中对特定问题情境能运用整体法和隔离法。这就为学生掌握本章中的整体法打下了基础
教学目标	会应用整体法解“力和机械”的习题
教学方法	讲授法和练习法
设计思路	物理方法是属于认知策略的学习，需要依照策略性知识的教学规律设计教学，因此主要的教学步骤有：通过复习，回顾原有知识；呈现适合整体法应用的变式情境；引导学生概括构成整体法的规则；设计变式练习，引导学生理解应用整体法的条件

教学过程设计

教学流程	教学内容	设计意图
一、复习（5 分钟）	师：请同学们做下面两道练习题。练习 1：如图 4－21，重 10N 的木块，被 15N 的压力 F 静压在竖直的墙壁上，则墙壁对木块的摩擦力大小为多少？假设用 30N 的力压这一木块，木块静止不动，则墙壁对木块的摩擦力为多少？ 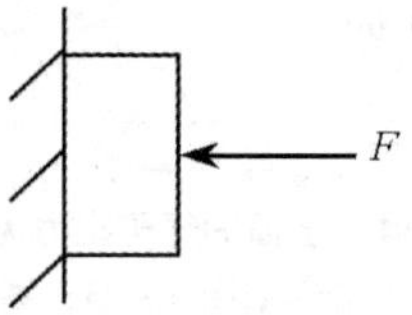 图 4－21　木块压在墙上 练习 2：如图 4－22，地面上一物重 100N，当物体做匀速直线运动时，物体与地面的摩擦力为 60N，则拉力为 F 多少？ 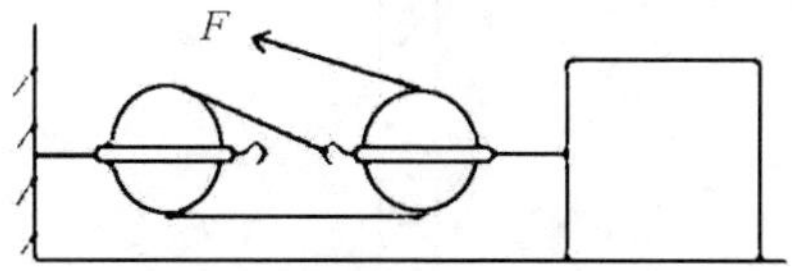 图 4－22　滑轮组拉木块 解题步骤：（略）	认知策略学习的内部条件之一是学生对学习的内容比较熟悉，因此这里首先回顾以往的知识有利于学生习得物理方法。 在此，通过做习题帮助学生回顾已有的知识

续表

<table>
<tr>
<td>二、练习并讲解例题（15 分钟）</td>
<td>师：前面我们复习了本章的部分主要内容，下面我们学习本节课的新内容。
同学们先做一个题目。
例 1：如图 4－23，水平地面上有一大木框重 500N，框中有一重 600N 的人，“顶天立地”站在框里。问当人用 100N 的力竖直向上推框顶板时，木框对地面压力多大？
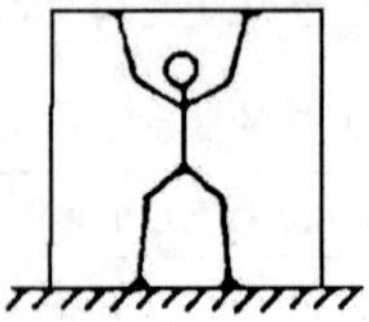
图 4－23　木框
过几分钟，大部分学生已做出来。
师：同学们都做出来了吗？……是怎么做的？
挑出几个学生说出自己的解法如下：
分析人受力：受到重力 600N，由于人向上推木框，根据相互作用力大小相等，所以人还受到木框向下的推力 100N。
分析木框受力：受到重力 500N，人向上的推力 $F_{向上}$ 100N，人向下的压力 $F_{向上}$ 即人的重力加木框推力共 700N。
所以，根据二力平衡原理，木框受到的支持力是 $F_{支} = G_{木} - F_{向上} + F_{向下} = 1100N$，根据力的相互作用原理，木框对底板压力为 $F_{支} = 1100N$。
师：很好。还有其他解法吗？
生 A：老师，我将人与木框作为一个整体，这样两者的重力之和即等于木框受到的地面支持力，也等于木框对地面的压力。得出的答案也是 1100N。
师：很好。看来 A 同学的做法比较简便。我们在这里把人和木框看作一个整体来计算框对地面的压力，这就不需要考虑人与木框的相互作用力了。这叫什么方法啊？
生：整体法。
师：好。同学们看下面这道题怎么做。
例 2：两条形磁铁如图 4－24 悬挂，上面的绳子拉力为 T，现将下面一块的 N、S 极倒置，仍挂在原处，如图 4－25，则此时上面绳子的拉力设为 T′，试比较 T 和 T′大小。
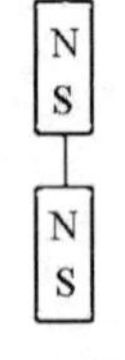

图 4－24　磁铁组合 1
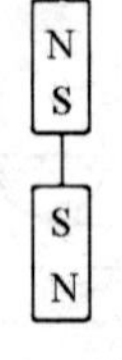

图 4－25　磁铁组合 2</td>
<td>通过学生亲自动手，使学生对运用整体法解题的问题情境有更深刻的体验。为后面概括整体法解题的条件打下基础

通过呈现例 2，给学生更多的变式情境，有助于学生总结发现运用“整体法”的条件</td>
</tr>
</table>

续表

二、练习并讲解例题（15分钟）	这时学生大部分意识到用整体法，因此教师适当点拨和总结即可。 师：同学们再看一道题目。 例3：如图4－26，用200N的力拉着物体A以1 m/s的速度在水平面上匀速前进，若不计滑轮重力、绳子重力和物体A与地面的摩擦力，则物体B与地面间的滑动摩擦力为多少？ 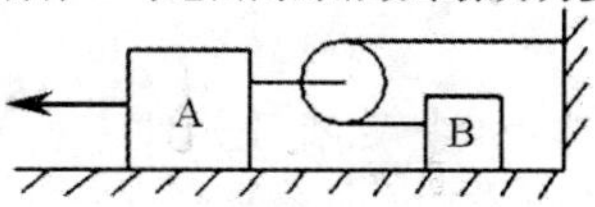 图4－26　滑轮与木块 解题过程：（略）	本题目用到了滑轮的知识，题目情境稍有变化，以帮助学生在不同情境下对整体法的规则进行概括
三、引导学生概括（5分钟）	师：同学们发现这三道题目有什么共同点？ 生：都用到了整体法 师：对。那么是不是所有题目都要用整体法解决比较方便呢？对于什么样的题目适合整体法解答呢？ 生：有多个物体。 师：对，也就是有两个以上的物体。除此之外呢？ 生：……（思考） 师：所求的力不是整体中的物体间相互作用力。总之，当题目中有多个研究对象，而且所求的量与整体直接有关时，用整体法简单。	根据前述的例题，学生已经对用整体法解题有所体验，这里教师及时概括总结
四、变式练习（15分钟）	师：下面两道题目请同学们用整体法解答。 例4：如图4－27，装有滑轮的升降装置底板质量为m，一位质量为$2m$的人站在底板上，用力拉绳使底板匀速上升，人的拉力应为多大？（不计滑轮与绳子质量，也不计绳子与滑轮之间的摩擦） 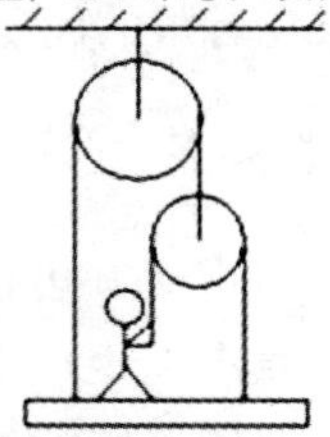 图4－27　滑轮组 例5：如图4－28，滑轮组下吊一60N的吊篮，重600N的人站在吊篮里拉绳子自由端使吊篮匀速上升，若动滑轮重30N，不计摩擦和绳重，他必须用多大的拉力？ 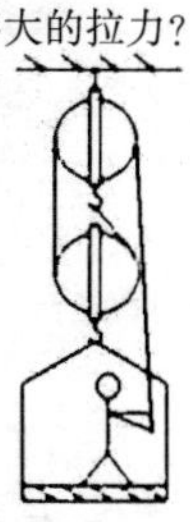 图4－28　吊篮 解题步骤：（略）	设计变式练习，进一步加深学生对整体法的理解

第五节　研究结论与综合讨论

一、研究结论

1. 初中物理应用知识的物理方法共有13种

本书用归纳的方法，对照初中《物理课程标准》中的知识点，将知识应用中的物理方法显化出来。经过统计，笔者总结出与初中《物理课程标准》中的知识相关的应用知识的物理方法共有13种：隔离法、比例法、整体法、控制变量法、图像法、假设法、等效法、转换法、作图法、极值法、对称法、理想模型法、类比推理法等。

2. 初中物理应用知识的物理方法教学目标为“应用”

应用知识的物理方法的学习属于程序性知识的学习，物理方法的最终教学目标应定为“应用”，而不能仅仅要求了解和理解。因为如果仅仅要求学生理解和了解，只能形成陈述性知识，而不能上升到程序性知识，也即在解题过程中不能应用。

进一步，根据物理方法出现的频次多少，物理方法教学目标分为简单应用和灵活应用两个亚层次。对于出现频次多于4次的物理方法应要求学生能灵活应用，而对于出现频次少于4次的物理方法只要求在有限的问题情境中能够简单应用即可。

3. 应用知识的物理方法教学需要满足一系列的内外部条件

依据心理学相关研究成果，应用知识的物理方法教学需要满足一系列的内部条件和外部条件。其中，内部条件包括学生原有知识水平、学习动机和反省认知发展水平；外部条件包括若干例子同时呈现，指导规则的发现及其运用条件，提供变式练习的机会以及练习的系统化。

4. 应用知识的物理方法的教学分为3个阶段

由于物理方法的学习属于认知策略的学习，根据认知策略学习心理过程的3个阶段，应用知识的物理方法的教学分为如下3个阶段：规则习得阶段、变式练习阶段、策略的运用和迁移阶段。在不同阶段教师应该采取不同的教学策略促进学生学习物理方法。

5. 应用知识的物理方法的教学过程分为4个步骤

由于物理方法的学习属于认知策略的学习，依据认知策略学习的心理条件和学习阶段，应用知识的物理方法的教学过程分为如下 4 个步骤：提示学生回忆原有知识；呈现适合物理方法应用的变式情境；引导学生概括运用物理方法的条件；设计变式练习，引导学生理解和熟悉运用物理方法的条件。教师在课堂教学中应依照这四个步骤展开应用知识的物理方法教学。

二、教学建议

1. 初中《物理课程标准》中应当把应用知识的物理方法纳入教学内容

初中《物理课程标准》是关于初中物理教学的国家性指导文件，它是全国初中物理教学的依据，是全国初中物理教学的指挥棒。对于物理方法教育，要从根本上进行规范，就必须将物理方法教育纳入课程标准，明确地提出物理方法的教学内容。根据本文的研究结论，初中物理应用知识的物理方法共 13 种，在课标中应将每个知识点对应的应用知识的物理方法显化出来，规范物理方法的教学内容。

2. 初中《物理课程标准》中应明确规定应用知识的物理方法的教学目标

教学目标预设的活动结果，给师生提供了活动方向，让师生明确了教学活动重点内容和内容要求掌握的程度。因此对于应用知识的物理方法的教学目标，课标中应该有明确的规定。根据上述研究结论，初中《物理课程标准》应把应用知识的物理方法的教学目标定为“应用”，根据物理方法出现频次的多少又可分为简单应用和灵活应用两个亚层次。

3. 要在学生牢固掌握知识的基础上教授物理方法

根据认知加工心理学理论，认知策略对整个信息加工过程起着调控作用，使用策略的目的就是提高信息加工的效率。这就使策略的运用与它加工的信息有着十分密切的关系。研究表明，策略的应用离不开被加工的信息本身，学生在某一领域的知识越丰富，就越能应用适当的加工策略。因此，物理方法的教学需要建立在学生对已有的物理概念和原理比较熟悉的基础上，只有学生对相关物理概念和原理牢固掌握，这时才适合进行物理方法教学。

4. 注重系统地教授和练习物理方法

在以往的教学中，教师和学生往往满足于就题论题，满足于在某一具体的习题教学中教授物理方法，而缺乏针对某一方法系统地教授和练习。根据研究结论 3，物理方法的习得需要同时呈现若干例子，物理方法的掌握离不开系统化的练习。为此，要使学生真正掌握物理方法，在学生习得物理方法的过程中必须呈现若干例题，在学生掌握物理方法的过程中必须进行系统的练习。

5. 增加物理方法相应习题编制的数量

根据研究结论3，物理方法的习得需要大量的变式练习机会。变式练习不是简单的重复练习，重复练习只适合动作技能的学习，不适合智慧技能的学习，更不适合认知策略的学习。变式是适合规则的情境的变化。只有在变式情境中应用习得的规则，学生才能深刻理解习得的规则。因此，足够的习题数量是物理方法习题教学的基础。

三、本研究的不足

由于研究的主客观条件有限，本书的研究还存在如下的不足之处。

一是由于中学物理习题类型众多，而且不断有新题型出现，而文章是在对现有的习题中出现的物理方法进行归纳。有些物理方法难免会因疏漏而未被纳入文中，而随着时代和教学思想的发展，会有用到新物理方法的习题产生。因此，本文对物理方法的归纳会有问题。

二是缺乏相关实证研究。由于物理方法教育是一个长期系统过程，难以在短期内见效，又鉴于教育研究从理论思辨到实践检验的过程是一个长期的复杂的过程，所以本研究没有做出实证研究。

四、值得进一步研究的问题

通过本书的研究，我们对物理方法教育有了进一步明确的认识，但是还有一些问题尚不明朗，需要做进一步的探索。

一是不同物理方法对学生习题表征水平的要求会有不同。例如，对于等效法，学生不需要弄明白整个题目的结构就能画出等效电路图，而学生必须对题目的结构有整体的把握才能想到转换法；换句话说，学生只需对习题达到同化表征就能画出等效电路图，而如果要用转换法解题则需要学生对题目达到建构表征。这还需要进一步的教育学和心理学解释。

二是物理方法与整个物理解题的认知机制的关系还有待明确。由于物理解题的心理过程是复杂的，我们不可能仅仅教授物理方法就企图教会学生学会解题，因此，物理方法在物理解题心理过程中的作用还需要进一步研究。

第五章　初中物理实验教学中科学方法教育内容的研究

第一节　导　言

一、问题的提出

科学方法是人们在认识和改造客观世界的实践活动中总结出来的正确的思维方式和行为方式，是人们在研究与解决科学问题的过程中所应用的策略、程序、办法，是人们认识和改造世界的有效工具。物理科学方法是研究物理现象、描述物理现象、实施物理实验、总结物理规律、检验物理规律时所应用的各种手段与方法。[①] 物理科学方法教育是指结合物理知识教学有意识地渗透和传授物理科学研究的方法。而物理科学方法教育内容则更加明确了如何将科学研究方法与知识教学有机地结合起来。

物理学是以实验为基础的自然科学，物理概念、物理规律是从实际问题中抽象、概括出来的，而物理实验对于建立物理基本概念和理论及加强对基本概念和基本理论的理解有着不可取代的作用。初中学生刚刚开始学习物理，学习方法及抽象思维能力都还没有形成，因而，从加强学生实验着手进行教学显得尤为重要。在初中物理实验教学中采用科学方法教育，可使学生通过知识与经验并重的主体性研究性活动，实现自我发展，培养自己发现问题、分析问题、解决问题的能力，以及创造精神的一种自主性学习方式。它与接受性学习功能各异，相辅相成。在新课改的背景之下，要注意让学生体会某一知识或规律产生或发现的过程，将当初科学家们研究这一问题的过程适当地重现在学生面前，让学生体会到发现问题、分析问题、解决问题的乐趣，进而掌握某种处理问题的方式方法，提高学生的学习能力和创新意识，这才是物理学科教学的最终目标。因此，如何在实验教学中应用科学方法教育就成为了一个非常现实的问题。采用科学方法教育进行课堂教学，关键是要把科学方法的思想渗透到学科教学中，对于物理学科而言这一点就显得尤为重要。查阅教育教学的有关书籍发现，关于科学方法的文章一直备受关注，而能够将其成功移植到教

① 张宪魁. 物理科学方法教育［M］. 青岛：中国海洋大学出版社，2000：25.

育领域，并得到切实操作的案例却少之又少。究其原因，一是就科学方法的分类而言，大多停留在哲学层面，或者着眼于其普遍性上，与教育教学有一段距离；二是在教学中，教师对学生该方面的关注不够，了解不足；三是目前科学方法的教育途径缺乏系统的阐述。因此，在教学中我们迫切需要一种有效的科学方法教育途径。而实现这一目标的一个前提就是对科学方法教育内容的研究。

有鉴于此，综合认识论、教育心理学以及现代教育理论，在吸取前人宝贵经验的基础上，对初中物理实验教学中科学方法教育的内容进行了一些研究，以期能为在物理教学中开展科学方法教育提供有价值的对策。并且力求这项工作能够在解决科学方法的教学效率低下，甚至是停步不前的状况方面贡献力量，从而达到促进学生发展，提高青少年科学素养的目的。

二、本研究的意义

1. 使知识教学和能力培养的结合具有可操作性

学生学习物理，不仅要掌握人类从生产实践和科学实验中总结出来的规律性知识，还要在思想观点、意志品德方面受到熏陶，从终身教育的意义看，更为重要的是还必须掌握科学方法。而科学方法的真正掌握，必须在探索和发现之中实现。因此，在中学物理教学中进行科学方法教育，必须结合实际问题。在中学物理实验课程中有着丰富的科学方法教育内容，科学方法教育不仅需要潜移默化的熏陶，也需要训练。强化训练、引导学生运用科学方法解决具体问题，是实现这一目标的重要环节。所以，我们必须对科学方法教育的重要途径实现清晰的认识，即如何进行观察，并通过观察来发现和分析问题：如何搜集（查询和利用）文献资料；如何设计和进行实验；如何整理数据和撰写报告等。这些都是让学生动脑动手，理论联系实际，经受科学方法严格训练的重要途径。

2. 利于中学教师更好地进行科学方法教育

在实验中进行科学方法教育，要求教师能够分析课程标准中科学方法的教育内容和要求，判断实验教学中可渗透哪些科学方法教育，要确定适合学生特点的科学方法教育目标，选择合适的科学方法教学策略。开展科学方法教育，还必须了解中学生学习科学方法的认知特点，在此基础上，发挥物理实验教学的特色，做好教学方法教学计划，科学地进行教学设计，并组织实施。因此，本课题对中学物理实验科学方法教育内容的研究，将有助于教师克服在实验教学中进行科学方法教育的随意性和盲目性，有助于教师有效地挖掘教材中渗透的科学方法，明确科学方法教学的内容、目标，有助于教师采取有效的教学策略，转变教学方式与学生的学习方式，提高学生的科学素养。

从美国科学促进协会的教育委员会提出的科学研究 S－APA 科学方法体系中，

也可以看出实验教学在科学方法教育中的重要地位。中学所要进行的科学方法教育，完全是围绕实验展开的。离开实验，科学方法教育必然会不系统、不连贯、不全面，不可能有好的教学效果。因而，只有突出物理教学中的实验地位，才能有效地实施科学方法教育。

3. 有利于新课程标准的实施

当前，我国新的《物理课程标准》所提倡的探究式教学就是一种融科学知识、科学方法于一身，鼓励并促进学生积极提出问题和探索解决方案的一种教育方式。中学物理教学从内容到方法都面临改革，而物理教学的改革又离不开实验教学的改革。所以，对实验教学的研究是中学物理教学改革的重要课题。《初中物理课程标准》把“培养学生运用物理知识和科学方法分析和解决简单问题的能力”作为课程性质之一，将“使他们都能具备适应现代生活及未来社会所必需的物理知识、技能、方法和态度，具备适应未来生存和发展所必备的科学素养”作为新课程的基本理念，将“以提高学生的科学素养为主旨，激发学生学习物理的兴趣，帮助学生了解科学探究的基本过程和方法，培养学生的科学探究能力”作为新课程总目标之一。“通过科学探究，可以使学生在获得物理知识和技能的同时，受到科学方法的训练，体验探究的乐趣，形成和发展探究能力”。“教师要深入研究教材，提炼教学内容中的某些方法和要素，并在教学设计中予以渗透，让学生在探究活动中体验科学方法的运用，如对物理现象进行分类、提出有关假设、设计实验和控制实验条件进行探究等”。“物理实验是进行科学探究的主要方式”。新课程标准已经把科学方法教育确定为物理课程的目标之一，把科学方法确定为物理教学内容的一部分，充分体现了新课程标准对科学方法教育的重视，也足以说明利用实验教学进行科学方法教育在物理教学中的重要地位。

三、科学方法教育的历史背景及研究的现状

随着社会科技的大发展，人们对科学方法越来越重视，这促成了一批有关科学方法、科学哲学等专著的问世。然而，对于科学教育工作者来说，科学方法的引入却是20世纪后半叶的事，20世纪前半叶的科学教育只重视科学知识的教育。因而，总体来说，科学方法教育各方面的问题还没有形成完整的理论，仍然处于探索阶段。

1. 国外科学方法教育现状

纵观世界各国的科学教育，不难发现，对科学方法的教育明显加强了。很多国家和地区在制定课程目标时，都将科学方法列为目标之一。在1999年欧洲物理学会举行的一次国际性的物理教育研讨会上宣读了一篇题为《2000年后：未来的科学教育》的报告，该报告对为5~16岁的学生设置的新的科学课程提出了10条推荐性意见，第六条为：科学课程应该向学生提供科学思想和科学方法的认识。在科学历史

发展的过程中，人们正是利用这些思想和方法获得关于自然世界的知识。① 20 世纪 90 年代，日本初中物理教育目标中方法目标为"在有关物质和能量的事物和现象中发现问题通过科学的考察过程，学会发现规律和说明自然现象的方法"。②

《美国国家科学教育标准》明确指出，科学探究是学生科学学习基本的、起支配作用的原则，学会用科学方法和原则作个人决策，强调学生对科学方法和一般程序的体验。其核心价值理念就是培养学生的适应和创新能力，即培养学生用科学的价值观和方法论提出问题，并能对社会问题进行分析判断、提出自己的见解和有创造性地解决问题。在科学方法教育与课程建设上，美国华盛顿大学麦克德莫特（Lillian C McDermort）教授领导的物理教育研究组所开发的课程一直以实验为基础，并着重于探究方法。

英国的科学教育目标中也特别强调对科学的应用能力，包括对科学方法的系统训练，使学生有能力从所给的证据和信息中得出恰当、慎重的结论，对他人的评论进行分析并且能区分出哪些是个人观点，哪些是在论据基础上的叙述。在课程建设上，英国一个著名的南菲尔德（Naffieldde）的系列革新教程，可谓是突出物理实验思想和方法的示范。

自 20 世纪 70 年代以来，苏联物理教学方法发展的一个显著特点，是在确定学生形成科学思维、树立科学世界观的方法方面，取得令人瞩目的成效。其中，加强物理实验教学是有效措施之一。

从其他国家科学方法教育内容和方法中可以看出，重视基础物理实验教学是一个共同的特征。

2. 国内科学方法教育现状

随着科学教育理念的发展，科学方法教育可以大致分为 3 个阶段：第一阶段，"知识为中心"的科学教育理念，科学方法教育处于次要地位。第二阶段，"方法比知识更重要"的科学教育理念，科学方法教育处于头等重要的地位。相对科学知识而言，科学方法更具有生命力和深远的意义。第三阶段，"人本位"的科学教育理念，科学方法教育处于重要地位。

1988 年初，国际教育成就评价协会发表了关于 SISS 第二次国际科学教育研究的研究报告，对各国学生的科学方法的教育状况进行了测量和对比，对我国的科学方法教育的进展造成了极大的触动。90 年代初，我国召开了首届物理科学方法教育研讨会，对科学方法教育的现状进行了总结，明确了科学方法的地位和作用，指出了我国科学教育最主要的失误是：没有正确和全面地理解科学教育，把科学教育认为

---

① Robin Millar, Jonathan Osborne. *Beyond* 2000: *Science education for the future* (*A report with ten recommendation*) [R]. Robin Millar and Jonathan Osborne, 1998: 20.

② 陈连松. 从比较的观点看中国与日本的初中物理教育 [J]. 辽宁师范大学学报（自然科学版），1998 (1): 41—45.

是传授浓缩了的科学知识。2001 年颁布的《全日制义务教育物理课程标准（实验稿)》首次把科学方法作为课程目标并在初中《物理课程标准》中加以确定。物理课程标准明确指出：“过程与方法”“知识与技能”“情感态度与价值观”是课程改革的三维目标。可以说，初中《物理课程标准》中科学方法的要求与规定，是近年来我国物理教学中科学方法教育研究的结晶。

应当明确的是，在新课程实施中，实际的物理教学存在着重视知识而忽视科学方法的倾向。而且，这种倾向由来已久，主要表现为在教学指导思想上不够重视，没有从教材与学生的实际情况出发，科学方法教育效率低；教学内容上没有分清主次，找不出重点；教学方法上，教师一言堂，学生的参与度不够，缺乏合理的评价方式等。科学教育长期以来没有完善地实现传授给学生科学思维方法和培养他们的创造能力的目的。而且由于这两种目的的关联性，结果也就是无法在教学中使学生充分掌握物理学科的全貌。这种倾向反映在我国物理教材的编写上则表现为，通常对知识点的逻辑体系采用显处理，而对物理知识的内在关系和物理方法，特别是对物理方法，采用隐处理，即不在课本中声明，而是让学生在学习过程中自己去领悟。这是明显偏离物理教育培养目标的。虽然当前在基础教育阶段进行的新课程改革已经把科学方法教育提到了一定的高度，在教科书中也不乏科学方法教育的因素，但如何在物理教学中进行科学方法教育的问题，仍然亟待解决。初中物理教师对于教授哪些物理知识非常清楚，而对于教授哪些科学方法，几乎没有一个教师能完整地回答出来。在我国传统教育中，知识和技能教学是做得最出色的。在中国、日本、韩国等东亚国家，中国学生知识功底之扎实让西方教育界侧目，但是长期以来只重知识与技能而忽视了能力的培养和方法的掌握，这种追求短期教育成效的做法的弊端在高等教育及其以后的教育中就暴露了出来。有人对中国的中学生在国际奥林匹克竞赛上收获颇丰，而今却仍无人“染指”诺贝尔物理学奖这一现象作了剖析，认为中国传统的教育重在传承而不在发扬，学生失去了创造能力，很少有人问“为什么”和“怎么做”。

3. 物理实验教学中的科学方法

(1) 观察法

观察法是人们为了认识事物的本质和规律有目的、有计划地对自然发生条件下所显现的有关事物进行考察的一种方法，是人们收集获取记载和描述感性材料的常用方法之一，是最基本、最直接的研究方法。简单地讲，观察法就是看仔细地看。但它和一般的看不同，观察是人的眼睛在大脑的指导下进行有意识的组织的感知活动。因此，亦称科学观察。实例：观察水的沸腾。在使用温度计前，应该先观察它的量程，认清它的刻度值；实验过程中要注意观察水沸腾前和沸腾时水中气泡上升过程的两种情况，温度计在沸腾前和沸腾时的示数变化。在学习声音的产生时可让学生观察小纸片在扬声器中的运动状态，观察正在发声的音叉插入水中激起水花，观察蟋蟀、知了鸣叫的情况，就会发现发出声音的物体都在振动。除此之外，还有光的反射规律、光的折射规律、凸透镜成像、滑动摩擦力与哪些因素有关等。

(2) 比较法

比较法是确定研究对象之间的差异点和共同点的思维过程和方法，各种物理现象和过程都可以通过比较确定它们的差异点和共同点。比较是抽象与概括的前提，通过比较可以建立物理概念总结物理规律。利用比较又可以进行鉴别和测量。因此，比较法是物理现象研究中经常运用的最基本的方法。

比较法有3种类型：①异中求同的比较。即比较两个或两个以上的对象而找出其相同点。②同中求异的比较。即指比较两个或两个以上的对象而找出其相异点。③同异综合比较。即比较两个或两个以上的对象的相同点相异点。实例：如汽车、轮船、火车、飞机等，发动机各不相同，但都是把燃料燃烧时释放的内能转化为机械能的装置。而汽油机和柴油机虽然都是内燃机，但是从它们的构造、吸入的气体、点火方式、使用范围等方面都有不同。再如蒸发与沸腾的比较，两者的相同点都是汽化过程；不同点包括：从发生时液体的温度、发生所在的部位及现象都不同。还可以用比较法来研究质量与体积的关系、重力与质量的关系、重力与压力、电功与电功率等。

(3) 控制变量法

控制变量法是指讨论多个物理量的关系时通过控制其几个物理不变，只改变其中一个物理量从而转化为多个单一物理量影响某一个物理量的问题的研究方法。这种方法在实验数据的表格上的反映为某两次试验只有一个条件不同，若两次试验结果不同则与该条件有关。否则无关。反之，若要研究的问题是物理量与某一因素是否有关则应只使该因素不同，而其他因素均应相同。实例：在研究导体的电阻跟哪些因素有关时，为了研究方便采用控制变量法。即每次须挑选两根合适的导线，测出它们的电阻，然后比较，最后得出结论。为了研究导体的电阻与导体长度的关系，应选用材料横截面相同的导线，为了研究导体的电阻与导体材料的关系，应选用长度和横截面相同的导线，为了研究导体的电阻与导体横截面的关系，应选用材料和长度相同的导线。此外，研究影响力的作用效果的因素；研究液体蒸发快慢的因素；研究液体内部压强；研究动能势能大小与哪些因素有关；研究琴弦发声的音调与弦粗细、松紧、长短的关系；研究物体吸收的热量与物质的种类质量温度的变化的关系；研究电流与电压电阻的关系；研究电功或电热与哪些因素有关；研究通电导体在磁场中受力与哪些因素有关；研究影响感应电流的方向的因素等均采用此法。

(4) 等效替代法

所谓等效替代法是在保证效果相同的前提下，将陌生复杂的问题变换成熟悉简单的模型进行分析和研究的方法，它在物理学中有着广泛的应用。实例：研究串联并联电路关系时引入总电阻（等效电阻）的概念，在串联电路中把几个电阻串联起来，相当于增加了导体的长度，所以总电阻比任何一个串联电阻都大，把总电阻称为串联电路的等效电阻；在并联电路中把几个电阻并联起来，相当于增加了导体的横截面积，所以总电阻比任何一个并联电阻都小，把总电阻称为并联电路的等效电阻；在电路分析中可以把不易分析的复杂电路简化成为较为简单的等效电路；在研究同一直线上的二力的关系时引入合力的概念也运用了等效替代法。

（5）转换法

物理学中对于一些看不见、摸不着的现象或不易直接测量的物理量，通常用一些非常直观的现象去认识或用易测量的物理量间接测量，这种研究问题的方法叫转换法。初中物理在研究概念规律和实验中多处应用了这种方法。实例：物体发生形变或运动状态改变可证明一些物体受到力的作用；马德堡半球实验可证明大气压的存在；雾的出现可以证明空气中含有水蒸气；影子的形成可以证明光沿直线传播；月食现象可证明月亮不是光源；奥斯特实验可证明电流周围存在着磁场；指南针指南北可证明地磁场的存在；扩散现象可证明分子做无规则运动；铅块实验可证明分子间存在着引力；运动的物体能对外做功可证明它具有能等。

（6）类比法

所谓类比就是“触类旁通”“举一反三”，实际上是一种从特殊到特殊，从一般到一般的推理，它是根据两个或两类对象之间在某些方面的相同或相似而推出他们在其他方面也可能相同或相似的一种逻辑思维。从而可以帮助我们理解较复杂的实验和较复杂的物理知识。类比是一种推理方法，不同事物在属性、数学形式及其他量描述上有相同或相似的地方就可以使用类比推理。类比法是提出科学假说做出科学预言的重要途径，物理学发展史上的许多假说是运用类比方法创立的。开普勒曾说：“我们珍惜类比推理胜于任何别的东西。”实例：电压与水压；电流与水流；内能与机械能；原子结构与太阳系；水波与电磁波；通信与鸽子传递信件；功率概念与速度概念的形成等。在物理学中运用类比方法可以引导学生自己获取知识，有助于提出假说进行推测，有助于提出问题并设想解决问题的方向。类比可激发学生探索的欲望，引导学生进行探索使学生成为自觉积极的活动，发展学生的思维能力。类比是科学家最常运用的一种思维方法，由这种方法得出的结论虽然不一定可靠，但是，其中却富含着创造性。类比的事例很多，这就需要平时多留心不断地总结，找到恰当的事例做类比。

（7）建立模型法

建立模型法建立的是一种高度抽象的理想客体和物理模型，用物理模型可以使抽象的假说理论形象化，便于想象和思考研究问题。物理学的发展过程可以说就是一个不断建立物理模型和用新的物理模型代替旧的或不完善的物理模型的过程。实例：研究肉眼观察不到的原子结构时，建立原子核式结构模型；研究光现象时用到光线模型；研究磁现象是用到磁感线模型；力的示意图或力的图示是实际物体和作用力的模型；电路图是实物电路的模型；研究发电机的原理和工作过程用挂图及手摇发电机模型；研究内燃机结构和工作原理用挂图及汽油机柴油模型。

(8) 理想实验

理想实验又叫“假想实验”“抽象的实验”或“思想上实验”，它是人们在思想中塑造的理想过程，是一种逻辑推理的思维过程和理论研究的重要方法。理想实验虽然也称为“实验”，但它与真实的科学实验是有原则区别的，真实的科学实验是一种实践活动，而理想实验则是一种思维活动，前者是可以将设计通过物理过程而现实化的实验，后者则是由人们用抽象思维中设想出来而实际上无法做到的实验。但是，理想实验并不是脱离实际的主观臆想。首先，理想实验是以实践为基础的，所谓的理想实验就是在真实的科学实验的基础上，抓住主要矛盾忽略次要矛盾，对实际过程做出更深入一层的抽象分析。其次，理想实验的推广过程是以一定的逻辑法则为根据的，而这些逻辑法则都是从长期的社会实践中总结出来的并为实践所证实了的。理想实验在自然科学的理想研究中有着重要的作用。但是，理想实验的方法也存在一定的局限性，理想实验作为一种逻辑推理的思维过程，它的作用只限于逻辑上的证明与反驳，而不能用来作为检验正确与否的标准。相反，由理想实验所得出的任何推论都必然由观察实验的结果来检验。实例：研究真空是否能够传声；牛顿第一定律等。

(9) 推理法

推理法是在观察实验的基础上，忽略次要因素，进行合理的推理，得出结论，从而达到认识事物本质的目的。研究声音的传播实验中，实验现象是：随着罩内空气的不断抽出，听到的铃声越来越弱，但最后还是能听到声音。主要原因是现有的实验设备总是很难将玻璃罩内抽成真空状态，这时就要用推理的方法，突破实验条件的限制，抓住主要因素，忽略次要因素，得出结论。由实验可以推出：如果罩内被抽成真空，将不能听到铃声。

以上是目前在实验教学过程中经常提到的几种科学方法，但存在分类不清晰，实验中更多的物理方法仍然没有显化出来。

四、研究设计

物理课程标准虽然把“科学方法”作为物理教学的三维目标之一，但物理科学方法教育的内容是什么、教育应达到何种层次的目标等问题都没有作出具体的规定和要求。在实践上也远没有像科学知识教学那样，做到教学内容具体、目标明确。

关于物理教学中科学方法内容的研究，国内的物理教育工作者已经从不同的角度进行了研讨。目前，关于科学方法的显化研究大多集中在理论方法，这些研究初步显化了获得知识和应用知识的物理方法教育内容。

在《初中物理教材的选择与分析》一书中，乔际平先生提出了科学方法教育内容选取的新思路。即按照与物理知识相对应的原则选取科学方法教育内容。既然物理学知识的建构依赖于物理方法，那么，实验过程中的每一个操作也会有相应的物理方法。依据这一思路，就可以通过细化所选取的重要实验过程，把其中的操作与物理方法对应，将其中隐含的物理方法显化出来。

本章尝试从目前已有的成果出发，依据教育部颁发的《义务教育物理课程标准》，从物理实验与科学方法相对应的角度，确定初中物理实验教学中科学方法教育的内容。依照科学方法研究的分类原则，物理实验过程可分为操作过程和数据处理过程。本章将针对初中物理实验操作过程和数据处理过程中的物理方法教育内容展开研究，在研究过程中运用了文献综述法和理论分析法。

第二节　理论基础

一、物理科学教育方法的含义

所谓方法，就是为了解决某一具体问题，从实践或理论上所采取的各种手段或方式的总和。方法起源于人类的实践活动，客观存在的事物、过程本身是无方法而言的，但是，当我们要认识它们的规律时，就必然要涉及方法了。科学方法是人们在认识和改造客观世界的实践活动中总结出来的正确的思维方式和行为方式，是人们认识自然和改造自然的有效工具。

物理科学方法就是研究物理现象、描述物理现象、实施物理实验、总结物理规律、检验物理规律时所应用的各种手段和方法。在严格的科学条件限制下，通过严密的观察实验（观察和实验方法）和严格的逻辑推理（科学的思维方法与数学方法等），去伪存真，去粗存精，由此及彼，由表及里，找到事物内各部分之间及事物与外部环境的相互关系和相互作用，确定由相互作用产生的结构、运动变化和因果关系，以形成规律性知识。①

二、物理实验教学

1. 物理实验

科学实验是科学实践活动的一种基本和重要的表现形式，是有目的、有步骤地通过控制和模拟自然现象来认识自然事物和规律的一种感性活动。物理实验是指，物理科学研究者根据一定的物理实验目的，运用一定的实验仪器、设备和装置，在人为的实验条件下，改变实验对象的状态或性质，从而获得各种物理实验事实的一种科学实践活动。

物理实验是实验教学的重要组成部分，是归纳物理规律、产生物理假说的实践基础，是验证理论预言和物理假说的主要依据，并提供了确定物理科学理论体系的

① 梅首文，王德法．浅谈中学生物理教学中科学方法教育的策略［J］．科学教育，2003（1）：22—23.

根本手段，是培养学生操作技能的主要途径，也是发展学生非智力因素的一个重要环节。初中物理实验按其内容所属的知识系统可分为分类：力学实验、热学实验、光学实验和电学实验。

2. 物理实验教学

通过对物理观察与物理实验相关内容的梳理和对进行技能训练的物理教学形式的研究发现，它们研究的内容不仅包括物理实验本身的教学，还包括通过物理实验如何完成物理学科的整体教育目标。因为物理实验教学虽然有获取物理知识的功能，但它并不是物理知识教学和能力培养的辅助形式，而是一种与其并列的独立的物理教学形式。

物理实验教学一般可分为演示实验教学与学生实验教学两大类。其中，学生分组物理实验教学又可分为学生实验课与“边教边实验”课两种具体实施形式。按实验教学的目的不同，物理实验教学一般可采用探索（究）性实验、验证性实验、训练（练习）性实验和测定（量）性实验 4 种教学方式。初中阶段主要有探究性实验、训练性实验和测定性实验。

3. 物理实验教学的目的任务

物理实验教学的任务是：

（1）获取和巩固物理的理论知识，学会测量某些物理量。

（2）学会使用基本物理仪器。

（3）明确物理实验全过程的一般规范。

（4）能按一定的要求正确完成实验操作，分析和处理所得结果。

（5）学习操作物理实验、观察物理现象的基本技能、技巧。

（6）学习初步运用误差理论。

（7）明确运用观察和实验手段研究物理的基本程序。

（8）培养学生在物理实验中的思维和操作能力。

（9）端正学生的实验态度、养成良好习惯，倡导探索精神。

（10）使学生感受物理趣味，激发释疑欲望、体会操作兴趣。

三、物理科学方法教育内容研究的理论基础

科学方法教育作为科学教育的组成要素，对于科学知识具有依赖性。在教育过程中，师生直接接触的主要是科学知识，科学方法往往是结合科学知识教育而进行的。对这一问题进行深层次的理论思考之后，就要求我们对物理教学中进行科学方法教育的必然性和可行性进行进一步的研究。因为只有基于一定的理论基础，科学方法教育才不致在教学实践中成为空中楼阁。因此，笔者对这一问题从以下几方面进行探讨。

1. 哲学基础

哲学是关于世界观和方法论的理论体系。方法论是关于人们认识世界和改造世界的方法的理论，方法论需要专门研究和学习。方法论在不同层次上可以区分为哲学方法论、一般科学方法论和具体科学方法论。科学方法论是研究各门具体学科。带有一定普遍意义，适用于许多有关邻域的方法理论；具体科学方法论是研究某一具体学科，涉及某一具体领域的方法理论。哲学方法论是具体科学方法论的概括和总结，是最一般的方法论，它对一般科学方法论和具体科学方法论具有指导意义。科学方法论研究怎样获得、确立、构造和发展科学知识的原理和方法，为人类有效地进行认识活动提供指南。笔者将自然科学发展的认识过程跟学生学习科学的认识过程进行对比分析，认为二者具有一致性。所以，用科学方法论中的一些基本原理和方法来指导物理教学，既符合辩证唯物主义认识论的一般规律，又切合物理教学的实际，也符合学生的认识规律。在物理教学中进行科学方法教育，必须结合物理知识进行。教师不能离开具体的科学知识而只讲方法，否则就不是学习物理知识，而是学习方法论的课程了。因此，在物理教学中，教师要按科学方法所展示的路子去组织教材安排教学内容，使学生在学习知识的同时受到科学方法教育。

2. 教育学基础

在物理教学中进行科学方法教育，也符合教育学理论的基本要求。教育学理论指出：不是任何一种知识教学都能有效地促进学生能力发展的。因为学生的能力不仅与他们所掌握的知识的性质、难度、分量有关，更重要的是与他们获取这些知识的方法和运用知识的创造态度密切相关。恩格斯指出："头脑的辩证法只是现实世界（自然和历史）的运动形式的反映"。① 学生的能力不是主观自生的东西，而是客观事物的关系及其运动变化规律在他们头脑中的反映，是在掌握知识、认识世界过程中发展起来的一种能力。在教学中不仅要教给学生系统的、有适当难度的知识，而且要引导学生正确理解知识和巩固知识，掌握学科的结构，特别是要启发学生弄清楚获得知识的方法，学会独立思考、逻辑推导与论证，能够自如地、甚至创造地运用知识来解决理论和实际问题，才能使学生的智力获得高水平的发展，具有创造性才能。

可见，在教学中如能引导学生自觉积极地进行学习，正确理解知识，掌握获取和运用知识的科学方法，就能有效地促进他们能力的发展。

3. 心理学基础

分析并掌握中学生学习物理的心理特点与思维规律，是我们进行科学方法教育内容

① 马克思，恩格斯. 马克思恩格斯选集（第3卷）[M]. 北京：人民出版社，1995：531.

研究的重要依据，一切教的规律都应该服从学的规律。从本质上讲，教学思想的转变、教学方法的改革、教学效率的提高，都离不开对学生心理特点的分析。初中学生思维规律的一个特点是处在由形象思维转向抽象思维的过程，是思维发展的转型期。第二个特点是以定向思维为主要形式。[①] 学生的思维规律的特点决定了初中学生学习物理的认知活动特点是从经验型概念到科学概念的转变，学生在学习一个新课题之前，总具有一些建立科学概念以前的经验直觉性概念，如“运动要力来维持”“有力才有速度”，等等。从认知的观点来看这是一种“前概念”，不同于科学概念。

根据苏联学者阿尼西莫娃的调查，如果教师不是有意识地指导学生掌握正确的科学方法，那么即使到了八年级，多数学生对分析、综合、比较、抽象、概括等有关思维方法的概念还缺乏明确的认识，当然也不能准确、自觉的运用。可见，根据心理学理论，教学中有意识地加强科学方法的培养是很重要的。

4. 物理学基础

物理学从早期萌芽到近现代形态，都以它丰富的方法论内涵与物理思想影响着人们的思想、观点和方法，也影响着社会思潮和社会生活，所以物理学曾被称为“自然哲学”“科学方法论的典范”“辩证唯物主义哲学的科学基础”“现代科学哲学的支柱”等。因此，物理学是一门带有方法论性质的科学。

科学方法作为组成物理学基本因素的观点在霍尔顿（G. Holton）提出的三维结构模型[②]中得到进一步印证。霍尔顿是美国哈佛物理教材改革计划（HPP）的重要执笔人[③]。他认为，物理学中的任何一部分基本坐标：x—实验（事实）、y—物理思想（逻辑、方法论等。霍尔顿本人在书中称为“主题”或“课题”）、z—数学（表述形式或计量公式）。这可以说是抓住了物理学知识结构的核心，迄今还没有发现在物理学昨天的历史和今天的发展中有任何例外。这一普适性的物理学科结构模式也为物理学各分支学科、各章节单元课题的结构及其教学规律指出了道路。

第三节　初中物理实验教学中科学方法的教育内容

一、初中物理实验教学中物理方法教育内容的显化

一个完整的实验过程，包含提出问题、设计操作、数据分析和理论解释 4 个阶段。实验起始于问题，以确定实验的方向和目标；接着选择实验方法，精选实验工具，按设计程序进行操作与观察；然后对实验所得资料和数据进行分析处理，并进

---

① 魏日升，张宪魁. 中学物理教材教法与实验（改写本）[M]. 北京：北京师范大学出版社，2006：32.

② 阎金铎，等. 初中物理教学通论［M］. 北京：高等教育出版社，1989：31，323—325.

③ 该书中译本《中学物理课程》（课本及手册）共六册，文化教育出版社已出版.

行理论上的解释和概括，使实验上升到理论的高度。整个实验过程是有序的、符合规律的，是一种科学认识的过程，蕴含着丰富的科学方法。

按照"对应"的思想，笔者把义务教育《物理课程标准》和物理教材中所涉及的32个主要实验加以统计，以下为其中的部分实验。

实验1　声音的产生

提出问题

声音是怎样产生的？

猜想与假设

声音可能是由于物体的振动产生的。猜想的依据：讲话时声带振动，弹吉他时弦振动。

设计实验

器材：一张纸、一根橡皮筋、一个音叉和塑料锤、一把梳子……

用以上器材以及自己身边的物品发出声音，用眼睛看或用手触摸发声体，与物体不发出声音时对比，找出物体发出声音时的共同特征。

进行实验（略）

现象记录（表5－1）

表5－1　声音的产生

发声方法	现 象	物体发声时的共同特征
撕纸	手指感觉纸抖动	
讲话	手摸感到喉头振动	
锤子敲音叉	看到音叉振动	
手指拨梳子的齿	看到梳齿振动	
手弹橡皮筋	看到橡皮筋抖动	
……	……	

分析与论证

通过实验，对比物体发声和不发声时的现象，可得出：＿＿＿＿＿＿。

实验2　声音的传播条件

提出问题

声音能在气体、液体、固体、真空中传播吗？

猜想与假设

声音能在气体、液体、固体中传播。

猜想依据：教室里充满空气，老师讲课时，坐在讲台下的同学能听见；钓鱼时大声讲话会吓跑鱼儿；铁路工人把耳朵贴在铁轨上能听到远处火车与铁轨碰撞的声音。

同学们生活中可能没有经验帮助猜想声音能否在真空中传播，可以假设：声音能（或不能）在真空中传播。

设计实验

老师讲课，同学们体验声音是如何传播到自己耳朵的；

鱼缸中有一条鱼安静地游着，用钢尺轻轻地敲打鱼缸，观察鱼缸中的鱼是否有反应；

甲同学把一根塑料绳的两端缠绕在左右手的食指上，在绳子中间挂上一个金属衣架，乙同学用钢尺轻轻地敲打衣架，让甲同学感觉敲打的声音；甲同学用缠着塑料绳的食指堵住自己的耳朵，乙同学再次用钢尺轻轻地敲打衣架，再次让甲同学感觉敲打声，并比较两次声音是否相同；

把正在发声的电铃用细线挂在玻璃罩内，用抽气机逐渐抽去玻璃罩内的空气，仔细感觉抽气前后，铃声有何变化。

进行实验：（略）

现象记录（表5－2）

表5－2　声音的传播

次序	发声方法	发声体	听者与发声体间的物质	能否听到声音	感觉声音的变化
1	老师讲话	老师的声带	空　气	能	无变化
2	敲打鱼缸	鱼　缸	水	能	无变化
3	敲打衣架（不堵耳朵）	衣　架	空　气	能	堵住耳朵后声音更强烈
	敲打衣架（堵住耳朵）	衣　架	塑料绳	能	
4	电　铃（未抽气）	电　铃	空气、玻璃	能	抽去部分空气后声音变弱，罩内是真空时，听不见声音
	电　铃（抽去部分空气）	电　铃	空气、玻璃	能	
	电　铃（抽去所有空气）	电　铃	真　空	不　能	

分析与论证

（1）由次序1可知，声音可以在__________中传播；

（2）由次序2可知，声音可以在__________中传播；

（3）由次序3可知，声音可以在__________中传播；

（4）由次序4可知，声音可以在__________中传播。

实验结论

声音能在__________、__________、__________中传播，但不能在__________中传播，也就是说，声音的传播需要__________。

实验3　探究决定声音音调高低的因素

提出问题

用一张卡片分别去快拨和慢拨同一把梳子，所听到声音的高低是不同的。那么，声音音调的高低决定于什么呢？

设计实验

（1）将一把薄钢尺紧按在桌面上，先使其伸出少许。

（2）拨动钢尺，听它振动发出声音，同时注意观察钢尺振动的快慢。将观察结果记入表5－3中。

（3）使钢尺伸出桌面的长度长一些，再次拨动钢尺（注意使钢尺前后两次振动的幅度大致一样）。把观察结果记入表格。

（4）再增加钢尺伸出桌面的长度。重复（2）。

进行实验（略）

现象记录

表5－3　探究音调高低的影响因素

实验次数	钢尺伸出桌面的长度	钢尺振动快慢	音调高低
1	短	很　快	很　高
2	长	快	高
3	很　长	快	低

分析与论证

比较3次实验中钢尺发出声音的音调与钢尺振动的快慢，可知声音音调的高低与__________有关。物体振动越快，音调__________。

实验4　探究声音的强弱（响度）与什么因素有关

提出问题

敲鼓的时候，有时候声音大（响），有时声音小（弱）。声音的响度跟什么因素有关呢？

设计实验

（1）用胶带将细线粘在乒乓球上，将乒乓球悬挂在铁架台上，待球静止。

（2）用橡胶锤轻轻敲击使音叉发音，听音叉发声的强度。将正在发声的音叉慢慢移近乒乓球，直到轻轻接触，观察乒乓球被弹开的幅度，将观察结果记入表5－4中。

（3）依次增加橡胶锤敲击音叉的力度，重复（2）做两次。

现象记录

表5－4　探究响度的影响因素

实验次数	音叉发出声音的强度	乒乓球被弹开的幅度	音叉振动的幅度
1	小	小	小
2	大	大	大
3	很　大	很　大	很　大

分析与论证

比较3次实验中音叉发声的强度与音叉振动的幅度，可知声音的响度与__________有关。声源振动的幅度越大，声音的响度__________。

实验5　探究物体质量与体积的关系

提出问题

同种物质，体积越大，质量越大。同种物质，体积增大到原来的两倍，质量也增大到原来的两倍吗？同种物质的质量和体积之间有什么关系？

猜想假设

同种物质，体积扩大到原来的两倍，质量也可能扩大到原来的两倍。同种物质的质量和它的体积可能成正比。

设计实验

选取体积大小不同的长方体铝块，分别用天平测出它们的质量，用刻度尺量出它们的长、宽、高，计算它们的体积。以体积 V 为横坐标，质量 m 为纵坐标，画出质量与体积关系的图像。

进行实验（略）

数据记录

不同铝块的质量和体积填入表5－5。

表5－5　铝块的质量与体积

物体	质量 m/g	体积 V/cm^3
铝块1		
铝块2		
铝块3		

分析与论证

在图5－1中分别描出表示3个铝块质量和体积的点，并将这3个点连成光滑的线条。

分析所做的图像，你能得出铝块的质量和体积有什么关系吗？它和你的猜想一样吗？

进一步实验

（1）分别测出3个不同的长方体铁块的质量和体积；

（2）分别测出3个体积不同的长方体塑料块的质量和体积；

（3）分别计算它们的质量与体积的比值。

铝块、铁块、塑料块的质量与体积填入表5－6。

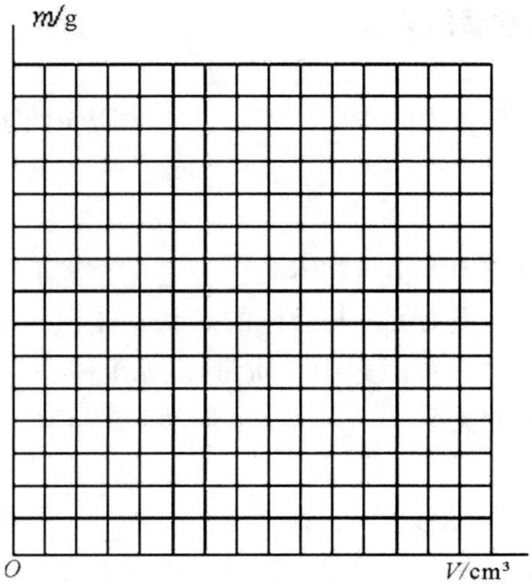

图 5－1　密度图像

表 5－6　物质的质量与体积

物　体	质量 m/g	体积 V/cm^3	质量与体积的比值	
			数　值	单　位
铝块 1				
铝块 2				
铝块 3				
铁块 1				
铁块 2				
铁块 3				
塑料块 1				
塑料块 2				
塑料块 3				

交流与讨论

同种物质，质量与体积的比值是否相同？不同种物质，质量与体积的比值是否相同？

表 5－6 中“单位”栏目，你是怎样填写的？你能说出它表示什么意思吗？

实验结论

同种物质的质量与体积的比值是__________（相同/不同）的，不同种物质的质量与体积的比值是__________（相同/不同）的。

实验6　探究重力与质量的关系

提出问题

地球表面的物体都受到重力的作用，那么，物体所受的重力大小与什么因素有关呢？

猜想与假设

我猜想：物体受到的重力大小与物体的＿＿＿＿＿等有关。

同学们的猜想可能有：重力大小与物体的形状、体积、物质的密度、质量等有关。在体积、密度、质量这3个因素中，质量 m 等于体积 V 与密度 ρ 的乘积，因此，只要研究重力与质量的关系。

设计实验

本实验中要测量的是重力大小和体积，需要的测量仪器是＿＿＿＿＿、＿＿＿＿＿。实验中变量有两个：形状、质量。研究重力与形状的关系时，应控制＿＿＿＿＿不变。研究重力与质量的关系时，应控制＿＿＿＿＿不变。

实验器材：＿＿＿＿＿、＿＿＿＿＿、细线、橡皮泥、钩码若干。

实验过程

（1）探究重力与形状的关系

调节天平与弹簧测力计，测量橡皮泥的质量和重力大小。将橡皮泥捏成不同的形状，重新测量其重力，考察重力大小是否改变。

（2）探究重力与质量的关系

用天平与弹簧测力计分别测出一个钩码的质量和重力大小、两个钩码的质量和重力大小、3个钩码的质量和重力大小，记录到表5－7中。

数据记录

表5－7　重力和质量关系

实验序号	钩码质量/kg	钩码重力大小/N	重力与质量的比值/（$N \cdot kg^{-1}$）
1			
2			
3			

结论：从上表中数据可以得出，物体所受的重力大小与质量之比＿＿＿＿＿。

实验结论

物体受到的重力大小与物体的形状＿＿＿＿＿，与物体的质量＿＿＿＿＿；物体受到的重力大小与物体的质量成＿＿＿＿＿（正比或反比）。

实验7　探究压力的作用效果与什么因素有关

提出问题

蝉的口器能刺入树皮、骆驼的脚会往沙地里陷进去一些。这都是压力的作用效果。压力的作用效果与什么因素有关呢？

猜想与假设

(1) 压力的作用效果与__________有关，依据是____________________；

(2) 压力的作用效果还与__________有关，依据是____________________。

设计实验

实验器材：小木桌、大钩码、海绵。

实验步骤

(1) 将小木桌正放在海绵上，观察桌腿陷进海绵的深度并记录；

(2) 将小木桌上加上大钩码后，正放在海绵上，观察桌腿陷进海绵的深度并记录；

(3) 将小木桌倒放在海绵上，并在小木桌上放上大钩码，观察并记录桌面陷进海绵的深度。

记录数据

受压面积相同（表5－8）。

表5－8　受力面积相同的压力作用效果

实验次序	压力（大/小）	小桌陷进海绵的深度（深/浅）
1	小	浅
2	大	深

压力相同（表5－9）。

表5－9　压力相同时的压力作用效果

实验次序	接触面积（大/小）	小桌陷进海绵的深度（深/浅）
1	小	浅
2	小	深

分析与论证

(1) 根据表5－8中的数据可知，压力的作用效果与__________有关，关系是__________；

(2) 根据表5－9中的数据可知，压力的作用效果还与__________有关，关系是__________。

实验8　探究滑轮组的机械效率

提出问题

滑轮组的机械效率与哪些因素有关？

猜想与假设

猜想滑轮组的机械效率与__________、__________、__________等有关。

大家有很多猜想，大致有如下几种：拉力大小 F、物体的重 G、滑轮组内的摩擦大小、动滑轮的重力 $G_{动}$、物体被提升的高度 h、绳端移动的距离 s、拉绳的速度 $v_{绳}$、物体上升的速度 $v_{物}$。根据滑轮组的知识可知，拉力大小 F 由物体的重力 G、滑轮组内的摩擦大小、动滑轮的重力 $G_{动}$、绳子的绕法决定，因此，不需考虑拉力 F。根据机械效率 $\eta = W_{有用}/W_{总} = Gh/Fs = G/Fn$ 可知，机械效率与物体被提的高度及绳端移动的距离、物体的移动速度及绳端移动的速度无关，我们探究滑轮组的机械效

率与物体的重力 G、动滑轮的重力 $G_{动}$ 的关系。

设计实验

实验原理：$\eta = W_{有用}/W_{总} = Gh/Fs$

实验器材：铁架台、滑轮组（一定一动、两定两动）、钩码 4 只、细棉线以及__________。

实验步骤

（1）如图 5－2 在铁架台上装配滑轮组 a，将刻度尺竖直放在滑轮组一侧，记录钩码、棉线自由端所对应的刻度；

（2）用调节好的弹簧测力计竖直向上缓慢地（匀速）拉棉线的自由端，记录弹簧测力计的示数；

（3）增加滑轮组 a 下挂的钩码，重做一次实验；

（4）在铁架台上装配滑轮组 b，重做上述实验。

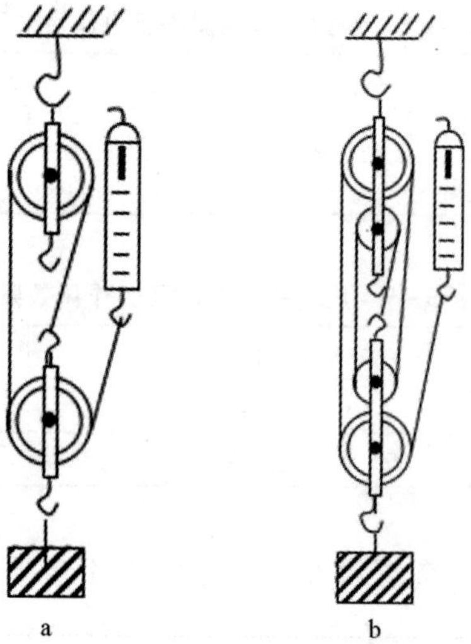

图 5－2　铁块与石块

实验数据（表 5－10）

表 5－10　测滑轮组机械效率

滑轮组	钩码重/G/N	钩码上升距离 h/m	绳端移动的距离 s/m	有用功 W/J	W/J	机械效率 η
a						
b						

分析与论证

从实验数据可以看出，对于同一滑轮组，提升的重物越重，滑轮组的机械效率越__________；

在提升的物重一定时，动滑轮个数越多（动滑轮重），滑轮组的机械效率越__________。

交流与讨论

（1）提高滑轮组效率的途径有哪些？

（2）本实验是否一定要测量出 h 和 s？

实验9　探究不同物质的吸热能力

提出问题

炎热的夏天，小明到海边度假。中午，小明发现脚踩在沙滩上有点热，但海水却比较凉快。傍晚，小明又发现沙滩很凉爽，但海水却有点暖和，这是什么原因呢？

猜想假设

小明猜想：是否因为沙子和水的吸热本领不同呢？

设计实验

要比较沙子和水的吸热本领，可以取相同质量的沙子和水，使它们吸收相同的热量，比较它们温度升高的多少。相同质量的不同物质，吸收相同的热量，升高的温度多的物质吸热的能力（“强”或“热”）。

实验要解决的问题有：

（1）如何得到等质量的沙子和水？

（2）如何才能使沙子和水吸收相等的热量？

（2）怎样才能缩短实验的时间？

实验器材

铁架台、铁圈、石棉网、酒精灯、烧杯、搅棒各两个，__________、__________以及__________。

实验步骤

（1）调节天平，分别称量相等质量（150g）的沙子和水放入两只烧杯中；

（2）在两个铁架台上分别放相同的酒精灯，固定好铁圈，放上石棉网、烧杯、固定两支温度计分别测量沙子和水的初始温度 $t_{0沙}$、$t_{0水}$；

（3）同时点燃酒精灯给沙子和水加热，用搅棒搅拌沙子和水，使受热均匀，观察温度计示数的变化，每隔3分钟记录一次沙子和水的温度（表5－11）。

数据记录

表5－11　沙子和水的吸热

物　质	初始温度 t_0/℃	第3分钟的温度 t/℃	3分钟升高的温度 Δt/℃	第6分钟的温度 t/℃	6分钟升高的温度 Δt/℃
沙　子					
水					

分析与论证

从实验数据可以看出，等质量的沙子和水吸收相等的热量，__________（沙子或水）升高的温度多，即__________（沙子或水）的吸热能力强。

交流与讨论

除了用本实验的方法来比较不同物质的吸热能力，还能用其他的方法吗？

实验 10　探究光的反射规律

实验器材

平面镜，平面纸板，量角器，不同颜色的笔。

实验步骤

（1）将一个平面镜放在水平桌面上，再将平面纸板 EF（纸板 EF 由两块纸板 EON、NOF 拼接而成），竖直地立在平面镜上，纸板上的直线 ON 垂直于镜面，如图 5－3。

（2）让一束光贴着纸板 EON，沿着某一个角度射到 O 点，经过平面镜的反射，沿着另一个方向射出，在纸板上用笔描出入射光线和反射光线的径迹。

（3）改变光束的入射方向射向 O 点，重复步骤（2）两次（用不同颜色的笔描光的径迹）。

（4）取下纸板，用量角器测量每次反射时的反射角 β 和入射角 α，填入表 5－12 中。

（5）如图 5－4，让一束光贴着纸板 EON，沿着某一个角度射到 O 点，经过平面镜的反射，向前或向后翻转纸板 NOF，看能否看见反射光。

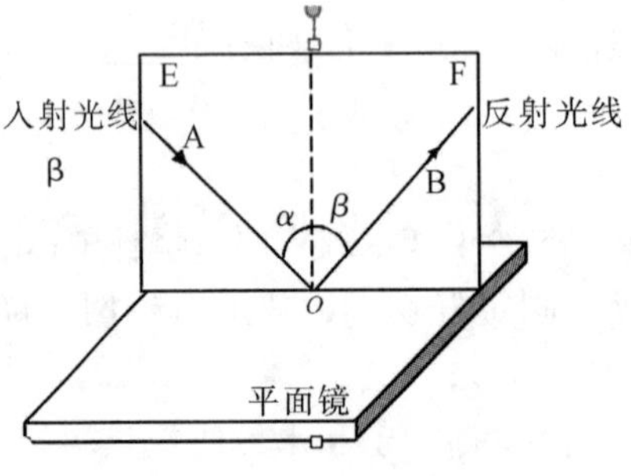

图 5－3　光的反射（共面）

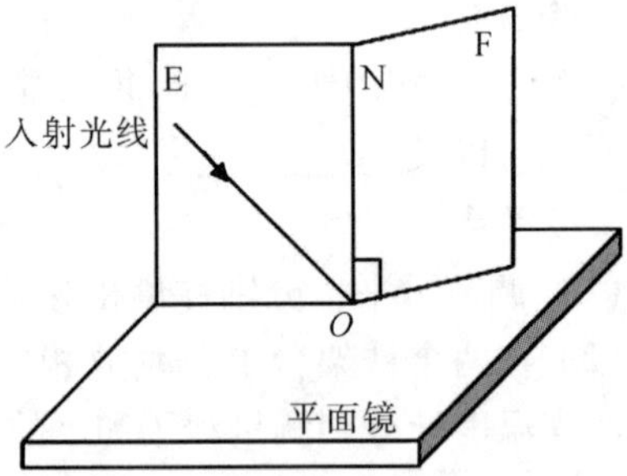

图 5－4　光的反射（不共面）

现象记录（表 5－12）

表 5－12　光的反射

实验次序	反射角 β	入射角 α

实验 11　探究平面镜成像的规律

实验器材

玻璃板一块、两支等大的蜡烛 A 和 B、光屏一个、刻度尺一把、橡皮泥一块、白纸一张、火柴一盒。

实验步骤

（1）在桌面上铺一张白纸，纸上竖立一块玻璃板，用橡皮泥固定，如图 5－5，在纸上记下平面镜的位置。

（2）将点燃的蜡烛 A 放在玻璃板的前面，观察到玻璃板后蜡烛 A 的像，将没有点燃的蜡烛 B 竖立在玻璃板后，移动到蜡烛 A 的像的位置，在纸上记下蜡烛 A 和像的位置，比较蜡烛 B 和蜡烛 A 像的大小。

（3）将光屏放到像的位置上，眼镜到玻璃背后观察光屏上是否成像。

（4）改变蜡烛 A 在玻璃板前的位置，重复步骤（2）、（3）做两次。

（5）用线段连接每次实验中蜡烛 A 和它的像的位置，用刻度尺测量它们到玻璃板的距离，将测量结果记录在表 5－13 中。

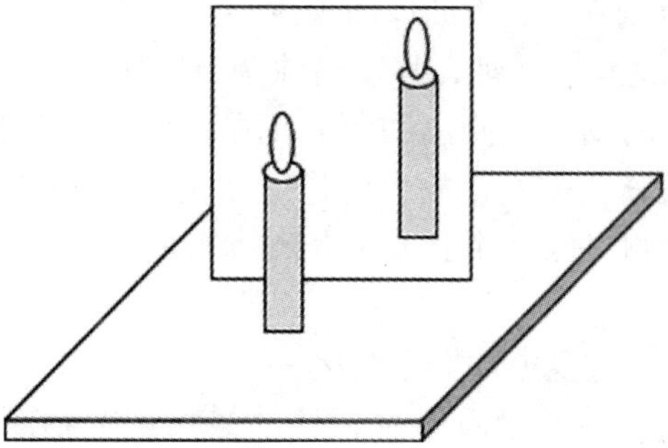

图 5－5　平面镜成像

现象记录

表 5－13　平面镜成像

实验次序	蜡烛 A 到玻璃板的距离/cm	蜡烛 A 的像到玻璃板的距离/cm	像与物的大小关系	像能否成在光屏上

实验 12　探究凸透镜的成像规律

实验器材

蜡烛一根，火柴一盒，焦距不同的凸透镜 3 只，光距座一台，光屏一个，刻度尺一把。

实验步骤

(1) 利用太阳光测凸透镜的焦距

将凸透镜正对太阳，在透镜的另一侧移动光屏，直到光屏上出现的光斑最小、最亮，用刻度尺量出光斑与透镜的距离，即焦距f，用同样的方法测出另两个凸透镜的焦距。

(2) 将光具座放在水平桌面上，凸透镜固定在光具座中央，蜡烛放在透镜一侧。

(3) 探究凸透镜成倒立、缩小的像的规律

点燃蜡烛，透过凸透镜看蜡烛，移动蜡烛调节物距，直至看到清晰的倒立、缩小的像，利用光具座上的刻度尺测出物距并记录。将光屏放到光具座上移动位置，观察光屏上能否出现清晰的倒立、缩小的像。如果像能成在光屏上，则像为实像，利用光具座上的刻度尺测出像距并记录入表 5－14 中。如果像不能成在光屏上，则像为虚像。

移动蜡烛改变物距，重复上述操作两次。

(4) 探究凸透镜成倒立、放大的像的规律

点燃蜡烛，透过凸透镜看蜡烛，移动蜡烛调节物距，直至看到清晰的倒立、放大的像，利用光具座上的刻度尺测出物距并记录。将光屏放到光具座上移动位置，观察光屏上能否出现清晰的倒立、放大的像。如果像能成在光屏上，则像为实像，利用光具座上的刻度尺测出像距并记录入表 5－15 中。如果像不能成在光屏上，则像为虚像。

移动蜡烛改变物距，重复上述操作两次。

(5) 点燃蜡烛，透过凸透镜看蜡烛，移动蜡烛调节物距，直至看到清晰的倒立、放大的像，利用光具座上的刻度尺测出物距并记录。将光屏放到光具座上移动位置，观察光屏上能否出现清晰的倒立、放大的像。如果像能成在光屏上，则像为实像，利用光具座上的刻度尺测出像距并记录入表 5－16 中。如果像不能成在光屏上，则像为虚像。

移动蜡烛改变物距，重复上述操作两次。

(6) 分析表格中的数据，找出各种像时的规律：

当凸透镜成倒立、缩小的__________像时，物距 u 和焦距 f 的关系是__________；

当凸透镜成倒立、缩小的__________像时，物距 u 和焦距 f 的关系是__________；

当凸透镜成倒立、缩小的__________像时，物距 u 和焦距 f 的关系是__________。

表 5-14　像的性质：倒立、缩小的像

实验序号	凸透镜的焦距 f/cm	物距 u/cm	像距 v/cm	虚像或实像
1				
2				
3				
4				
5				
6				

表 5-15　像的性质：倒立、放大的像

实验序号	凸透镜的焦距 f/cm	物距 u/cm	像距 v/cm	虚像或实像
1				
2				
3				
4				
5				
6				

数据记录

表 5-16　像的性质：正立、放大的像

实验序号	凸透镜的焦距 f/cm	物距 u/cm	像距 v/cm	虚像或实像
1			—	
2			—	
1			—	
2			—	
1			—	
2			—	

实验 13　水的沸腾

实验器材

铁架台一个，酒精灯一个，石棉网一个，烧杯一个，纸板一张，温度计一个，40～50℃的水适量。

实验步骤

（1）按照图 5-6 组装实验器材，在铁架台上放上酒精灯，点燃后，根据火焰的高度固定铁圈，在铁圈上放上石棉网，在石棉网上放上烧杯，倒入适量的 40～50℃的热水，盖上纸板（纸板上穿两个小孔，一个孔以便插温度计，另一个孔以便出气），悬挂温度计，使温度计的玻璃泡浸没在水的中间。

（2）当水温升至 90℃时开始记录温度计的示数，每隔 1 分钟记录一次温度，直到水沸腾后5分钟。

（3）实验时，两位同学分工合作，一位同学注意观察现象：水温多少时在哪些部位先出现气泡？随后气泡的变化情况怎样？沸腾前和沸腾时气泡的大小变化有无不同？水温多少时水中开始发声音？随后声音如何变化？沸腾前和沸腾时声音有无不同？另一位同学观察温度计的示数并记录。

图5－6　沸腾实验

实验现象

（1）沸腾前，水中气泡数量__________，体积__________，气泡上升时体积__________；沸腾时，水中气泡数量__________，体积__________，气泡上升时体积__________。

（2）沸腾前，水的声音__________；沸腾时，水的声音__________。

（3）水的温度随加热时间变化的数据填入表5－17中。

表5－17　水的温度

时间/min	0	1	2	3	4	5	6	7	8	9	10	…
温度/℃												

实验14　探究电流与电压、电阻的关系

实验器材

电源、开关、滑动变阻器、电流表、电压表各一只、定值电阻器R两只（如$R_1=5\Omega$、$R_2=10\Omega$），设计电路如图5－7。

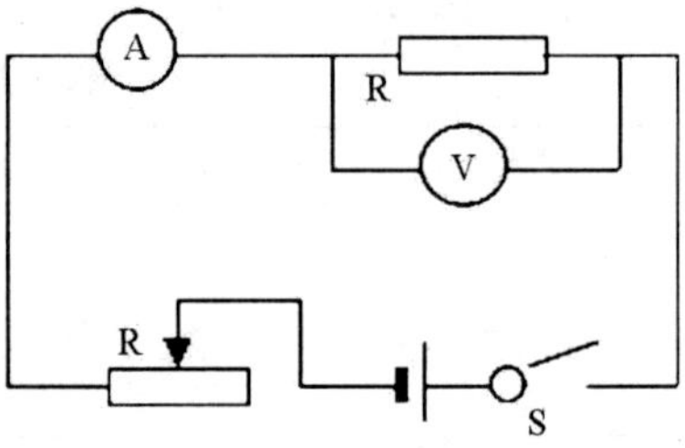

图5－7　电路图

实验步骤

（1）按照电路图将定值电阻R_1连入电路。

（2）检查电路无误后闭合开关，移动滑动变阻器的滑片至适当位置，记录电流表和电压表的示数I_1和U_1。

（3）移动滑片至另外适当位置，再记录4～5组电流值和电压值。

（4）换另一只电阻器接入电路，重复步骤（2）和（3）。

实验15　测量小灯泡的电功率

设计实验

实验原理：$P=UI$（$P_{额}=U_{额}I_{额}$、$P_{实}=U_{实}I_{实}$）

实验电路图：在图5－8的虚框中画出实验电路图。

图5－8　画图框

实验器材

电源、开关、小灯泡、电流表、电压表、滑动变阻器各一只、导线若干。

实验步骤

（1）按照电路图连接电路。

（2）检查灯泡无误后，闭合开关，移动滑片使电压表的示数等于小灯泡的额定电压，观察小灯泡的亮度，记录电流表的示数。

（3）移动滑片使小灯泡两端的电压约为额定电压的1.2倍，观察小灯泡的亮度，记录电压表示数和此时电流表的示数。

（4）再移动滑片使小灯泡两端的电压约为额定电压的0.8倍，重复步骤（3）。

（5）根据实验原理计算小灯泡的额定功率和实际功率并填入表5－18中。

数据记录

表5－18　小灯泡的功率

实验次序	电压 U/V	电流 I/A	功率 P/W	亮度（很亮、亮、较暗）
1				
2				
3				

实验16　探究通电螺线管的外部磁场

实验器材

棉线若干、较粗的漆包线、直径1.5～2cm、长约10cm的圆柱体2根、导线若干、电流表一台、开关一个、电源一台、滑线变阻器一台。

实验步骤

（1）绕一绕

用较粗的漆包线在直径1.5～2cm、长约10cm的圆柱上一圈紧挨一圈地绕成螺线管甲。用棉线扎紧（或透明胶带固定）螺线管，避免螺线管散开。改变漆包线弯曲的方向再绕一个同样大小的螺线管乙，并固定。

（2）画一画

试着在纸上画出制作好的两个螺线管a、b，并在每个螺线管周围标出如图5－9的点。

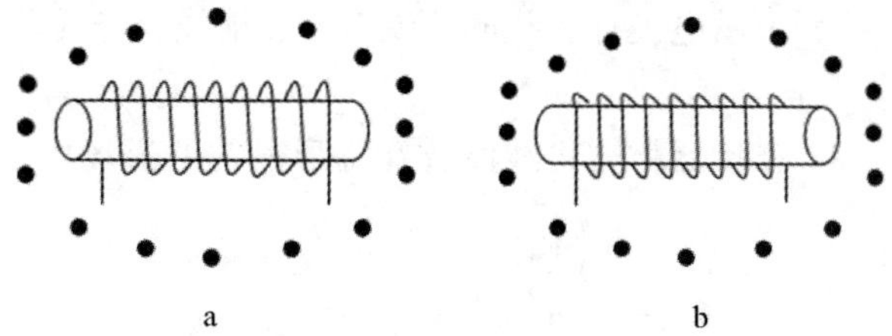

图5－9　螺线管

（3）做一做

1）用甲螺线管，按照图5－10连接电路，检查无误后闭合开关，移动滑片使电路中的电流大小适宜。

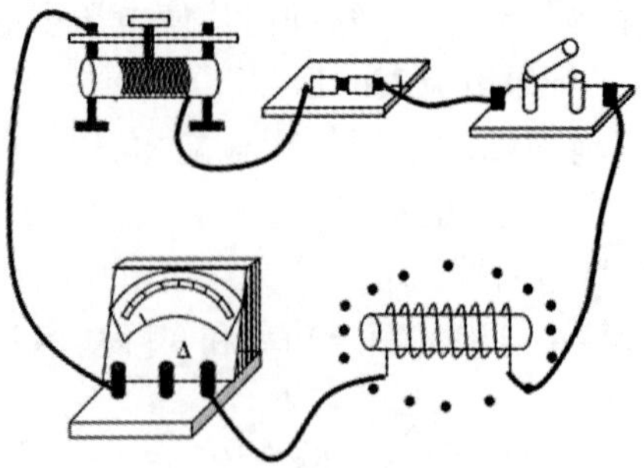

图 5-10　螺线管电路

2）在螺线管上标出电流环绕的方向。

3）将小磁针依次放到所标的各点处，待小磁针静止时记录小磁针北极的指向，即螺线管周围各处磁场的方向。

4）调换电源的正负极，改变螺线管中电流的方向，重复步骤 2）和 3）。

5）换乙螺线管重做一次实验。

实验 17　探究什么情况下磁生电

提出问题

奥斯特实验说明电能生磁，那么，磁能生电吗？什么情况下磁场中的导体能产生电流？

思路点拨

(1) 将一个匝数很多的线圈放在磁场中，探究是否能产生电流；

(2) 使线圈在磁场中沿不同方向（顺着磁感线方向、逆着磁感线方向、与磁感线呈一定的夹角）运动，探究是否能产生电流；

(3) 使线圈放在磁场中静止不动，使磁体沿不同方向运动，探究是否能产生电流。

实验器材

蹄形磁铁、开关、灵敏电流计、线圈、铁架台、棉线、导线若干。

实验步骤

(1) 按照图 5-11 连接器材，将线圈放在蹄形磁铁的磁场中，线圈的两端连接到灵敏电流计上；

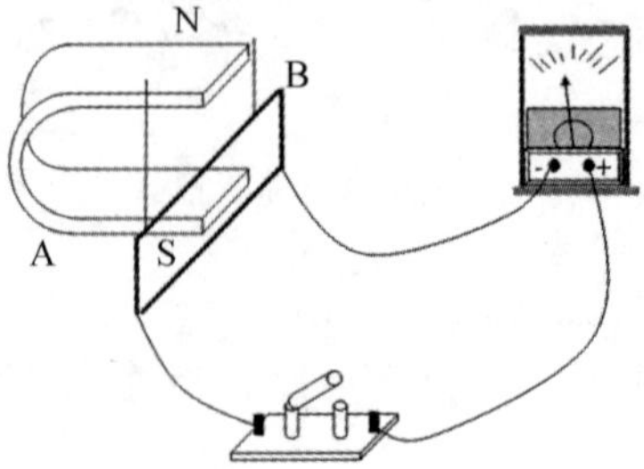

图 5-11　磁生电

（2）使线圈静止，闭合开关，观察灵敏电流计的指针是否偏转；

（3）使线圈静止，断开开关，观察灵敏电流计的指针是否偏转；

（4）闭合开关，使线圈的 AB 边在磁场中沿不同方向（顺着磁场方向、逆着磁场方向、垂直于磁场方向沿着线圈 AB 边所在直线方向、垂直于磁场方向向左右方向）运动，观察灵敏电流计的指针是否偏转；

（5）断开开关，使线圈的 AB 边在磁场中沿不同方向（顺着磁场方向、逆着磁场方向、垂直于磁场方向沿着线圈 AB 边所在直线方向、垂直于磁场方向向左右方向）运动，观察灵敏电流计的指针是否偏转。

实验现象

表 5－19 中：①表示顺着磁场方向；②表示逆着磁场方向；③表示垂直于磁场方向沿着线圈 AB 边所在直线方向；④表示垂直于磁场方向向左右方向；⑤表示静止。●表示“是”；○表示“否”。

表 5－19　磁生电现象

次序	开关	线圈	AB 边的运动方向					电　流	
	闭合	断开	①	②	③	④	⑤	有	无
1	●	○	○	○	○	○	●	○	●
2	○	○	○	○	○	○	●	○	●
3	●	○	●	○	○	○	○	○	●
4	●	○	○	●	○	○	○	○	●
5	●	○	○	○	●	○	○	○	●
6	●	○	○	○	○	●	○	●	○
7	○	●	●	○	○	○	○	○	●
8	○	●	○	●	○	○	○	○	●
9	○	●	○	○	●	○	○	○	●
10	○	●	○	○	○	●	○	○	●

分析与论证

（1）由实验可知，磁__________（能、不能）生电。

（2）我们将磁感线想象成一根根韭菜，将线圈的边 AB 想象成刀，次序 6 中导体 AB 的运动就像刀切韭菜一样，将导体的这种运动称为切割磁感线运动，磁生电的条件是__________。

（3）在实验中还发现：磁生电时，导体运动的方向相反，则产生的电流的方向__________。

实验 18　天平的使用

提出问题

（1）知道托盘天平的基本构造，会调节天平平衡；

（2）经历用天平称质量的过程，会正确使用天平测物体的质量。

观察天平

(1) 天平的基本构造：底座、横梁、衡量标尺、平衡螺母、托盘、指针、分度盘、砝码、游码。

(2) 天平的称量和感量

1) 称量：天平所能称的最大质量，等于砝码盒内所有砝码的总质量。

2) 感量：天平所能称出的最小质量，等于标尺上一小格所表示的质量。

天平的使用方法

1. 调节天平

(1) 水平调节：将天平放在水平的工作台上。

(2) 横梁平衡的调节：将游码移至横梁标尺左边的零刻度线上，调节平衡螺母使横梁水平平衡。

2. 称量

(1) 将被测物体放在天平的左盘，根据需要向右盘中增减砝码，并移动游码使横梁再次平衡。

(2) 读数，被测物体的质量等于右盘中所加砝码的总质量加上游码所指示的质量。

3. 使用注意点

(1) 天平所称物体的质量不得大于天平的称量，也不能小于天平的感量。

(2) 液体和化学药品不能直接放到天平的托盘上。

(3) 用镊子夹取砝码，不能用手直接拿取砝码，测量结束后将砝码放回砝码盒。

方法点拨

(1) 平衡螺母的调节：指针偏在分度盘中央红线的左侧时，平衡螺母向右移；反之向左移。

(2) 判断横梁平衡的两种方法：一是，当指针静止时对准标尺中央红线，说明横梁平衡；二是，若指针长时间左右摆动才能静止，则观察到指针在标尺中央红线左右做等幅摆动时，也说明横梁平衡。

(3) 称量前，先要对待测物体的质量进行估测。第一次应根据估测的质量取砝码，然后按照从大到小的顺序增减砝码。当加上最小的砝码也无法使天平平衡时，应移动游码使天平平衡。

测量一个金属回形针的质量

提出问题

如何准确地测量一个金属回形针的质量?

方法点拨

本实验的困难在于一个金属回形针的质量太小，小于天平的感量，所以无法直接测量一个金属回形针的质量。可以用“测多算少”的方法，即一次测量几十个回形针的质量，除以回形针的个数算得一个回形针的质量。

实验研究

（1）认真研究：实验中使用的天平的称量为 ________，感量为 ________。

（2）调节横梁平衡：将游码放在标尺的 ________ 刻度线处，调节横梁上的 ________，使横梁平衡。

（3）按照表 5－20 进行测量，将测量结果填在表中。

表 5－20　回形针质量

实验序号	回形针数量/个	总质量/g	一个回形针的质量/g
1	1		
2	20		
3	40		

评估反思

（1）以上 3 种测量方法中，哪种方法测量不准确？

（2）比较 2、3 两次测量结果，你认为哪次测量结果准确？为什么？

（3）比较你和其他各组的测量结果，是否相同？如果不同，你能找出原因吗？

实验 19　探究测量盐水的密度

实验目的

（1）会用量筒测液体的体积；

（2）会用天平测液体的质量；

（3）会测量液体的密度。

设计实验

（1）实验原理：$\rho = m/V$；

（2）实验器材：天平、量筒、烧杯、盐水。

实验步骤：

（1）将天平放在水平的实验桌上，将游码移到标尺的零刻线上，调节平衡螺母使天平的横梁平衡；

（2）将装有适量盐水的烧杯轻放到天平的左盘上，用镊子往右盘中加减砝码，并移动游码，使天平平衡；

（3）将右盘中砝码的质量相加，读出游码所指的示数，两者相加，即得到烧杯和盐水的总质量 m_1；

（4）从烧杯中倒适量的盐水到量筒中，读出量筒中盐水的体积 V；

（5）用天平称出烧杯和剩余盐水的总质量 m_2，计算烧杯中倒出盐水的质量 $m =$

$m_1 - m_2$；

(6) 将烧杯中倒出盐水的质量 m 和体积 V 代入公式 $\rho = m/V$ 计算盐水的密度 ρ，并将数据填入表 5－21 中。

实验操作和数据记录

操作注意点：

(1) 待测物体放到天平左盘进行测量时不能移动平衡螺母；

(2) 读天平示数时所加砝码的总质量要加上游码指示的示数；

(3) 量筒应放在水平的桌面上，读数时，视线要与盐水的凹液面相平。

表 5－21　测盐水密度

盐水和烧杯的总质量 m_1/kg	倒入量筒中盐水的体积 V/m^3	烧杯和剩余盐水的总质量 m_2/kg	烧杯中倒出盐水的质量 m/kg	盐水的密度 $\rho/(kg \cdot m^{-3})$

实验 20　探究测量小石块的密度

实验目的

(1) 会用量筒测固体的体积；

(2) 会用天平测液体的质量；

(3) 会测量固体的密度。

设计实验

(1) 实验原理：$\rho = m/V$

(2) 实验器材：天平、量筒、小石块、烧杯、水、细线。

实验步骤

(1) 将天平放在水平的实验桌上，将游码移到标尺的零刻线上，调节平衡螺母使天平的横梁平衡；

(2) 将小石块轻放到天平的左盘上，用镊子往右盘中加减砝码，并移动游码，使天平平衡；

(3) 将右盘中砝码的质量相加，读出游码所指的示数，两者相加，即得到小石块的质量 m；

(4) 从烧杯中倒适量的水到量筒中，读出量筒中水的体积 V_1；

(5) 用细线系住石块，手拉着细线使小石块慢慢滑入量筒内水中，读出量筒中水和小石块的总体积 V_2，计算石块的体积 $V = V_2 - V_1$；

(6) 将小石块的质量 m 和体积 V 代入公式 $\rho = m/V$ 计算密度 ρ。

实验操作和数据记录（表 5－22）

表 5－22　测小石块的密度

小石块的质量 m/kg	量筒中水的体积 V_1/m^3	量筒中水和小石块的总体积 V_2/m^3	小石块的体积 V/m^3	小石块的密度 $\rho/(kg \cdot m^3)$

实验21　探究影响滑动摩擦力的因素

提出问题

推动水泥地面上的物体比推动地砖上的物体费力，推动讲台在地面上滑动比推动书桌费力，手压在桌面上向前滑动感到有阻力。

滑动摩擦力的大小跟什么因素有关呢？

猜想与假设

影响滑动摩擦力大小的因素可能有：

（1）____；

（2）____。

设计实验

实验器材：长木板、棉布、木块、钩码、弹簧测力计。

实验方法

根据二力平衡的知识，用弹簧测力计沿水平方向拉放在水平地面上的木块做匀速直线运动，弹簧测力计的示数即拉力等于摩擦力；在木块上放上数目不等的钩码，从而改变长木板受到的压力；在木板上铺上棉布，从而改变了接触面的粗糙程度。

实验步骤

（1）将长木板放在水平的桌面上，在木板上放上木块。

（2）用调节好的弹簧测力计沿着水平方向匀速拉动木块，记录测力计的示数。

（3）在木块上放上钩码，再次用弹簧测力计匀速拉动木块，记录测力计的示数。

（4）在木板上铺上棉布，再次用弹簧测力计匀速拉动木块，记录测力计的示数。

数据记录（表5－23）

表5－23　测摩擦力

次序	物体间压力（大/小）	接触面粗糙程度（粗糙/光滑）	测力计示数/N	摩擦力/N
1	小	光滑		
2	大	粗糙		
3	小	粗糙		

分析与论证

（1）从数据记录中次序1、2可知，滑动摩擦力的大小与__________有关，__________一定时，__________，滑动摩擦力越大。

（2）从数据记录中次序1、3可知，滑动摩擦力的大小与__________有关，__________一定时，__________，滑动摩擦力越大。

实验22　探究杠杆平衡的条件

提出问题

杠杆平衡时，动力F_1、动力臂L_1、阻力F_2、阻力臂L_2之间存在什么关系？

猜想与假设

我的猜想是：____。

设计实验

（1）实验器材：铁架台、杠杆（含平衡螺母）、钩码（每只质量50g）若干。

（2）实验方法：在杠杆两端各挂一定数目的钩码使杠杆平衡，测出动力 F_1、动力臂 L_1、阻力 F_2、阻力臂 L_2，分析它们在数量上的关系。

如果杠杆平衡时处于倾斜的位置［图 5－12（a）］，则测量动力臂 L_1、阻力臂 L_2 比较困难，如果杠杆平衡时处于水平位置，则动力臂 L_1、阻力臂 L_2 正好在杠杆上［见图 5－12（b）］，根据杠杆上的刻度可以方便地读出动力臂 L_1、阻力臂 L_2 的长度。因此，实验时应使杠杆在水平位置平衡，以便于测量力臂。

因为杠杆的自重也会影响杠杆的平衡，所以，在挂钩码前应调节杠杆的平衡螺母使杠杆在水平位置平衡。

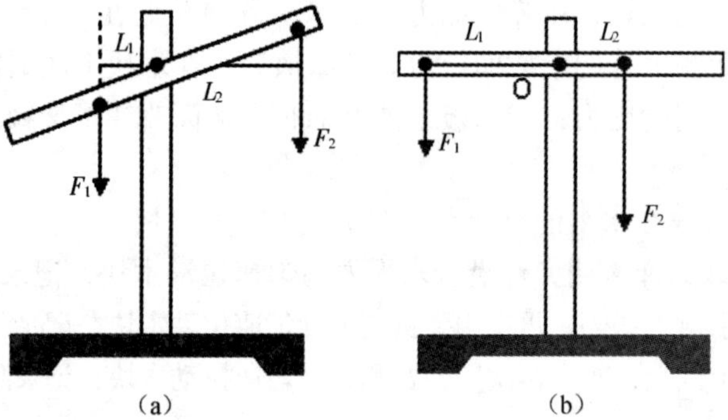

图 5－12　杠杆平衡时力臂测量比较

实验步骤

按照图 5－13 支起杠杆，调节杠杆两端的平衡螺母，使杠杆在水平位置平衡。

先在杠杆的左边某处挂若干个钩码，然后在杠杆右边挂上数目相等或不等的钩码，调节右边钩码悬挂的位置，使杠杆在水平位置平衡，测量并记录动力 F_1、动力臂 L_1、阻力 F_2、阻力臂 L_2。

改变动力或阻力，仿照步骤（2）再做两次。

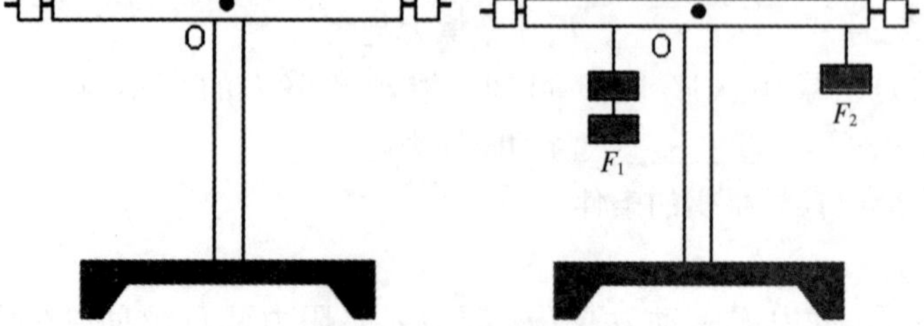

图 5－13　机杆水平平衡

实验数据（表5－24）

表5－24　探究杠杆平衡的条件

实验序号	动力 F_1/N	动力臂 L_1/m	阻力 F_2/N	阻力臂 L_2/m
1				
2				
3				

分析与论证

回顾自己的猜想，对照实验数据，我的猜想__________（正确或不正确）。分析实验数据可得，杠杆的平衡条件是__________。

交流与评价

在实验中，如何判断杠杆是否在水平位置平衡？

实验23　探究浮力

提出问题

繁忙的汽渡轮来来往往，远处江面上万吨巨轮汽笛声声，它们受到的浮力有大有小。那么，浮力的大小等于什么呢？

猜想假设

每小组用大小相同的橡皮泥造一个小船，将橡皮、笔套、图钉、螺母等当作“货物”，看哪一组的小船装载的“货物”最多。

在水桶中装适量的水，将空饮料罐压入水中，体验饮料罐受到的浮力及其大小的变化，同时观察水面高低的变化。

通过造“船”比赛和压饮料罐的实验，我猜想，浮力的大小可能跟__________有关。

设计实验

（1）实验方案：验证浮力大小与排开液体受到的重力有关，则要测量浮力的大小和排开液体的重，然后比较它们的大小。

（2）实验器材：铝块、细线、烧杯（溢水杯）、垫块、小桶、__________、__________。

实验步骤

（1）调节好弹簧测力计，测量记录小桶的重力 G_1 [图5－14（a）]；

（2）按照图5－14（b）将烧杯垫起，向烧杯中装水，直至水刚好溢出；

（3）测量记录铝块的重力 G_2 [图5－14（c）]；

（4）如图5－14（d），缓慢将铝块浸没到烧杯中，用小桶接住溢出的水，记录测力计的示数 F；

（5）如图5－14（e），测量记录溢出水和小桶的总重力；

（6）将水换成酒精，重复上述步骤。

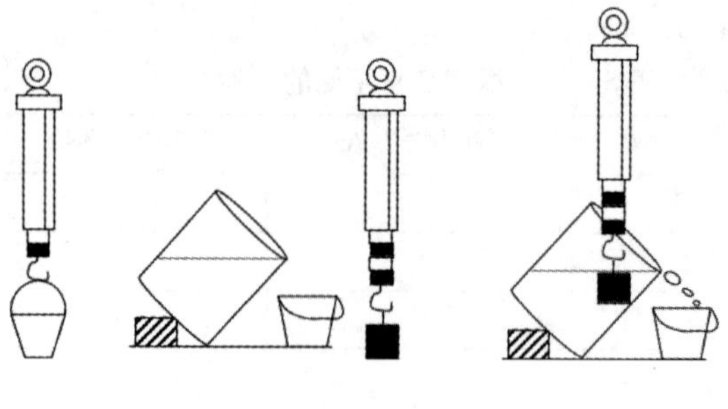

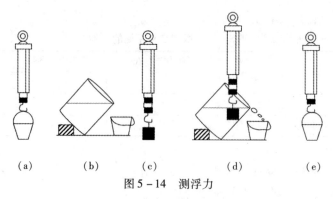

图 5－14　测浮力

数据记录

表 5－25　测浮力

液体	小桶重 G_1/N	铝块重 G_2/N	铝块浸在液体中时测力计的示数 F/N	浮力 $F_{浮}$/N	排开液体的重 $G_{排液}$/N
水					
酒　精					

分析与论证

根据数据记录可知，浸在液体中的物体受到的浮力等于被物体排开液体的重力。

下面以实验 14 探究电流与电压、电阻的关系为例，通过具体分析，进行科学方法的显化。

二、初中物理实验教学中科学方法显化研究

以探究电流与电压、电阻的关系实验为例，因为要研究电流与电压、电阻两个因素的关系，所以要采用控制变量法，分别研究电流与电压、电阻的关系。在教学中引导学生有意识地用控制变量的思想去设计实验，不妨先保持导体的电阻不变，改变导体两端的电压，考察电流随电压的变化如何变化；再保持导体两端的电压不变，改变导体的电阻，考察电流随电阻的变化如何变化，最后总结电流与两者的关系。

在教学中，进一步通过提问引导学生，保持电阻不变，去改变电压时可以采取两种方法：一是更换不同电压值的电源；二是用滑动变阻器与导体串联，通过改变滑动变阻器的电阻来改变导体两端的电压。显然，方法二操作方便，易获得更多的电压值。而怎么做到在保持电压不变改变导体电阻呢？这就需要在电路中接入阻值不同的定值电阻来改变导体的电阻。

以上是该实验操作过程中采用的物理方法——控制变量的方法，在设计并实施过程中逐步显化了出来。如何对实验中得到的数据进行处理，并得到有价值的规律，是该实验的意义所在。首先是数据的收集，所以要引导学生设计表格，即采用列表法记录数据，如表 5－26 与表 5－27。

表 5－26　电流随电压的变化

电阻 R_1 =__________Ω

电压 U/V						
电流 I/A						

表 5－27　电流随电阻的变化

电阻 R_2 =__________Ω　条件：U ________V

电阻 R/Ω						
电流 I/A						

在通过对表中的数据进行分析，可以得出“电阻一定时，电流与导体两端的电压成正比；电压一定时，电流与导体的电阻成反比”的结论。在以 I 为横轴，U 为纵轴的坐标系中分别画出两个定值电阻的 $U-I$ 关系图像，可以清晰地得出电流与电阻、电压的关系。这时，处理数据的方法就用到了图像法。

三、初中物理实验教学中科学方法显化研究结果

采用类似的方法，通过对初中物理教学中 32 个实验进行研究，对于在实验教学中操作过程和数据处理过程中的科学方法进行显化，详见表 5－28 到表 5－35。

1. 声现象

表 5－28　声现象实验中的物理方法

序　号	实验内容	操作过程中的物理方法	数据处理过程中的物理方法
1	探究声音的产生	放大法、转化法	列表法
2	探究声音的特性	控制变量法	列表法
3	探究声音的传播	观察法	列表法

2. 光现象

表 5－29　光现象实验中的物理方法

序　号	实验内容	操作过程中的物理方法	数据处理过程中的物理方法
1	探究光的反射规律	作图法、留迹法	列表法
2	探究平面镜成像的规律	作图法、等效替代法	列表法
3	探究凸透镜的成像规律	作图法、留迹法	列表法

3. 热学

表 5－30　热现象实验中的物理方法

序　号	实验内容	操作过程中的物理方法	数据处理过程中的物理方法
1	探究固体熔化的规律	直接测量法	图像法、列表法
2	水的沸腾	直接测量法	列表法、图像法
3	探究不同物质的吸热能力	控制变量法	列表法

4. 电学

表 5－31　电现象实验中的物理方法

序　号	实验内容	操作过程中的物理方法	数据处理过程中的物理方法
1	探究串并联电路中的电流规律	直接测量法	列表法
2	探究串并联电路中的电压规律	直接测量法	列表法
3	探究影响电阻大小的因素	控制变量法	列表法
4	探究电流与电压、电阻的关系	控制变量法	列表法、图像法
5	测量小灯泡的电阻	伏安法	列表法、图像法
6	测量小灯泡的电功率	伏安法	列表法、图像法

5. 磁现象

表 5－32　电和磁实验中的物理方法

序　号	实验内容	操作过程中的物理方法	数据处理过程中的物理方法
1	探究通电螺线管的外部磁场	转化法	描迹法
2	探究电磁铁的磁性强弱	控制变量法、转化法	列表法
3	探究什么情况下磁生电	控制变量法	列表法

6. 质量和密度

表 5－33　质量与密度实验中的物理方法

序　号	实验内容	操作过程中的物理方法	数据处理过程中的物理方法
1	测大头针质量	累积法	列表法
2	探究物体质量与体积的关系	控制变量法	列表法、图像法
3	测物质的密度	间接测量法、溢水法	列表法、图像法

7. 力

表 5－34　运动和力实验中的物理方法

序　号	实验内容	操作过程中的物理方法	数据处理过程中的物理方法
1	测量物体运动的速度	间接测量法	列表法
2	探究影响滑动摩擦力的因素	控制变量法	列表法
3	弹簧的伸长与拉力的关系	控制变量法	列表法、图像法
4	探究杠杆平衡的条件	控制变量法	列表法
5	探究二力平衡的条件	观察法	
6	探究压力的作用效果与什么因素有关	控制变量法	列表法
7	探究影响液体内部压强的因素	控制变量法、转化法	列表法
8	测金属丝的直径	累积法	列表法、算数平均值
9	探究重力与质量的关系	直接测量法	列表法、图像法
10	探究浮力大小与哪些因素有关	控制变量法	列表法

8. 功和能

表 5－35　功和能实验中的物理方法

序　号	实验内容	操作过程中的物理方法	数据处理过程中的物理方法
1	探究滑轮组的机械效率	控制变量法	列表法
2	探究影响动能和势能的因素	控制变量法、转化法	列表法

四、初中物理实验教学中科学方法教育内容的分析

对上述 8 张表格中的教学内容和所涉及的科学方法加以统计，得到如表 5－36。

表 5－36　初中物理实验教学中物理方法出现频数统计

序　号	操作过程中的物理方法	频数	序号	数据处理过程中物理方法	频数
1	控制变量法	15	1	列表法	31
2	转化法	5	2	图像法	9
3	放大法	1	3	算数平均值法	1
4	等效替代法	1	4	描迹法	1
5	观察法	2			
6	间接测量法	2			
7	直接测量法	5			
8	留迹法	2			
9	累积法	2			
10	溢水法	1			
11	伏安法	2			

为了更直观呈现物理方法及其出现次数，将其转化为频率图，如图 5－15 与图 5－16。

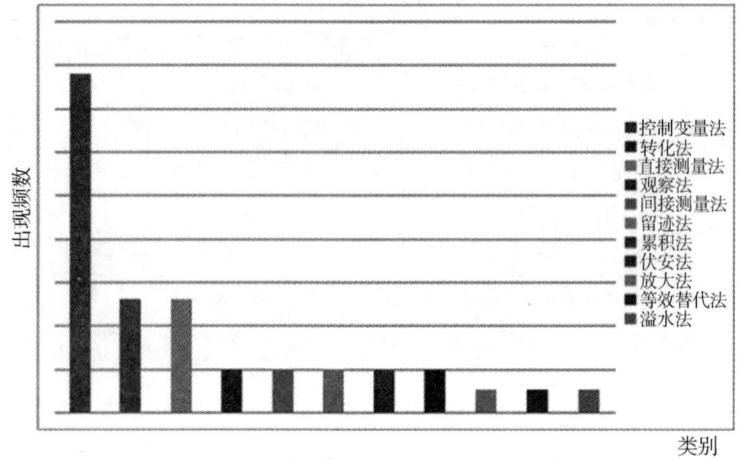

图 5－15　物理实验操作过程中的物理方法

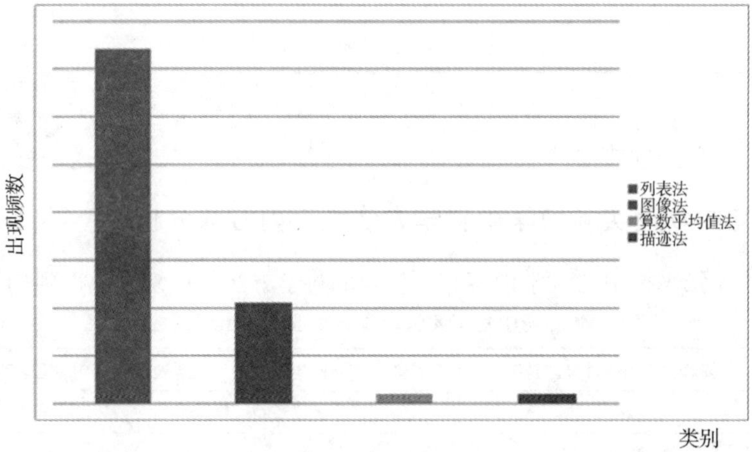

图 5－16　物理实验数据处理过程中的物理方法

分析统计表可知，初中物理实验教学中出现频次较高的物理方法有控制变量法、列表法、图像法。因此，在初中物理实验教学中，应着重显化这些科学方法。

第四节　初中物理实验教学中科学方法的教育途径

在实验教学中，应该使学生学习并掌握好基本的实验方法，指导学生根据实验的目标设计实验方案，选择实验工具和测量手段，按设计程序进行操作与观察，并对实验所得的资料和数据进行分析处理，提高科学实验和研究能力。本节主要从4个方面阐述实验教学中主要科学方法的内容。

一、在设计实验过程中引导学生运用物理方法

“设计实验方案”是实验探讨过程中的重要环节，它是从操作的角度把探究的猜想具体化、程序化。设计实验方案将使探究者明确验证科学猜想的思路和方法，确定实验所用的原理和方法，明确收集信息的途径和方法，确定收集信息的方位和要求，了解探究所需的器材和设备，建立分析数据的思路和选择处理数据的手段，使科学探究步骤更加有序，探究过程更加科学；要求学生认识到设计实验方案在探究学习中的重要性，通过设计实验方案使探究学习目标更加明确，有利于训练学生的科学研究方法，培养学生的设计能力和理论论证能力。①

1. 运用控制变量的方法设计实验

实验的精髓在于控制，控制实验条件是实验最突出的一个特点。因此，要想有效地开展实验探究活动，学生就必须具有“控制实验条件的意识”，具有控制实验条件的能力。在设计实验方案时，要求学生能够找出实验中的变量及控制方法。

当一个物理量受多个因素影响时，在研究它与某一个因素之间的关系时，必须保证其他因素不变，只改变被研究因素，观察物理量的变化情况。用控制变量方法在设计实验时不但要注意本质变量的控制，对非本质干扰变量也要进行控制。

例如，探究一组材料的隔音性能（材料：泡沫塑料板、玻璃、木板、硬纸板），在设计实验时，可以把这些材料做成盒子，先把闹钟放入其中一个盒子当中，然后从听到最响的声音位置开始，慢慢远离声源，测得听不到指针走动声音时的距离。比较各种情况下这段距离的大小就可以比较不同材料的隔声性能。在这个实验中，应注意要选用同一个闹钟，用各种材料做成的盒子要求大小、形状、厚度等均相等，并由同一个人来听。之所以要控制除材料可以不同之外的其他条件都要相同，就是要考虑非本质变量对实验结果的干扰作用。

下面通过具体实验，说明在研究因变量与本质多变量关系时，如何用控制变量的思想进行实验的设计。

案例：探究不同物质吸热能力时所用的实验方法

在探究“物质吸收热量的多少与什么因素有关”时，猜想吸热多少与质量、温度升高的多少、物质的种类有关。那么，如何设计实验探究物质吸收热量的多少与这些因素的关系？具体做法如下。

（1）探究物质吸收热量的多少跟质量是否有关时，取相同的物质，升高相同的

① 黄国龙. 新课程背景下中学物理探究教学模式建构与策略探讨［M］. 上海：上海科学普及出版社，2005：140.

温度，让物质的质量不同。即控制 c、Δt 相同，研究 Q 与 m 的关系。例如，用相同的酒精灯，烧开一壶水比烧开半壶水所用的时间长，吸热多。

(2) 探究物质吸收热量的多少跟温度升高的度数是否有关时，取相同的物质，相同的质量，使升高的温度不同。例如，用相同的酒精灯时，一壶水烧成开水比烧成温水所用的时间长，吸热多。

(3) 探究物质吸收热量的多少跟物质的种类是否有关时，取不同种物质，质量相等，温度升高相同。例如，将质量相等的水和煤油用相同的酒精灯加热，升高相同的温度时，给水加热时间长，吸热多。

根据实验器材进一步设计实验，可以将以上实验方案中的水壶用烧杯代替，用温度计准确的测量温度的变化。再根据实验方案，制定实验步骤，从而进行实验。

由上面的几个例子可以看到控制变量方法在物理实验中的重要性，控制变量的思想在物理实验中应用比较普遍，这种思想在初中阶段就开始接触。比如，探究影响导体电阻大小的因素、探究影响液体蒸发快慢的因素、探究物质吸收热量的多少与什么因素有关、比较两个做匀速直线运动物体的快慢、探究影响摩擦力大小的因素、研究液体压强与哪些因素有关、探究压力的作用效果与哪些因素有关的实验、探究影响浮力大小的因素、测量滑轮组效率的实验、探究电磁铁的磁性强弱和影响因素等都用到了控制变量法。

2. 运用等效替代的方法设计实验

初中物理实验受实验条件和器材的限制，一般只采用比较简单的器材，这样在很多实验中都是利用简易器材测量的。由于通过等效得到难以直接测量的物理量，或者很难揭示物理本质，因而采取与之相似或有共同特征的等效现象来替代。比如，合力的概念，如果一个力产生的效果跟几个力共同作用的效果相同，这个力就叫作那几个力的合力，在此就用了等效替代的方法。在学习伏安法测电阻之后，要求学生设计一个实验，在缺少电流表或电压表，其他器材不变，仅增加一个已知阻值的定值电阻，测出未知电阻，就可以引导学生运用等效替代的思想进行设计。

再比如，在探究平面镜成像规律的实验中，用玻璃板替代了平面镜，因两者在成像特征上有共同之处，容易使学生接受；玻璃板又是透明的，能通过它观察到玻璃板后面的蜡烛，便于研究像的特点、揭示相应的规律。在教学中，在学生亲历实验过程的基础上，教师注重引导学生进行方法的总结，在思维方式上受到启发，他们以后遇到有关的实验设计时，就会自觉地加以运用。

总之，在保证某一方面效果的前提下，用理想的、熟悉的、简单的物理对象、物理过程、物理现象，替代实际的、陌生的、复杂的物理对象、物理过程、物理现象，从而揭示本质规律或测量不易测的物理量，就可以用等效替代的方法。

3. 运用转化的方法设计实验

物理学中对于一些看不见、摸不着的现象或不易直接测量的物理量，通常用一些非常直观的现象去认识，或用易测量的物理量间接测量。例如，用悬挂着的乒乓球接触正在发声的音叉，乒乓球会多次被弹开，这个实验可以用来探究声音产生的原因。此实验采用了转化法，将音叉的振动转化为乒乓球的振动，实质上又起到了“放大”的作用。这种转化的方法是物理实验中经常应使用的方法。像用排水法测量不规则固体的体积、把不能直接测量的曲线变为直线（如测硬币的直径）、在探究电磁铁的磁性强弱和影响因素时用到回形针，等等。

又如，在“探究电流通过导体产生的热量与哪些因素有关”的实验中，电流通过阻值不等的两根电阻丝产生的热量无法直接观测和比较，所以就通过转化为让煤油吸热，观察煤油温度变化情况，从而推导出哪个电阻放热多。为什么研究电流通过导体产生的热量与电阻大小的关系，还要用到看起来与实验无关的煤油呢？这样通过课堂提问，引导学生讨论和思考，使学生思维得以发散，进而提高学生设计实验的能力。

在初中物理实验中，利用软细绳测量地图上铁路线的长度，用刻度尺和三角板配合测量硬币的直径、圆锥的高，探究动能跟哪些因素有关实验中动能大小通过小球对盒子做功的多少来体现，电磁铁磁性的强弱通过吸引大头针的数量来判断、研究磁场等，都运用了转换法的思想。

二、在实验操作过程中引导学生运用物理方法

“实验，实际上是条件控制下的观察”①。在做实验和记录的过程中要求学生既要能进行简单的实验条件控制，又能用多种方式将实验对象及其变化进行观察和记录，并将观察和思考相结合。物理是以观察实验为基础的一门科学，观察法是物理研究中常用的方法，对一切事物的研究都首先需要通过观察获取事实依据才能成为理论思维的基础。观察和实验是物理学发展的重要支柱，是物理理论的基础，它们共同作用促进了物理学的进步。

观察能力是人们为正确地认识世界所需要的最重要和最根本的能力之一。达尔文在谈到自己时也曾说：“我既没有突出的理解力，也没有过人的智慧，只是在观察那些稍纵即逝的事物并对其进行精细观察能力上，我可能在一般人之上。”

在实验教学中，一定要善于结合实际，启发学生养成认真观察物理现象、勤于思考问题的习惯。首先要求观察的客观性，要实事求是地对待各种观察的材料。其次，观察要抓住与观察目的有关的主要的方面，并且有步骤地、尽可能细致地观察。最后，要使学生了解科学的观察都要有详细的记录，要养成有序、及时记录数据的习惯。

不管是分组实验还是演示实验，观察都是至关重要的环节。观察作为一种科学方法，需要在教学中认真培养，具体有以下 3 种方法。

---

① 陈耀亭. 中学化学教学法［M］. 长春：吉林人民出版社，1984：16.

1）对比观察法。把观察到的各种物理现象及在物理实验中观察到的各种现象与某一个标准（或对象）进行比较，从而得到正确结论的方法。例如，在研究透镜成像规律中，蜡烛在焦点内和焦点外，像的性质有什么不同。牛顿管实验：比较羽毛和金属箔在真空环境和非真空环境中自由下落的现象。

2）重点观察法。例如，在研究牛顿第二定律时，先控制力 F 一定，观察加速度 a 与物体质量 m 的关系；再使物体的质量 m 一定，观察加速度 a 与力 F 的关系；然后归纳总结，得出。

3）归纳观察法。例如，在研究电磁感应现象实验中，第一步，当线圈 B 分别插入、取出通电线圈 A 的过程以及在 A 中不动时，观察线圈 B 中有无感应电流产生，观察感应电流的方向；第二步，仅改变通电线圈 A 的电流方向—观察线圈 B 中有无感应电流并记录方向；第三步，观察在给线圈 A 通电和断电的瞬间，线圈 B 中有无感应电流产生并记录方向。通过观察到的现象，就可以总结出法拉第电磁感应定律。

总之，坚持在实验中渗透观察方法的教育，一定能够逐步培养起学生良好的观察素养，并培养学生成为乐于观察、善于观察的有心人。

三、在数据处理过程中引导学生运用物理方法

实验记录的处理是学生学习和进行科学研究的一项重要技能，包括数据处理和理论分析，它是运用数据揭示事物现象和本质之间联系的过程。为此，必须将数学方法和思维方法结合起来，对记录的实验结果加以整理和分析。开普勒对其导师第谷记录的大量天文观测数据进行统计分析，总结出了著名的开普勒三大定律，具有非凡的意义和价值。

在进行物理实验时，需要选择数据处理方法，确定正确合适的数据处理方法能够突破实验重点，减小实验误差。在探究教学中，教师应要求学生能够正确灵活的选择数据处理方法。在物理实验数据处理中，常用以下数学方法。

1. 图像法

图像是一个数学概念，用来表示一个量随另一个量的变化关系，在物理中常采用数学图像的方法，把物理现象或物理量之间的关系表示出来。在实验中，运用图像来处理实验数据，探究内在的物理规律，具有独特之处。相对论之父爱因斯坦说："我们在寻求一个能把观察到的事实联结在一起的思想体系，它将具有最大可能的简单性。我们所谓的简单性，是指体系所包含的彼此独立的假设或公理最少。"

如果给出的某两个物理量关系已经在图像上以图线的方式显示，那么就可以引导学生运用图像的推理功能给出实验结果。例如，验证机械能守恒的实验中，对记录的数据转换成 $0.5v^2-h$ 图像，如果得到一条直线，就能验证机械能守恒定律，并且直线的斜率等于重力加速度。如果给出的是数字式实验数据，就要求学生运用图

像来处理这些数据，给出实验结果。例如，在探究固体熔化时温度的变化规律和水的沸腾情况的实验中，就是运用图像法来处理数据的，这种方法形象直观地表示了物质温度的变化情况。学生在亲历实验得出数据的基础上，通过描点、连线绘出图像就能准确地把握住晶体、非晶体的熔化特点和水的沸腾特点了。

在其他的实验中，教师也可以有意识地引导学生采用图像来处理数据。例如，在探究串联电路中的电流规律实验中，把电路中的各点作为横轴、电流为纵轴，作出的图像为水平直线，很直观地表示出串联电路中各点电流相等的规律。这样，学生非常容易理解和记忆。在探究电阻上的电流跟电压的关系、同种物质的质量与体积的关系、重力大小跟质量的关系、匀速直线运动路程跟时间的关系、匀速直线运动速度特点、电流与电压的关系、电流跟电阻的关系等实验中都运用到了图像法。这样把数形结合、图形与文字结合起来处理数据、描述物理规律的方法，能很好地促进学生处理数据能力和分析问题能力的提高。在探究比较复杂的物理问题中，也经常运用图像法，比较直观地反映物理规律。例如，将一正方体用细线系住从空中慢慢放入水中，如水足够深，正方体受到的浮力的变化情况，用图像表示则很清晰。

2. 算术平均法

为了减小实验中出现的偶然误差，经常要对一个物理量或一个过程重复多次，然后进行算术平均。对直接测量，求出多次测量的物理量之后求平均值，比较各个测量值与平均值之间的差异，把其中与平均值相差较大的测量值剔出，从而保证实验数据的准确性。比如长度的测量，实验中要求多次测量求平均值以减小误差。对于间接测量，则应该对最后被测量进行间接运算，然后求平均值。比如在利用伏安法测电阻时，用电压表和电流表分别测出电压和电流，再利用公式求出电阻的大小。为了减小实验误差，改变电阻两端的电压，多次测量，最终求平均值。

第五节 研究结论与综合讨论

一、研究结论

根据对初中物理实验教学中的科学方法教育内容的研究，得到以下几点结论。

1）通过对初中课程标准和教材中出现的主要实验进行分析，确定了物理实验操作过程中的 11 种物理方法，出现频次较高的有控制变量法、转化法、直接测量法。

在初中物理实验中出现最多的物理方法是控制变量法，控制变量的思想在物理实验中应用比较普遍，教师要注意引导学生分析比较，能使学生体会到控制变量的思想，为以后的探究实验做好方法上的准备。

在实验中，有很多物理量由于其属性关系，很难用仪器或仪表直接测量，或者因条件所限无法提高测量的准确度。此时，可以根据物理量之间的定量关系和各种效应把不易测量的待测量转化成容易测量的物理量进行测量，这就是转化法。

2）确定了物理实验数据处理过程中的 4 种实验方法，分别是列表法、图像法、算术平均值法和描迹法。其中，列表法和图像法出现的频次较高。

数据处理是对原始实验记录的科学加工。通过数据处理，可以从一堆表面上似乎毫无关系的数据中找出难以察觉的、内在的规律。

列表法是初中物理记录实验数据常用的一种方法，比较直观的将实验现象或实验原始数据进行记录。

图像法处理实验数据时物理实验中最常见的方法之一。选取适当的坐标系，用图像法找到变量间的函数关系。

二、教学建议

1. 在实验教学中，制定科学方法教育目标

在物理实验教学中，多数教师对于“知识与技能”的教学目标比较清楚，但对于教授哪些科学方法并不清楚。所以，教师在具体的实验教学中，要有计划、有步骤地把科学方法教育渗透到实验教学中，完成科学方法教育任务，使学生得到全面、系统科学的训练。

2. 在实验教学中对出现频次较多的科学方法进行重点教学

初中物理实验教学中出现频次比较多的科学方法，如控制变量法、转化法、列表法、图像法需要进行重点教学。科学方法的学习比物理知识更困难，并不是经过重复式教学就能使学生理解和掌握的。因此，物理实验教学中，对出现频次比较多的物理方法，在教学中要明确地、有计划地教学。教师要循序渐进地讲解，逐步深化，随着同一科学方法的多次出现，多次讲解 ，学生才能领会、运用。

3. 教师要提高自身的科学素养和实验素养

每一个物理实验都蕴含了物理思想和科学方法，但实际教学的效果如何，最终取决于教师的思维方式和科学素养。为更好地进行科学方法教育，提高教师的科学方法教育的素质是值得研究的问题。教师只有对实验所蕴含的物理思想、科学方法及解决实际问题的技能有深刻的理解和体会，才能充分发掘每个实验中的科学方法，在教学中有意识地加以贯彻实施。

三、有待进一步研究的问题

通过上述研究，我们对初中物理实验教学中科学方法教育有了进一步明确的认

识，但还有一些问题尚不明朗，需要做进一步探索。

第一，本书关于科学方法教育内容的研究尽管依据了“对应”的思想加以建构，但是给出的科学方法可能还欠准确，甚至可能还有遗留和不妥。第二，在实验教学中有效地进行科学方法教育的实施尚缺乏实践的检验。第三，对于科学方法教育的评价值得进一步的研究。因为评价对教学起着导向、激励、诊断和改进的作用，是教学过程不可缺少的环节。

第六章　初中物理科学方法教育课题研究

第一节　初中物理科学方法教育研究课题申报

* 课题申请 *

北京市教育委员会社科计划面上项目

申　请　书

项目名称：义务教育物理科学方法教育内容的显化与教育途径研究

学科领域：教育学·课程与教学论

申 请 人：　　邢红军

所在单位：　首都师范大学

申请日期：　　2008.5

北京市教育委员会科学技术与研究生工作处制

2008 年 5 月

一、简表

<table>
<tr><td rowspan="1">研究内容和意义</td><td>摘要（限300字）</td><td>针对新一轮初中物理课程改革中存在的科学方法教育内容不明确的问题，采用“对应”的方法，把初中物理教学中的科学方法教育内容“显化”出来。进一步，通过设计结合科学方法的物理概念、规律教学，进行科学方法教育途径的创新尝试。
本课题的意义在于：把初中物理科学方法教育内容显化出来，就解决了长期存在的科学方法教育内容不明确的问题，从而完善初中物理教学的内容；对科学方法教育途径进行深入研究，就解决了科学方法如何教的问题，从而完善科学方法的教学方式。这既具有重要的理论价值，又具有重要的实践价值。这样，一线物理教师就可以在教学过程中把科学方法的内容、特点和操作过程讲清楚，指导学生运用科学方法去探索、发现物理概念、规律并解决实际问题。因此，这一课题对于新一轮初中物理课程改革的实施，无疑具有重要的启示。

关键词（限三个）：科学方法，显化，课程改革</td></tr>
</table>

二、立项依据

本项目研究概况、现状及发展趋势；本项目研究的实际意义和理论意义。

研究概况、现状及发展趋势：

新一轮初中物理课程改革提出了“知识与技能；过程与方法；情感、态度与价值观”的三维课程目标，首次把科学方法作为课程目标并在初中《物理课程标准》中加以确定。可以说，初中《物理课程标准》中科学方法的要求与规定，是近年来我国物理教学中科学方法教育研究的结晶。

然而在新课程实施中，科学方法教育效果与初中《物理课程标准》要求却存在较大差距。调查表明：初中教师对于教授哪些物理知识非常清楚，而对于教授哪些科学方法，几乎没有一个教师能完整回答出来。教学中，90%以上的教师没有从方法论的视角来解读物理概念和规律，导致学生的科学方法素养始终处于较低水平。

长期以来，由于种种原因，我国物理教材一直对物理知识采用显处理，即明确表达出来。而对科学方法则采用隐处理，即不明确表达出来。因此，教师在科学方法教育中更多地采用隐性方式。即不明确指出科学方法的名称，不明确揭示科学方法的内涵，不明确展开科学方法的过程。由于隐性教育不能使学生获得对科学方法的理性认识，不能使学生有意识地学习科学方法，不能让学生自觉地以科学方法为指导来加深对知识的理解，因此，就容易导致“过程与方法”维度的虚化。由此而牵连出的另一个问题是：科学方法教育的途径不甚明朗。虽然国内有相关研究，但一直未能很好地解决这一难题。

为了深入研究这一问题，我们认真考察了英国、加拿大以及美国的《物理课程标准》，发现这些国家《物理课程标准》中同样只有物理知识而没有科学方法。此外，这些国家的初中物理教材对科学方法的处理也是隐性的。

因此，我们认为，解决学生科学方法素养低的有效措施之一就是进行科学方法显性教育。这样，本课题的选题意义及研究价值就十分明确。

理论意义：

选题的理论意义在于，通过研究，希望有助于真正使人们树立起“全面的”物理教育观念，即把物理知识与科学方法放到同等重要的地位，改变长期以来人们只在观念上重视科学方法教育，而事实上忽视科学方法教育的状况。科学方法的显化教育，必然促使物理教师改变教学方式，最终影响中学生对于科学方法的理解、掌握与应用，从而使物理教学从传授知识的过程成为掌握科学方法、培养学生能力的过程。上海市总结近年来物理课程改革经验的结论是：“方法是通向能力的桥梁，能力既依赖于知识，更依赖于方法。可以认为，科学方法是能力的‘核心’，是对能力起决定性作用的因素。”因此，在物理教学中抓住了科学方法内容，就抓住了能力培养的关键。

续表

实际意义： 本课题的实际意义在于：把初中物理科学方法教育内容显化出来，就解决了长期存在的科学方法教育内容不明确的问题，从而完善初中物理教学的内容；对科学方法教育途径进行深入研究，就解决了科学方法如何教的问题，从而完善科学方法的教学方式。这既具有重要的理论价值，又具有重要的实践价值。这样，一线物理教师就可以在教学过程中把科学方法的内容、特点和操作过程讲清楚，指导学生运用科学方法去探索、发现物理概念、规律并解决实际问题。因此，这一课题对于新一轮初中物理课程改革的实施，无疑具有重要的启示。

三、研究内容

本项目研究的基本内容、预计突破那些难题；创新点 **研究内容：** 确定初中物理科学方法教育内容，探索初中物理科学方法教育途径。 研究内容的第一个方面，是把初中物理教学中与物理知识相对应的科学方法显化出来。包括：科学方法的数量？科学方法的内涵？科学方法的分布？科学方法出现的频度？科学方法教育的要求？哪些科学方法应当达到记忆、理解水平，哪些科学方法应当达到掌握与应用水平？一句话，科学方法内容的显化在教学中应当具有操作性。如此，就使《物理课程目标》的“过程与方法”维度落到实处，使初中物理教学中不仅有物理知识，而且有与之对应的科学方法。 研究内容的第二个方面，是探索科学方法的教育途径。科学方法与知识不同，它所涉及的不是物质世界本身，而是人们认识物质世界的途径与方式，是高度抽象的。如果只从隐性教育角度进行教学，学生也可能从中学到一些科学方法，但只能是零星的、不连贯的，收效甚微。但若脱离具体物理知识去传授科学方法，则更不可取。这样，就形成了一种科学方法教育途径的两难处境。基于此，我们尝试寻找一种恰当的教育方式，在显化科学方法的同时，进行科学方法教育途径的创新，使学生对科学方法的了解是切中要害的。我们认为，这就是结合科学方法的物理概念与规律教学。 概念与规律既是物理教学的核心，又是学生物理学习的起点。从核心着手贴近教学本质，从起点出发符合认知顺序。事实上，物理知识与科学方法本来就是一种水乳交融的关系，每一个概念与规律的得出，都自始至终贯穿着科学方法。如果把物理学喻为珍珠项链，那么物理知识是珍珠，而科学方法就是串起珍珠的那根“线”。因此，我们认为：只有通过结合科学方法的物理概念、规律教学，只有使学生在每一个物理概念、规律得出过程中真切体会科学方法的作用，学生头脑中的科学方法才能显示出其内涵、色彩，格调，才能显示出其内在的理由、作用和功能，学生学习过的科学方法才能真正活起来。正是在这个意义上，我们认为结合科学方法的物理概念、规律教学，是科学方法教育途径的创新。 **预计突破的难点：** 1. 科学方法的分类。科学方法的分类是科学方法教育内容显化的基础，不解决这个问题，就难以显化科学方法。长期以来，对于科学方法，人们往往把强认知方法（strong cognitive methods）与弱认知方法（weak cognitive methods）混为一体。强认知方法是特定专业领域的独特认知方法，往往与专业知识紧密结合，不容易区分。弱认知方法是可以被运用到各种问题解决过程中的一般策略和方法。这种情况就造成了科学方法分类的混乱，使科学方法教育内容问题迟迟得不到解决。因此，怎样对科学方法进行清晰的界定，这是研究的难题之一。 2. 科学方法的显化。虽然从理论上讲，初中物理知识都有与之对应的科学方法，但显化是否准确、显化是否合理，数量是否恰当等，都需要做大量深入细致的工作，特别是科学方法的显化内容要进一步确定最基本、最重要、最适合的方法，这就进一步加大了研究的难度。

续表

3．科学方法的教育途径。科学方法教育内容的显化只是手段，目的是让学生掌握科学方法。但怎样把科学方法作为物理知识的脉络去组织教材，安排教学进程，让学生在不知不觉之中沿着科学的思路去感知，去品味、去体验、去思考，在不知不觉之中领略到其中所应用的科学方法，就成为本课题需要突破的另一个难题。 **拟创新点：** 初中科学方法教育内容的显化。初中《物理课程标准》中共有 114 个知识点。不仅数量清楚，而且内容与要求一目了然。本课题将“显化”初中物理教学中的科学方法教育内容，包括数量、内容与要求。

四、研究方案

课题研究思路和方法；研究工作方案和进度计划，预期阶段成果 **研究思路：** 科学方法内容显化的“对应”思路与科学方法教育途径的“结合”思路。 作为一种基本的研究途径、方式，科学方法与物理学的概念、规律等一些知识的东西是相平行的，包含在物理学的范畴之中。科学方法也并不直接由物理知识内容来表达，而是有它自己独特的表达方式，它往往隐藏在物理知识背后，支配着物理知识的获取。因此，每一个物理概念、规律的得出，都离不开科学方法的参与。换句话说，科学方法是“因”，而物理知识则是“果”。所以，科学方法与物理知识之间就客观存在着一种“对应”关系。正是基于这种“对应”，才使我们可以把科学方法教育内容“显化”。按照这一思想，依据初中物理教学要求和教学实际，随着物理知识体系的展开，把其中隐藏的科学方法明朗化、显性化，由物理知识合乎逻辑地分析出相应的科学方法，从而显化科学方法教育内容。 课题研究的第二个思路是科学方法教育途径的“结合”思路。 我们认为：在物理概念、规律教学中，把物理知识与思维方法以及科学方法相“结合”从而实施科学方法教育的思路，是科学方法教育途径的创新。因为物理概念与规律的得出，不仅与科学方法密切相关，而且与思维方法密切相关。并且通常是先运用思维方法，然后再运用科学方法。由于目前物理概念、规律教学理论对此没有给予明确阐述，从而导致在物理概念、规律教学中，思维方法常常被忽视，科学方法又被隐性处理，结果是学生既没有很好地领悟思维方法，又没有真正掌握科学方法。一言以蔽之：关键不在于是否进行了概念、规律教学，而在于进行了什么样的概念、规律教学。因此，“结合”就成为科学方法教育途径探索的一个行之有效的思路 **研究方法：** 文献法、调查法、访谈法和测验法。 **技术路线和实施步骤：** 1．问卷调查、访谈和测验，了解初中物理教师和初中生对于科学方法了解与掌握的情况。 2．运用“对应”方法，对初中物理知识的建立方式进行研究，显化与之对应的科学方法，初步建立与初中物理知识相对应的科学方法教育内容。 3．对初中物理教学中科学方法的分布、出现频次、重要性等进行研究并确定科学方法教育内容。 4．编制一定数量使物理知识、思维方法、科学方法有机“结合”实施科学方法教育的教学案例。 5．选择若干所不同层次的初中，组成教学共同体。 6．设计运用物理知识、思维方法、科学方法有机“结合”进行科学方法教育的教学模式，实施教学进行小范围测试并修改教学模式。 7．进行纵向追踪研究，评价运用物理知识、思维方法、科学方法有机“结合”进行科学方法教育的教学效果。 8．整理研究结果，撰写研究报告。

五、研究基础

项目申请人的学术经历，与本项目有关的前期研究成果，承担的在研项目及来源；完成课题的条件、基础分析

项目申请人系首都师范大学物理系教授，硕士研究生导师，主要从事物理课程与教学的教学与研究，以下为近年来发表的论文。

1. 论科学教育中的模型方法教育	《教育研究》	2000．6
2. 论探索性物理实验的教育目标	《课程·教材·教法》	2000．4
3. 从习题到原始问题：科学教育方式的重要变革	《课程·教材·教法》	2006．1
4. 论原始物理问题的教育价值及其对教学的启示	《课程·教材·教法》	2005．1
5. 论物理教育中的直觉思维及其对教学的启示	《课程·教材·教法》	2004．4
6. 原始物理问题教学：物理教育改革的新视域	《课程·教材·教法》	2007．5
7. 论高考物理能力理论与命题导向	《课程·教材·教法》	2007．11
8. 论教学过程的自组织转变理论	《课程·教材·教法》	2006．6
9. 对原始物理问题教学的思考	《中国教育学刊》	2006．8
10. 论中学物理教学中的科学方法教育	《中国教育学刊》	2005．8

在科学方法教育内容的研究中，我们致力于科学方法的“显化”研究，尝试在“对应”取向的基础上形成对科学方法的新认识，以关注“知识生成”、回归“教学本质”的方式重新思考和理解科学方法教育，尝试构建科学方法教育的体系，形成了运用物理知识、思维方法、科学方法有机“结合”进行科学方法教育的研究特色，有望成为初中物理科学方法教育的一个重要的理论和实践生长点。先后在《教育研究》《课程·教材·教法》等刊物上发表文章并有10篇文章被《人大报刊复印资料》全文转载。

课题组由大学教师、出版社编辑、中学教师3部分组成。其中教授2人，编审1人，副研究员1人，讲师2人，中学教师2人，研究生2人。课题组多年从事物理课程与教学论研究以及中学物理教学研究，具有较强的科研能力和丰富的教学经验，这为本课题的实施奠定了坚实的基础。

六、研究成果

最终成果形式、预计去向和使用范围

系列研究论文，研究报告。
研究成果的预计去向为北京市教委教育科学研究院物理室、北京市各区县教委教研室。
使用范围为北京市初中物理教学。

项目负责人（签章）：

年　　月　　日

附录：

北京市教育委员会社科计划面上项目
申请书封面

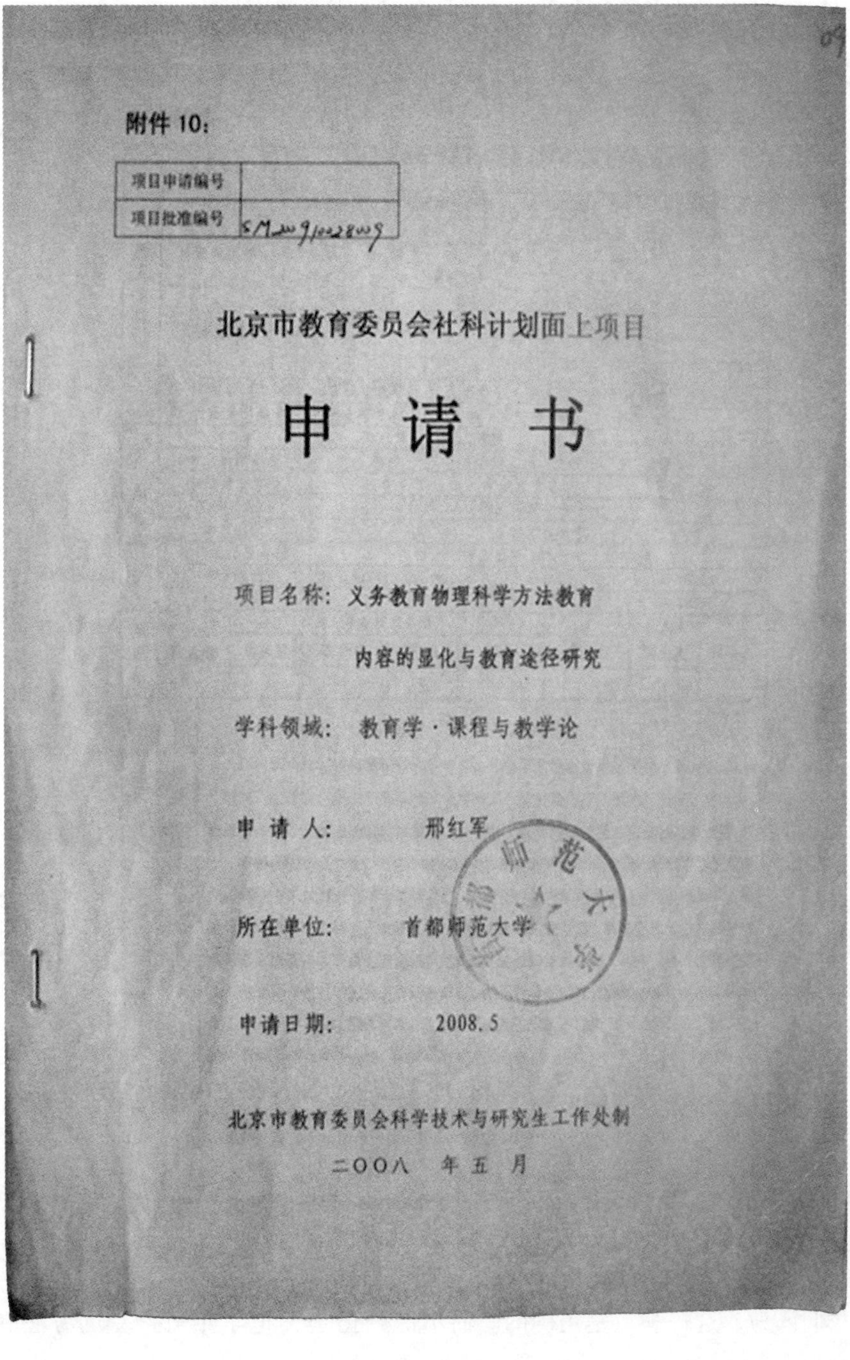

附件 10：

项目申请编号	
项目批准编号	SM200910028009

北京市教育委员会社科计划面上项目

申　请　书

项目名称：义务教育物理科学方法教育内容的显化与教育途径研究

学科领域：教育学·课程与教学论

申 请 人：　　邢红军

所在单位：　　首都师范大学

申请日期：　　2008.5

北京市教育委员会科学技术与研究生工作处制

二OO八　年　五　月

第二节　初中物理科学方法教育研究课题结题

研究成果

北京市教育委员会社科计划面上项目

《义务教育物理科学方法教育内容的显化与教育途径研究》

研究报告

首都师范大学　邢红军

2001 年教育部颁布《基础教育课程改革纲要（试行）》（下称《纲要》），由此拉开了我国基础教育课程改革的序幕。《纲要》将“知识与技能”“过程与方法”“情感态度与价值观”作为课程目标，体现了课程改革的理念。但进一步的研究发现，科学方法并没有纳入各学科《课程标准》中，这就使科学方法仅仅成为课程目标的“标记”而未成为课程内容。

为什么课程改革会出现如此疏漏？造成这种现象的原因是什么？为什么这一问题始终未能得到有效解决？围绕着对这一重大理论问题的追问，就构成了本课题所要研究的主旨。

早在课改早期，白月桥先生就曾指出：“《纲要》明文规定：要使学生掌握适应终身学习的‘基本方法’。因此各科《课程标准》也须体现《纲要》的这一规定。然而，某些《课程标准（实验稿）》却没有在课程目标中纳入方法和方法论的内容，这是一个缺漏。笔者认为，方法、方法论以及能力同属于课程目标体系的第二个层面的目标。各学科课程标准实验稿，总体来看大都缺乏有关本门学科的或普通的方法和方法论的条目内容，这很不利于学生能力的培养，应当总结吸纳我国各学科长期以来丰富的教学法研究成果，把学生可接受的方法和方法论纳入课程目标体系之中。”我们认为，这一观点是正确的。而本课题正是“把学生可接受的方法和方法论纳入课程目标体系之中”思想付诸研究的系列工作。

一、物理科学方法的分类研究

为什么基础教育课程改革中各学科《课程标准》均未纳入科学方法？我们认为，造成这一现象的根本原因在于：目前学科教育界始终没有从理论上弄清楚科学方法的分类，从而导致不能确定科学方法内容。比如，《物理课程标准》解读就曾提出：物理课程中经常涉及的物理方法有观察方法、实验方法；比较与分类方法、分析与综合方法、抽象与概括方法、归纳与演绎方法；类比方法、理想化方法、对称方法；数学方法；公理化方法、假设方法等。显然，这就混淆了不同类型的科学方法。因为分析与综合属于思维方法，而实验则属于物理方法。

当然，目前科学方法研究中已经有了不同的分类形式。例如，一种分类方式把科学方法分为实验观察方法、逻辑思维方法、数学方法以及非常规方法。这种分类方法全面，但层次不够明显，例如，逻辑思维方法中理想化和和假说法与其他逻辑思维方法是不在同一个层面上。另一种方式把科学方法分为两个层次，第一个层次有观察实验法、思维方法及数学方法，第二个层次是对第一个层次中的思维方法的具体化。这种分类的长处是层次分明，而且明确了各层次之间的关系，但把数学方法和观察实验法与思维方法排在同一层面是不妥。总之，已有的科学方法分类共同的不足之处是缺乏明确的分类标准，而科学方法分类的不清就使科学方法界定混乱，从而给各学科《课程标准》中纳入科学方法造成了无法逾越的障碍。

在明确了科学方法分类的重要性之后，对科学方法进行合理分类就成为在《课程标准》中纳入科学方法的关键环节。笔者认为，与其他教育工作一样，科学方法分类也要遵守教育性原则，即无论任何领域的内容、方法、结构一旦被引入教育领域，都应尊重教育的规律、服从教育的目标。经过“教育性”这个筛子的过滤，从而彰显其教育功能。所以，已有依据科学方法内部特点加以分类的方式不宜采用，科学方法的分类需要采取教育性的分类方式。基于以上研究，笔者从科学方法的来源出发，把科学方法做了思维方法和学科方法的第一级分类。其中，前者是主观的，是大脑的功能，需要训练才能使学生形成与掌握；后者是客观的，不是大脑的功能，需要传授才能使学生习得与掌握。

把科学方法分为思维方法和学科方法与心理学的研究结果是一致的。心理学的研究认为，方法可以分为强认知方法（strong cognitive methods）与弱认知方法（weak cognitive methods）。强认知方法是特定专业领域的独特认知方法，往往与专业知识紧密结合，不容易区分。弱认知方法是可以被运用到各种问题解决过程中的一般策略和方法。显然，学科方法就是强认知方法，例如地理学的调查法、历史学的文献法。这类科学方法指的是某学科所特有的、充分体现学科特点的方法，可迁移性弱。思维方法就是弱认知方法，例如分析综合、抽象概括。这类科学方法是大脑的功能，贯穿于各门学科之中，可迁移性强。可见，这种科学方法的分类方式不仅来源清晰，而且与教育方式在逻辑上是自洽的。它有效避免了将思维方法与学科方法混为一体的分类方式，使科学方法教育内容的研究豁然开朗。

科学方法的第一级分类解决了科学方法中思维方法与学科方法的混淆问题，而要在《课程标准》中纳入科学方法还需要对其进行第二级分类。根据课堂教学过程与科学方法使用的时空条件，学科方法又分可为获得知识的方法和应用知识的方法。思维方法依据其性质，又可分为逻辑思维方法与非逻辑的思维方法两种。按照这一研究思路，笔者得到了系统化的科学方法分类结构体系，如下图。

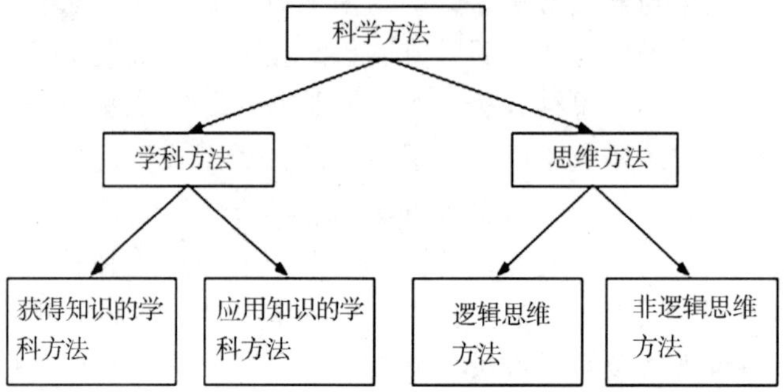

科学方法分类结构图

这种分类不仅使科学方法教育内容进一步明确，并且也使科学方法内容的显化顺理成章。

二、初中物理科学方法教育内容的显化研究

针对这一现状，笔者认为，在已有“两级分类”的基础上，采用恰当的显化原则就可以确定《课程标准》中科学方法的内容。老一辈学科教育家乔际平先生最早提出：科学知识的得出总是与一定的科学方法相联系的。笔者汲取了这一“对应”思想的内核，针对获得知识的科学方法，提出了方法显化的“对应原则”。即每个知识的获得总是对应于获得过程中使用的一系列物理方法。依据这一思路，笔者以初中物理为例，显化了初中《物理课程标准》中获得物理知识的物理方法8种（表6－1）。

表6－1　初中获得物理知识的主要方法

物理方法	次　数	物理方法	次　数
直接定义法	30	实验归纳法	14
比值定义法	11	乘积定义法	5
控制变量法	5	等效法	3
演绎推理法	3	理想化方法	2

对于知识应用过程中的科学方法，由于同一种知识可以对应无数问题情境，不同的情况，需要用到不同的方法，所以“对应原则”就不再有效。有鉴于此，我们

提出了显化应用知识过程中科学方法的“归纳原则”，即通过对应用知识的情境与解决问题所使用的科学方法进行归纳，从而显化科学方法的内容。依据这一研究路径，以同样以物理课程为例，显化了初中应用物理知识的科学方法14种(表6－2)。

表6－2　初中应用物理知识的主要方法

物理方法	次数	物理方法	次数
演绎推理法	30	假设法	7
隔离法	14	等效法	7
理想模型法	13	转换法	6
比例法	9	图示法	5
整体法	8	极值法	3
控制变量法	8	对称法	3
图像法	8	类比推理法	2

根据以上研究，下面以初中物理“声和光”为例，阐述科学方法纳入《课程标准》的具体方式（表6－3)。

表6－3　“声和光”中的物理方法

序　号	物理知识	物理方法	
		获得物理知识的方法	应用物理知识的方法
1	声音的发生及传播 乐音及噪声	实验归纳法、直接定义法	控制变量法、转换法
2	光的直线传播 光的反射 光的折射	简单枚举归纳法、实验归纳法	理想模型法、作图法、类比推理法、比例法
3	平面镜成像 透镜对光的作用 凸透镜成像及应用	实验归纳法、几何作图法	理想模型法、作图法、对称法、隔离法

上述研究不仅说明了科学方法教育内容显化的有效性，而且说明在各学科《课程标准》中纳入科学方法教育内容是可行的。如此，就使“过程与方法”课程目标成为与“知识与技能”课程目标在课程内容上平行的课程目标。这样，就在《课程标准》层面上为科学方法教育提供了理论前提，从而为进一步贯彻落实科学方法教育提供了政策化的保障。

三、初中物理科学方法教育的实践研究

在教学中，物理方法的传授与思维方法的训练总是交织在一起的。研究指出，科学方法教育具有明显的智力发展价值。“科学思维是科学活动中特定的思维，它虽然也遵循人类的思维的一般规律，要经过分析、综合、比较、抽象等基本过程，但是它却表现出高度的创造性，代表了人类思维的最高水平，集中体现了思维的各

种优秀品质”。因此，正确处理物理方法与思维方法教学的统一关系，是科学方法教育得以深入下去的重要环节。

已有研究指出，物理方法是由思维方法所操纵的。所以习得、使用物理方法过程本身也是对思维方法的有效训练。没有思维方法的参与，学生就无法将客观的学科结构内化为认知结构。因此，物理方法的教学不仅要点明学科方法的内涵、步骤，更要讲明每个步骤的过程，讲明物理方法的本质。换言之，只有在讲授物理方法的同时积极调动思维方法的参与，才能实现有意义教学，从而避免物理方法成为一堆散乱的步骤而失之琐碎与功利。例如，比值定义法的教学，就不能仅仅停留于“选取相同标准”“两者相比”的步骤叙述，而是还要介入比较、分析、综合等思维方法，这样才能触及到比值定义法的科学方法本质。

因此，思维方法的教学就需要一种特殊的时空次序，这种“时空次序”则常常被表达为“教学的逻辑”。它不仅包括教学语言的逻辑性，教师的教学设计、举手投足、演示的节奏、板书的结构、活动的安排等都是教学的逻辑。目的都是使学生生成对思维方法的心理体验，并在此基础上体会到一种微妙的逻辑感。由此，思维方法的教学才能名至实归。然而，目前我们对于思维方法内涵的关顾还很不够，在很多情况下还没有充分认识到。思维方法作为一种特殊的心理体验与可以传授的学科方法具有很大的不同，所以常常在教学中有意无意地忽视了思维方法的训练。前不久，温家宝总理在《一定要把农村教育办得更好——农村教师大会上的讲话》中指出：“提起中学教育，我前年在北京三十五中听了半天课，我发现老师对当前的逻辑教育重视很不够。其实逻辑思维对一个学生的成长非常重要，为什么孩子们有的听了教师一个报告，能够很快地把它概括出来，看到一件事物，能够很快地、深刻地分析出来，并且表达出来。我说这就是逻辑思维。”细究温总理的论述，所谓“逻辑教育”所指的就是“教学的逻辑”，更进一步地说，表现为教师教学过程中对学生思维体验的关注与训练。

综上所述，科学方法作为“过程与方法”维度的课程目标，是基础物理教育课程的重要内容之一，具有重要的课程价值与教育价值。通过对科学方法进行正确分类，把“学生可接受的方法和方法论纳入课程目标体系之中”是可行的，进一步通过在教科书编写中显化科学方法，在教学中恰当选择教学模式，细化教学过程，从而可以把“过程与方法”课程目标真正落到实处。本项目的实践研究部分通过原始物理问题教学进行了初中物理科学方法教育途径的实践研究，取得了满意的教学效果。

四、初中物理科学方法教育研究的硕士论文

（1）研究生付洪艳的硕士论文《初中物理科学方法教育内容的研究》（2009）显化了获得物理知识的科学方法 8 种。

（2）研究生乔通的硕士论文《初中应用物理知识科学方法教育内容的显化研

究》(2012)显化了应用物理知识的科学方法14种。

(3)教育硕士张宇的硕士论文《初中物理科学方法教育的显化研究——基于力学部分的教学实践研究》(2011)进行了科学方法教育的实践研究。

(4)教育硕士李安的硕士论文《中学物理科学方法教育的分类比较研究》(2011)进行了科学方法教育内容的分类研究。

(5)教育硕士高萍的硕士论文《初中生解决力学原始物理问题的研究》(2010)探索了基于原始物理问题进行科学方法教育的实践研究。

以上研究为课题的研究打下了坚实的基础。

五、初中物理科学方法教育研究发表的期刊论文

《义务教育物理科学方法教育内容的显化与教育途径研究》课题共发表期刊论文14篇。其中,包括4篇中文核心期刊论文(《课程·教材·教法》2篇,《教育科学研究》2篇)

1. 论物理课程改革背景下的科学方法教育,《课程·教材·教法》,2009,(8).

2. 从隐性到显性:物理科学方法教育方式的重要变革,《课程·教材·教法》,2010.

3. 物理教学中的科学方法显性教育?《教育科学研究》,2011(1).

4. 物理教育的生态化及其对物理课程改革的启示,《教育科学研究》,2010(1).

5. 初中物理教学中应用物理知识的科学方法教育内容研究,《物理教师》,2011(1).

6. 初中物理规律建立中物理方法教育的显性研究,《中学物理》,2011(2).

7. 初中物理习题解决的数据驱动加工方式,《北京教育学院学报(自然科学版)》,2011(1).

8. 初中物理概念建立中科学方法教育的显化研究,《物理教师》,2011(3).

9. 初中物理科学方法教育方式的显化研究,《物理通报》,2010(10).

10. 初中物理科学方法教育的实践研究,《中国现代教育装备》,2010,(24).

11. 以科学方法引领初中重点物理知识的教学,《中国现代教育装备》,2011(4).

12. 初中物理科学方法教育途径研究,《北京教育学院学报(自然科学版)》,2010(3).

13. 初中生解决力学原始问题的思维过程研究,《大学物理教育专刊》,2010(5).

14. 初中物理科学方法教育教学研究,《大学物理教育专刊》,2010(2).

六、人才培养

《义务教育物理科学方法教育内容的显化与教育途径研究》课题研究始终坚持课题研究与人才培养相结合，项目研究期间，共有5名研究生和教育硕士发表8篇论文。做硕士论文《初中应用物理知识科学方法教育内容的显化研究》的研究生乔通，2012年还考取了西南大学物理课程与教学论专业的博士研究生，而2012年首都师范大学物理系毕业的50余名研究生包括乔通在内也只有3人考取博士生。

综上所述，项目研究达到了研究目的，虽然实践部分还有不足，期望在今后的研究中加以弥补。

附录1：

北京市教育委员会社科计划面上项目
专家验收意见表

包括项目的完成情况、整体研究水平、创新成果、应用前景和人才培养业绩、经费使用情况、存在问题与建议等。

“义务教育物理科学方法教育内容的显化与教育途径研究”项目经过几年研究，较好地完成了项目任务，具有较高的整体研究水平。

项目共完成5篇硕士学位论文，发表14篇论文，其中包括cssci论文2篇，核心期刊论文2篇，即使是发表的一般期刊论文，也是紧密围绕项目进行。项目的重要进展在于显化了义务教育《物理课程标准》中的科学方法内容，这具有重要的理论价值，使得三维课程目标“过程与方法”维度能够得以落实，这在科学方法教育研究中有新的进展。其中，获得物理知识的科学方法8种与应用物理知识的科学方法14种的成果分别在《大学物理教育专刊》以及《物理教师》发表，显示出研究成果得到学术界的认可。

项目的人才培养业绩突出，有5名研究生参与项目研究获得硕士学位并发表8篇论文，特别是研究物理知识应用过程中科学方法的研究生乔通还考取了西南大学物理课程与教学论专业的博士研究生，这非常难得（2012年首都师范大学物理系毕业研究生50余人，只有3人考取博士研究生，乔通是3人之一）。

本项目的研究成果与北京市教育科学规划项目“高中物理科学方法教育内容显化的理论与实践研究”的研究成果一起，已被首都师范大学推荐为北京市第四届基础教育教学成果奖的一等奖建议等级上报市教委参与评奖，这也说明本项目的研究成果达到了较高水平。

项目经费使用合理，存在问题是实践部分稍弱，建议今后继续加强研究，以弥补项目研究的不足。

专家（签字）：

年 月 日

附录 2：

项目成果的获奖证书

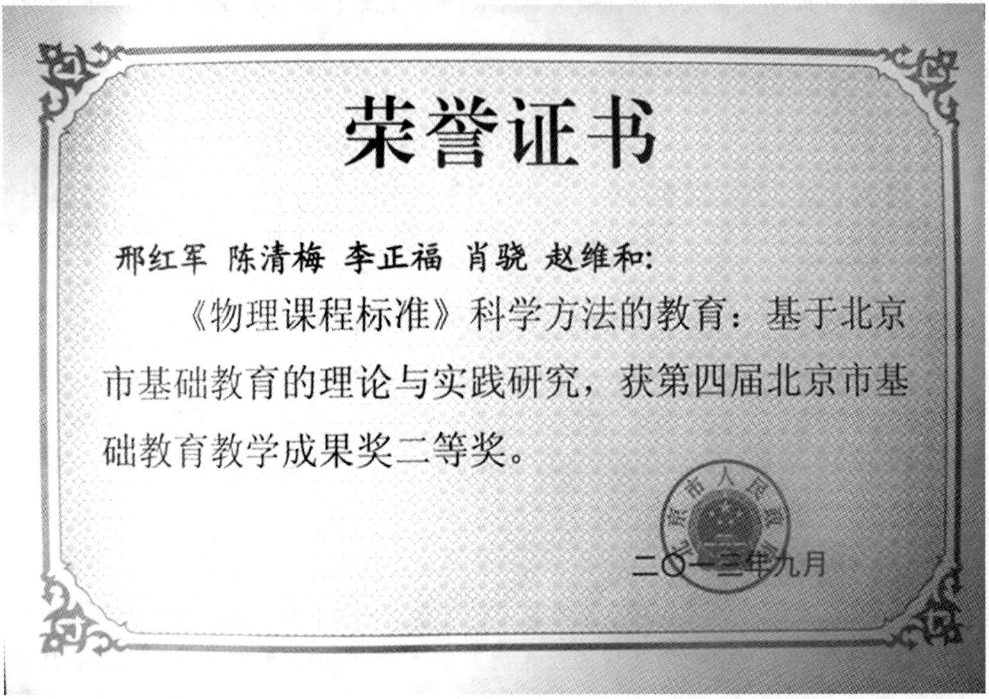
荣誉证书

邢红军 陈清梅 李正福 肖骁 赵维和:

《物理课程标准》科学方法的教育：基于北京市基础教育的理论与实践研究，获第四届北京市基础教育教学成果奖二等奖。

二〇一三年九月

第七章　物理科学方法教育成果总结

《物理课程标准》科学方法的教育：基于北京市基础教育的理论与实践研究

* 成果总结 *

《物理课程标准》科学方法的教育：
基于北京市基础教育的理论与实践研究

一、成果背景

我国基础教育课程改革提出了三维课程目标，其中的最大亮点是将“过程与方法”纳入到课程目标。但是，新课改在理论与实践上的一个最大失误在于：中小学各学科《课程标准》中没有科学方法的内容，这就使“过程与方法”维度在学科教学层面落空。有鉴于此，笔者以物理学科为范例，在北京市展开了系统的科学方法显化教育的理论与实践研究，在国内首次显化了《物理课程标准》中的科学方法内容，提出原始物理问题教学这一有效的科学方法教育方式，并在实践中取得显著效果。

二、成果简介

经过 4 年研究，获得如下成果。

（1）学术论文：发表学术论文 42 篇，其中权威核心期刊 7 篇；指导学生完成硕士论文 17 篇，博士论文 1 篇。

（2）科研课题：申报获得科学方法课题 3 项：北京市教委人文社会科学项目 1 项、北京市教育科学“十一五”规划重点课题 1 项，全国教育科学“十二五”规划教育部重点课题 1 项。

（3）人才培养：基于课题研究，培养研究生 10 人获得硕士学位，1 人考取博士研究生；培养北京市在职中学物理教师 7 人获得硕士学位，上述学生共发表署名第一作者的学术论文 31 篇。

（4）成果获奖：研究成果之一获得中国教育学会物理教学专业委员会优秀科研

成果一等奖，有3名研究生获得中国教育学会物理教学专业委员会师范生教学大学二等奖。

（5）成果应用：基于科学方法教育内容的理论研究成果，邢红军受邀审查了人民教育出版社全日制义务教育物理教材，并就教材编写中科学方法的显化问题提交了详细的审查意见。作为教育部“国培专家”，邢红军曾受邀赴福建师大、苏州大学、江西师大、河南师大、河南大学、吉林师大作物理科学方法教育的学术报告，得到广泛好评。在北京市，邢红军关于科学方法教育的研究引起了温家宝总理听课的学校——北京市三十五中学的关注，于2011年邀请邢红军负责培养三十五中物理教师团队，双方已签署协议并正在积极实施中。

（6）社会影响：邢红军基于科学方法教育和原始物理问题教学在《教育科学研究》杂志发表系列论文，“刘利民副部长拿到系列论文后，专门把教育部相关从事课改研究的研究人员招集起来，逐段逐段地来研究、来学习、来研读”。（http：//v. youku. com/v_ show/id_ XNDE5NTMwMDQ0. html）这说明本研究的相关成果已经引起教育部领导的高度关注。

三、成果内容

（一）理论成果

经过4年研究，发表期刊论文42篇，其中权威核心期刊7篇，完成硕士、博士学位论文18篇（见支撑材料）。分别为：

1.《论物理课程改革背景下的科学方法教育》，课程·教材·教法，2009（8）.

2.《从隐性到显性：物理科学方法教育方式的重要变革》，课程·教材·教法，2010（12）.

3.《原始物理问题测量工具——编制与研究》，课程·教材·教法，2008（11）.

4.《自组织表征理论——一种物理问题解决的新理论》，课程·教材·教法，2009（4）.

5.《从数据驱动到概念驱动——物理问题解决方式的重要转变》，课程·教材·教法，2010（3）.

6.《原始问题教学：一种创新的物理教育理论》，课程·教材·教法，2011（4）.

7.《物理问题解决的影响因素研究》，课程·教材·教法，2012，（6）.

8. 从知识中心到方法中心：科学教育理论的重要转变·首都师范大学学报（自然科学版），2011（6）.

9.《物理教学中的科学方法显性教育》，教育科学研究，2011（1）.

10.《高中物理教学中的科学方法显化研究》，物理教师，2010（3）.

11.《高中物理教材中科学方法的显化研究》，教学与管理，2009（6）.

12.《高中物理科学方法教育的实践研究》，首都师范大学学报（自然科学版），2010（8）.

13.《高中〈物理课程标准〉中的科学方法显化研究》，首都师范大学学报（自然科学版），2011（8）.

14.《高中物理概念建立中科学方法的显化研究》，中国现代教育装备，2012（2）.

15.《高中物理教师科学方法教育调查研究》，中国现代教育装备，2012（2）.

16.《高中物理规律建立中科学方法的显化研究》，大学物理（教育专刊），2011（12）.

17.《高中物理实验教学中的科学方法教育内容显化研究》，大学物理（教育专刊），2011（12）.

18.《初中物理教学中应用物理知识的科学方法教育内容研究》，物理教师，2011（1）.

19.《初中物理规律建立中物理方法教育的显性研究》，中学物理，2011（2）.

20.《知识应用过程中的物理科学方法研究》，物理教师，2010（10）.

21.《初中物理概念建立中科学方法教育的显化研究》，物理教师，2011（3）.

22.《初中物理科学方法教育方式的显化研究》，物理通报，2010（10）.

23.《初中物理科学方法教育的实践研究》，中国现代教育装备，2010（24）.

24.《以科学方法引领初中重点物理知识的教学》，中国现代教育装备，2011（4）.

25.《初中物理科学方法教育途径研究》，北京教育学院学报（自然科学版），2010（3）.

26.《物理科学方法显化教育的理论与实践研究》，中国现代教育装备，2011（24）.

27.《论物理科学方法教育的教学模式》，中国现代教育装备，2011（24）.

28.《论物理教学中科学方法显化教育的教学原则》，中国现代教育装备，2012（2）.

29.《从习题到原始问题：物理问题表征研究的生态化历程》，教育科学研究，2011（12）.

30.《物理教育的生态化及其对物理课程改革的启示》，教育科学研究，2010（1）.

31.《将原始问题引入光学教学的思考》，中学物理，2009（6）.

32.《伏安法测电阻的电压补偿法研究》，物理通报，2009（4）.

33.《“风”中的物理习题赏析》，中学物理教学参考，2009（8）.

34.《论物理研究中的思维方法：直觉、灵感和想象》，物理教师，2009（6）.

35.《运用原始问题促进物理素质教育研究》，物理教师，2009（8）.

36.《初中物理习题解决的数据驱动加工方式》，北京教育学院学报（自然科学版），2011（3）.

37.《原始问题教学：物理思维方法教育的新途径——以自动称米机为例》，中国现代教育装备，2011（12）.

38.《初中生解决力学原始问题的思维过程研究》，大学物理（教育专刊），2010（10）.

39.《从概念转变到状态转变：物理教育理论的新探索》，大学物理（教育专刊），2011（12）.

40.《伏安法测电阻接法选择研究》，物理实验教学，2010（2）.

41.《中国基础教育课程改革：方向迷失的危险之旅》，教育科学研究，2011（4）.

42.《再论中国基础教育课程改革：方向迷失的危险之旅》，教育科学研究，2011（10）.

（二）立项课题

1. 义务教育物理科学发教育内容显化与教育途径研究

北京市教育委员会社科计划面上项目，项目批准编号：SM20091002009

2. 高中物理科学方法教育内容显化的理论与实践研究

北京市教育科学“十一五”规划重点课题，项目批准编号：ABA08010

3. 促进中学生思维品质的发展研究

全国教育科学“十二五”规划教育部重点课题，项目批准编号：DBA110180

（三）解决了科学方法的分类及《物理课程标准》中科学方法内容的显化问题

基于心理学理论，首次从理论上解决了科学方法教育中长期悬而未决的科学方法分类问题，以此为突破口，建立了物理科学方法教育内容显化的原则——对应原则和归纳原则，从而显化初中《物理课程标准》中获得物理知识的科学方法 8 种，应用物理知识的科学方法 13 种（表 7－1）；高中《物理课程标准》中获得物理知识的科学方法 16 种，应用物理知识的科学方法 35 种（表 7－2）。为落实新一轮基础教育课程改革“过程与方法”目标做了填补空白的工作。

表 7－1　高中获得物理知识的方法

序号	物理方法	序号	物理方法
1	放大法	9	直接定义法
2	理想实验法	10	试验验证法
3	比例系数法	11	类比法
4	观察法	12	比值定义法
5	乘积定义法	13	分类法
6	控制变量法	14	演绎推理法
7	图形图像法	15	理想化模型
8	等效法	16	实验归纳法

表 7-2　高中应用物理知识的方法

序　号	物理方法	序号	物理方法	序号	物理方法
1	图像法	13	三角形法	25	临界点法
2	讨论法	14	三角函数法	26	割补法
3	等效法	15	叠加法	27	伏安法
4	数学法	16	曲线改直法	28	放大法
5	假设法	17	符号判断法	29	对称法
6	类比法	18	逐差法	30	等效电路法
7	极端假设法	19	相对运动法	31	等电位法
8	微元法	20	微平移法	32	插针法
9	整体法	21	替代法	33	补偿法
10	隔离法	22	特殊点法	34	比例法
11	正交分解法	23	上下坡法	35	统计法
12	判别式法	24	描迹法		

（四）建立了“物理知识—物理方法—思维方法”关系的结构方程模型

一直以来，在物理教学中，“物理知识—物理方法—思维方法”的关系未能查明。2002 年，南京师范大学邓铸在博士论文研究中试图查明这种关系，提出了物理问题解决影响因子的路径假设模型，然而协方差建模结果显示，模型的吻合度很低。因此，放弃了模型的建立。

笔者的模型假定，中学生解决物理问题的影响因素包括 6 个：分别是物理知识和物理方法、思维品质的深刻性、独创性、批判性、灵活性。借助于《原始物理问题解决影响因素问卷》以及《原始物理问题测验工具》，采用 AMOS4.01 软件对数据进行分析，从而检验“物理知识—物理方法—思维方法”关系的假设模型。结果如图 7-1，表 7-3。

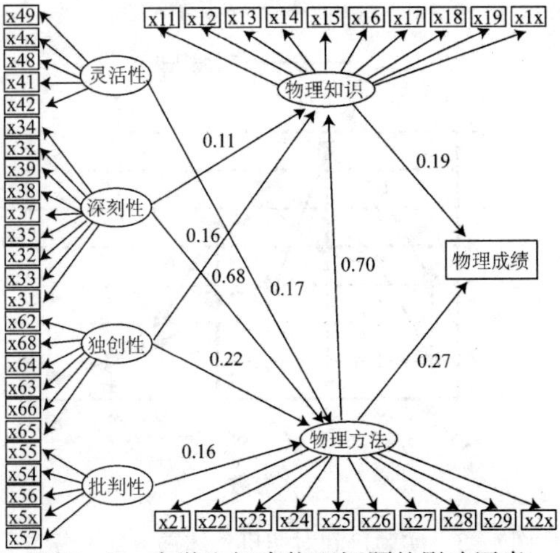

图 7-1　中学生解决物理问题的影响因素

表 7-3　模型的指标

X^2	df	X^2/df	RMSEA	NFI	NNFI (TLI)	CFI
3 430.6	985	3.483	0.079	0.945	0.956	0.960

数据显示，模型拟合得较好。从而查明了“物理知识—物理方法—思维方法”的关系。

（五）实践研究

在查明“物理知识—物理方法—思维方法”关系的基础上，提出了科学方法教育的显化理论，发展出了科学方法教学的有效方式：原始物理问题教学。由于原始物理问题解决涵盖了物理知识、物理方法和思维方法，因此，就成为科学方法教育的最有效方式。经过在北京市多所中学 4 年的初中、高中教学实践的检验，证明了这一教学方式的有效性，从而为科学方法显化教育方式的推广与应用奠定了基础。以下是在北京市不同中学所做的实验结果（图 7-2、图 7-3 和表 7-4）。

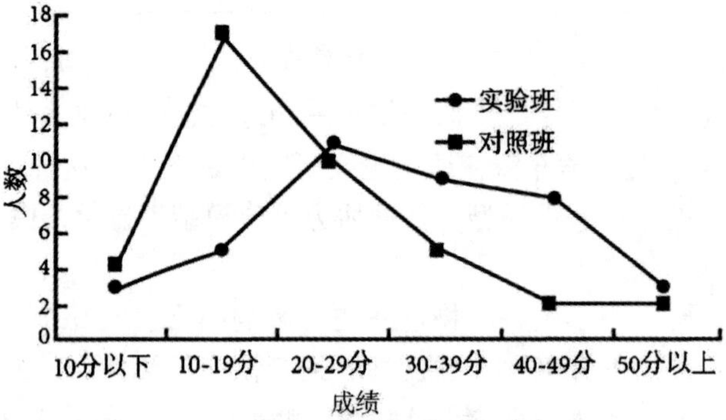

图 7-2　实验班和对照班整体得分情况分布

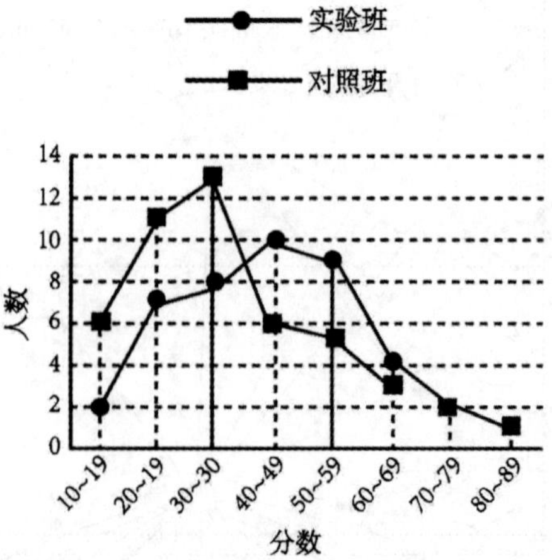

图 7-3　实验班和对照班整体得分情况分布

如图 7－2 所示，实验班较对照班都显出明显的高分段偏移。实验班和对照班学生参加北京市某区组织的物理期末考试，以此成绩作为后测的物理学业成绩，测试结果见表 7－4。

表 7－4　学业成绩数据统计

组别	试验班	对照班
人数	38	38
平均分	84.37	78.11
标准差	7.220	10.689
显著性差异 Z（$\alpha=0.01$，$Z=2.58$）	2.995	

经统计分析表明，经过一个学期的基于原始物理问题训练的科学方法教育，实验班的物理平均成绩比对照班高出 6.26 分，而且差异水平达到了显著。说明在高中物理教学中进行科学方法的训练对提高学生的学业成绩有积极的促进作用。

表 7－5　实验班和对照班数据差异分析

班级	实验班	对照班
人数 N	45	45
平均分 *Mean*	77.82	71.45
标准差 *S*td. D	7.93	8.04
显著性验测 Z	3.78	
$\alpha=0.01$，$Z=2.58$	差异显著	

研究结果显示：运用原始物理问题进行科学方法显化教育的途径是可行的。

（六）培养了一批人才

在物理科学方法教育课题的研究过程中，笔者始终坚持一个理念：就是把课题研究与人才培养紧密结合起来。4 年来，共培养研究生 10 名，其中 1 人考取博士生。此外，还培养了北京市中学物理教师获得教育硕士学位 7 人，其中毕业教育硕士，北京市丰台区丰台第二中学的侯爱琴老师申报的“高中物理教学中主要科学方法教育的实践研究”获得全国教育科学“十二五”规划课题（FHB110064）。目前，这些毕业硕士生经过科学方法教育课题的训练，已成为北京市各中学的骨干物理教师。

四、成果创新

1. 理论创新

借助于开发的测验工具进行了规范的心理学研究，采用 AMOS4．01 软件对数据进行结构方程模型分析，首次通过心理学的实证研究寻找到了物理知识、物理方法、思维方法（思维品质）之间的交互关系，为科学方法的教学确立了坚实可靠的基础。

2．方法创新

基于信息加工心理学理论，在国内首次解决了科学方法的分类问题——将科学方法分为思维方法与物理方法。进而提出了物理方法确定的“对应原则”和“归纳原则”，这对于其他学科《课程标准》显化科学方法内容具有很好的示范效用。

3．内容创新

基于理论创新与方法创新，显化了初、高中物理科学方法共72种，填补了《物理课程标准》在“过程与方法”维度上的空白。

4．实践创新

在科学方法的教育途径方面，提出了“显化”教育的观点，发展出了原始物理问题教学这一创新的科学方法教育方式。

5．培养创新

探索了理论研究、教学实践、人才培养三方互动的基础教育研究模式，三者都获得了丰厚效益。

五、成果影响

（1）基于理论研究成果，分别在首都师范大学附属中学、北京市第九中学、北京市第十二中学、北京交通大学附属中学、北京市第二十五中学等多所中学进行了实践研究。结果表明，科学方法显化理论、原始物理问题教学方式都具有明显的效果，对实践资料进行规范的心理分析后，为进一步推广应用创造了有效条件。

（2）基于科学方法教育内容的理论研究成果，邢红军受人民教育出版社委托，审查了全日制义务教育物理教材的编写，并就教材中科学方法的显化问题提交了详细的审查意见，对于全日制义务教育物理教材编写具有重要的意义。

（3）研究工作在国内中学物理一线教师与高校物理教育研究者中都产生了广泛影响。发表的权威核心期刊文章，平均被下载317次，硕士、博士学位论文引用我们的成果达19篇（次），中学物理教学核心期刊引用我们的工作达9次。四川省特级教师黎国胜领导的团队基于我们的分类成果完成了成都市高中课改专项课题一项，江苏省物理高考命题首席专家陆建隆教授关注并追踪研究了原始物理问题测量工具，预计会对江苏物理高考改革产生影响。

（4）邢红军基于科学方法教育和原始物理问题教学的相关成果已经引起教育部领导的高度关注。

六、应用前景

三维课程目标是我国基础教育课程改革的基石，而“过程与方法”则是课程目标的重中之重，是本次课程改革的最大亮点。本研究以一系列科学、规范、扎实、有效的工作，解决了《物理课程标准》中科学方法的确定问题。其学术价值与应用前景在于：为我国中小学各学科《课程标准》中“过程与方法”教育内容的确定，提供了正确的、可操作的解决路径，这对于我国基础教育课程改革具有特殊意义。

参考文献

一、图书

[1] 杨振宁. 杨振宁文集 [M]. 上海：华东师范大学出版社，1998.

[2] 杨振宁. 读书教学再十年 [M]. 台北：时报文化出版企业有限公司，1995.

[3] 宁平治，唐贤民，张庆华. 杨振宁演讲集 [M]. 天津：南开大学出版社，1989.

[4] Hugh G. Gauch，Jr. 科学方法实践 [M]. 王义豹，译. 北京：清华大学出版社，2006.

[5] J. D. 贝尔纳. 科学的社会功能 [M]. 陈体芳，译. 北京：商务印书馆，1982.

[6] 让娜帕朗·维亚尔. 自然科学的哲学 [M]. 长沙：中南工业大学出版社，1987.

[7] 皮尔逊. 科学的规范 [M]. 李醒民，译，北京：华夏出版社，1999.

[8] 爱德文·阿瑟·伯特. 近代物理科学的形而上学基础 [M]. 徐向东，译. 北京：北京大学出版社，2004.

[9] 约翰·格里宾、玛丽·格里宾. 迷人的科学风采——费恩曼传 [M]. 江向东，译. 上海：上海科技教育出版社，1999.

[10] 冯友兰. 中国哲学简史 [M]. 北京：生活·读书·新知三联书店，2010.

[11] 陈嘉映. 哲学　科学　常识 [M]. 北京：东方出版社，2007.

[12] 刘大椿. 科学哲学 [M]. 北京：中国人民大学出版社，2006.

[13] 王德峰. 哲学导论 [M]. 上海：上海人民出版社，2010.

[14] 吴国盛. 反思科学 [M]. 北京：新世界出版社，2004.

[15] 黄顺基. 自然辩证法概论 [M]. 北京：高等教育出版社，2007.

[16] 约翰·杜威. 我们怎样思维 [M]. 姜文闵，译. 北京：人民教育出版社，2008.

[17] 约翰·杜威. 民主主义与教育 [M]. 王承绪，译. 北京：人民教育出版社，2007.

[18] 施良方. 学习论 [M]. 北京：人民教育出版社，2000.

[19] 盛群力，等. 21 世纪教育目标分类学 [M]. 杭州：浙江教育出版社，2008.

[20] 石中英. 知识转型与教育改革 [M]. 北京：教育科学出版社，2005.

[21] 丛立新. 课程论问题 [M]. 北京：教育科学出版社，2007.

[22] 朱智贤. 心理学文选 [M]. 北京：人民教育出版社，1989.

[23] 皮连生. 教育心理学（第三版）[M]. 上海：上海教育出版社，2007.

[24] 冯忠良. 教育心理学 [M]. 北京：人民教育出版社，2000.

[25] 陈琦，刘儒德. 当代教育心理学 [M]. 北京：北京师范大学出版社，1997.

[26] 许国梁. 中学物理教学法 [M]. 北京：人民教育出版社，2010.

[27] 阎金铎，田世昆. 初中物理教学通论 [M]. 北京：高等教育出版社，1989.

[28] 张民生. 中学物理教育学 [M]. 上海：上海教育出版社，1999：140.

[29] 宓子宏. 物理教育学 [M]. 杭州：浙江教育出版社，1992.

[30] 殷传宗，查有梁，廖伯琴. 物理教育学研究 [M]. 成都：四川科学技术出版社，1996.

[31] 高凌飚. 中学物理课程论 [M]. 上海：上海教育出版社，1999.

[32] 查有梁，等. 物理教学论 [M]. 南宁：广西教育出版社，1996.

[33] 李新乡，张德君，张军明，等. 物理教学论 [M]. 北京：科学出版社，2005.

[34] 朱鋐雄. 物理教育展望 [M]. 上海：华东师范大学出版社，2002.

[35] 浙江省教育学会中学物理教学分会. 高中物理方法教育研究 [M]. 杭州：浙江教育出版社，1995.

[36] 廖伯琴，等. 中学物理课程改革的目标与实施 [M]. 北京：高等教育出版社，2003.

[37] 张宪魁. 物理科学方法教育 [M]. 青岛：中国海洋大学出版社，2000.

[38] 张宪魁. 物理学方法论 [M]. 杭州：浙江教育出版社，2000.

[39] 乔际平，刘甲珉. 中学物理学习法 [M]. 南昌：江西教育出版社，1992.

[40] 乔际平，等. 中学物理习题教学研究 [M]. 北京：北京师范学院出版社，1993.

[41] 乔际平，张宪魁. 初中物理教材的选择与分析 [M]. 北京：高等教育出版社，1993.

[42] 乔际平，邢红军. 物理教育心理学 [M]. 南宁：广西教育出版社，2002.

[43] 乔际平，续佩君. 物理教育学 [M]. 南昌：江西教育出版社，2003.

[44] 乔际平，等. 物理学科教育学 [M]. 北京：首都师范大学出版社，2001.

[45] 邢红军. 物理教学心理学 [M]. 成都：成都科技大学出版社，1994.

[46] 邢红军. 中学物理论文写作教程 [M]. 郑州：河南科学技术出版社，1993.

[47] 陈刚，舒信隆. 新编物理教学论 [M]. 上海：华东师范大学出版社，2006.

[48] 陈刚，等. 自然科学学习与教学设计 [M]. 上海：上海教育出版社，2005.

[49] 陈刚. 物理教学设计 [M]. 上海：华东师范大学出版社，2009.

[50] 宋善炎. 物理教育论 [M]. 长沙：湖南师范大学出版社，2002.

[51] 胡炳元. 物理课程与教学论 [M]. 杭州：浙江教育出版社，2003.

[52] 刘力. 新课程理念下的物理教学论 [M]. 北京：科学出版社，2007：187.

[53] 林纯镇，吴崇试. 我国赴美物理研究生考试（CUSPEA）历届试题集解 [M]. 北京：高等教育出版社，1985. 序.

[54] 鲍健强. 科学思维与科学方法 [M]. 贵阳：贵州科技出版社，2002.

[55] L·W·安德森. 学习、教学和评估的分类学 [M]. 皮连生，等，译. 上海：华东师范大学出版社，2008.

[56] 王策三. 教学论稿 [M]. 北京：人民教育出版社，2008.

[57] 李秉德. 教学论 [M]. 北京：人民教育出版社，2005.

[58] 瞿葆奎. 胡克英教育文集 [M]. 北京：教育科学出版社，2003.

[59] 金忠明，等. 中国近代科学教育思想研究 [M]. 北京：科学普及出版社，2007.

[60] 李建珊，等. 科学方法概览 [M]. 北京：科学出版社，2002.

[61] 吴炯圻，林培榕. 数学思想方法——创新与应用能力的培养 [M]. 厦门：厦门大学出版社，2009.

[62] 皮连生，刘杰. 现代教学设计 [M]. 北京：首都师范大学出版社，2010.

[63] 胡卫平. 物理思维论 [M]. 南宁：广西教育出版社，1996.

[64] 陶洪. 物理实验论 [M]. 南宁：广西教育出版社，1996：4.

[65] 向立中. 中学物理实验教学法 [M]. 北京：北京师范大学出版社，1987.

[66] 张大均. 教育心理学 [M]. 北京：人民教育出版社，2003.

二、期刊论文

[1] 高凌飚. 在物理教学中应重视科学方法教育 [J]. 物理教师，1992 (4)：1—4.

[2] 袁振国. 反思科学教育 [J]. 中小学教育，1999 (12)：2—4.

[3] 涂艳国. 简论科学教育的基本要素 [J]. 教育研究，1990 (9)：63—66.

[4] 白月桥. 课程标准实验稿课程目标订定的探讨 [J]. 课程·教材·教法，2004 (9)：3—10.

[5] 钱学森. 论科学技术 [J]. 科学画报，1957 (4)：99.

[6] 王寿云. 钱学森传略 [J]. 科技导报，1991 (9)：3—8.

[7] 邢红军. 论中学物理教育中的科学方法教育 [J]. 首都师范大学学报（社会科学版），2002 (S1)：134—138.

[8] 邢红军. 按照比值定义法的本质改进高中物理概念的编写 [J]. 物理教师. 2004 (4)：5—7.

[9] 邢红军，陈清梅. 论“智力—技能—认知结构”能力理论 [J]. 首都师范大学学报，2005 (9)：41—47.

[10] 邢红军. 物理科学方法教育的理论与实践研究 [J]. 中国现代教育技术装备，2011 (24)：41—47.

[11] 黄琳雅，黎明，陈清梅. 论物理教学中科学方法显化教育的教学原则 [J]. 中国现代教育装备，2012 (2)：84—85.

[12] 管建祥. 对物理教学模式构建的理性思考 [J]. 通化师范学院学报，2007 (4)：87—89.

[13] 蒋学华. 物理教学应重视科学方法的教育 [J]. 学科教育. 2004 (9)：61—62.

[14] 徐志长. 高中物理科学方法教育的研究课程 [J]. 课程·教材·教法，2002 (6)：32—35.

[15] 周国强. 物理方法教育与物理教材改革 [J]. 课程·教材·教法，1996 (6)：10—14.

[16] 李醒民. 科学方法的特点 [J]. 湖南社会科学，2009 (1)：30—39.

[17] 严成志. 理科教学结构的研究 [J]. 教育研究，1990 (10)：73—79.

[18] 郑长龙. 国际理科课程改革的思考 [J]. 外国教育研究，2002 (6)：23—31.

[19] 梅首文，王德法. 浅谈中学生物理教学中科学方法教育的策略 [J]. 科学教育，2003 (1)：22—23.

[20] 高飞，邢红军. 以科学方法引领初中重点物理知识的教学 [J]. 中国现代教育装备，2011，4：88—90.

[21] Lei Bao，Tianfan Cai , et al. *Learning and Scientific Reasoning* [J]. Science，2009，323，586—587.

[22] Kosso，P. *The Large - scale Structure of Scientific Method* [J]. Science & Educatlon. 2009 (18)：33—42.

[23] Soroka，Leonard G. *The Scientific Method at Face Value* [J]. The Science Teacher，1990 (9)：57，8.

[24] BellR. L.，LedermanN. G. and Abd - El - Khalick，F.. *Implicit versus explicit nature of science instruction：An explicit response to Palmquist and Finley* [J]. Journal of research in science teach-

ing，1998（35）：1057—1061.

三、学位论文

［1］陈清梅. 物理教学中科学方法教育的研究［D］. 北京：首都师范大学，2003.

［2］李正福. 高中物理科学方法教育内容显化研究［D］. 北京：北京师范大学，2011.

［3］邓铸. 问题解决的表征态理论与实证研究［D］. 南京：南京师范大学，2002.

［4］肖骁. 高中物理课程标准中物理方法的显化研究［D］. 北京：首都师范大学，2010.

［5］赵维和. 高中物理知识应用过程中的物理方法显化教学研究［D］. 北京：首都师范大学，2011.

［6］王文青. 国外科学教育期刊中科学方法教育研究现状的统计与分析［D］. 重庆：重庆师范大学，2010.

［7］赵艳波. 主体参与型物理教学模式的研究［D］. 北京：首都师范大学，2006.

四、其他

［1］程曜. 除了考试，他们不会推理，不敢提问题，不愿动手［N］. 新华每日电讯，2005-07-10.

［2］温家宝. 一定要把农村教育办得更好——在农村教师大会上的讲话［EB/OL］.［2011-08-27］. http：//www.moe.edu.cn/publicfiles/business/htmlfiles/moe/moe_176/201109/124042.html.